SV

AF130738

Sonderdruck
edition suhrkamp

Didier Eribon

Gesellschaft als Urteil

Klassen, Identitäten, Wege

Aus dem Französischen
von Tobias Haberkorn

Suhrkamp

Die französische Originalausgabe erschien 2013 unter dem Titel
La société comme verdict. Classes, identités, trajectoires
bei Librairie Arthème Fayard (Paris).

Die Arbeit des Übersetzers am vorliegenden Text wurde vom
Deutschen Übersetzerfonds gefördert.

3. Auflage 2025

Erste Auflage 2017
Sonderdruck edition suhrkamp
Deutsche Erstausgabe
© Didier Eribon 2013
© der deutschen Übersetzung Suhrkamp Verlag
GmbH, Berlin, 2017
Umschlagabbildung: Nicolas de Staël, *La route d'Uzès*, 1954,
© VG Bild-Kunst, Bonn 2025
Foto: Jean-Louis Losi/Banque d'Images de l'ADAGP, Paris
Druck: CPI books GmbH, Leck
Printed in Germany
ISBN 978-3-518-07330-8

Suhrkamp Verlag AG
Torstraße 44, 10119 Berlin
info@suhrkamp.de
www.suhrkamp.de

Für G., natürlich.

Inhalt

Ouvertüre   9

I. Hontoanalyse   13

  1. Erben, Abweichen   15
  2. Das Ich und seine Schatten   43
  3. Paradoxien der Wiederaneignung   73

II. Beim Lesen von Annie Ernaux   99

  1. Die zwiespältige Kultur   101
  2. Die List des Determinismus   131
  3. Bedingungen des Erinnerns   149

III. Gedächtnispolitik   175

  1. Klassenkampf   177
  2. Populäre Kultur und soziale Reproduktion 205
  3. Genealogien   239

Epilog: Einspruch einlegen   259

Ouvertüre

Nun muss ich also auf sie zurückkommen.

Vorgehabt hatte ich es nicht. Ich wollte diese *Rückkehr nach Reims*, die mich so viel Mühe gekostet hatte, hinter mir lassen, sobald sie erschienen war. Veröffentlichen und vergessen, das war mein Wunsch gewesen – und dann endlich jene Arbeiten wiederaufnehmen, die ich, wie ich zuvor gedacht hatte, nur kurz hatte ruhen lassen, um einer Abschweifung nachzugehen.

Hatte ich wirklich geglaubt, so könne das laufen? War das wirklich denkbar gewesen? Bald schon hatte ich begriffen, dass eine »Rückkehr« niemals abgeschlossen, ja gar nicht abzuschließen ist. Dies gilt für die Bewegung im Raum ebenso wie für die Reflexion, die diese begleitet und bis zu einem gewissen Punkt möglich, weil verstehbar macht. Reflexion und Rückkehr sind nicht voneinander zu trennen, sie gehören zusammen und vermischen sich. Aus dieser Reflexivität entstehen Komplexität und Unsicherheit. Anfangs war der Weg, den ich zu beschreiten gehabt hatte, schwierig gewesen – nun war er chaotisch geworden. Schon bald stand fest, dass ich nicht darum herumkommen würde, das, was ich erzählt und analysiert hatte, fortzuschreiben. Dieses Buch zu verfassen war eine Notwendigkeit gewesen. Es weiterzuführen war nun nicht weniger notwendig.

In einer warmherzigen Besprechung von *Rückkehr nach Reims* schreibt Annie Ernaux, mein Buch sei eine »bis zum Äußersten getriebene Selbstanalyse«. Dieser Satz hat mich tief berührt. Ich hatte mein Schreibprojekt tatsächlich so angelegt, dass es die Erkundung meines Selbst und damit auch der sozialen Welt meiner Kindheit und Jugend so weit treibt, dass es die Prozesse, die mich auf eine Bahn der Abweichung und des Aufstiegs geführt, die mich von meinem zugewiesenen Schicksal, von meiner Familie und meinem Herkunftsmilieu entfernt hatten, mit größtmöglichem Aufwand untersuchen sollte. Es ging in diesem Buch weniger um »mich selbst« als um die soziale Wirklichkeit, die überall ihre Urteile spricht und ihre Markierungen hinterlässt, das heißt um die Gewalt, die der Gesellschaft innewohnt und sie sogar definiert. Welche Risiken man bei so einem Unterfangen eingeht, kann die Autorin von Büchern wie *Gesichter einer Frau*, *La Honte*, *L'Événement* oder *La Femme gelée* wohl am besten beurteilen, hat sie doch oft behauptet, sie wolle nur Bücher schreiben, die sie selbst in Gefahr bringen und nach deren Erscheinen man den anderen nicht mehr ins Gesicht zu blicken wagt, weil man weiß, welche Angriffsflächen man geboten hat.

Aber jede Radikalität ist provisorisch. Man erringt sie durch eine geduldige, schmerzhafte Arbeit an sich selbst, man macht Krisen durch, in denen man ans Aufhören denkt oder schon aufgehört hat, bevor man sich doch noch zum Weitermachen zwingt. Und doch wird sie, hat man sie erst einmal erreicht, zu etwas, das es seinerseits zu überschreiten gilt. Man spürt die Verpflichtung, immer weiterzugehen, immer tiefer in die Geheimnisse der sozialen Magie einzudringen, die mit furchtbarer Effizienz dafür sorgt, dass Herrschaftsmechanismen fortbestehen und dass die politische Ordnung sich hält. Man möchte einfach verstehen, wie und warum das alles auch weiterhin »funktioniert«. Wenn diese Ordnung besteht, bedeutet das dann nicht auch, dass jeder von uns auf eine bestimmte Weise an ihrer Reproduktion beteiligt ist? Welche Art der Zustimmung zu den ererbten sozialen und mentalen Strukturen, die sich tief in unsere Körper und Subjektivitäten einschreibe, ja die unser soziales Handeln hervorbringen und vorherbestimmen, setzt das voraus? Die Zustimmung mag stillschweigend oder ausdrücklich sein. In jedem Fall ist sie stärker, als man glaubt oder möchte.

Ich muss also auf meine *Rückkehr* zurückkommen. Dabei werde ich mich erneut auf eine Methode verlassen, die ich, wenn mir dieses Oxymoron gestattet ist, als »soziologische Introspektion« bezeichnen möchte. Meine Befunde erlangen ihren Sinn, wenn sie mit literarischen und theoretischen Texten in Resonanz treten, die sich mit ähnlichen Problemen befasst haben. Begonnen habe ich dieses Buch als einen Dialog mit den Schriften Annie Ernaux' und Pierre Bourdieus. Bald gesellten sich weitere Autoren dazu. Aus dem Wechselspiel zwischen diesen entschiedensten Stimmen der literarischen und wissenschaftlichen Kultur und den losesten Elementen des gewöhnlichen Lebens ist etwas entstanden, das, so hoffe ich, einer kritischen Erkenntnis recht nahekommt, in der der Wunsch, die soziale Welt zu verändern, erste Mittel zu seiner Realisierung findet.

I. Hontoanalyse

1. Erben, Abweichen

Zwei Bilder habe ich vor mir. Sie sind einander so unähnlich, es ist kaum vorstellbar, dass sie binnen eines Jahres für die Gestaltung der Umschläge verschiedener Ausgaben ein und desselben Buchs verwendet wurden: im Oktober 2009 für die Originalausgabe von *Retour à Reims*, ein Jahr darauf für das Taschenbuch.[*] Das erste Bild hatte ich sorgsam ausgesucht. Es handelt sich um eine verkleinerte Reproduktion des Gemäldes *Die Straße von Uzès* von Nicolas de Staël. Man sieht darauf einen Weg, von dem man nicht weiß, wohin er führt, von dem aber zu vermuten steht, dass er in beide Richtungen beschritten werden kann: Aufbrechen und Zurückkehren, zwei Momente des Lebens, oder zumindest meines Lebens, die ich auf den Seiten dieses Buches rekonstruiert hatte. Mit dem Gemälde eines von mir bewunderten Malers wollte

---

[*] Das Porträt des jungen Didier Eribon, das der Autor aus einem Foto, das ihn mit seinem Vater zeigte, herausgeschnitten hat, ist auf dem Umschlag der 2016 erschienenen Ausgabe der deutschen Übersetzung von *Retour à Reims* zu sehen; die deutsche Ausgabe entspricht also nicht dem französischen Original. Bei dem auf dem Umschlag des vorliegenden Buches zu sehenden Gemälde Nicolas de Staëls handelt es sich hingegen um dasselbe Bild, das auch für die Originalausgabe von *La société comme verdict* verwendet wurde (Anmerkung des deutschen Verlags).

ich deutlich machen, dass nicht das »Ich« im Mittelpunkt steht, sondern die Strukturen der sozialen Welt. Eine Straße, eine Landschaft, eine Stadt ... – und damit Bezüge zu Zeit und Raum, zu Geschichte und Geografie, die zwar situiert, aber keineswegs unbestimmt sind und die es allen ermöglichen, sich darin wiederzuerkennen. Vielleicht, dachte ich, kann die Linie in der Bildmitte – die Straße – die Dissoziierung des Ich oder die Spaltung der Persönlichkeit symbolisieren, von der das Buch insgesamt handelt. Ich wusste außerdem, dass de Staël, der von Kindesbeinen an erlebt hatte, was Verlorenheit und Exil bedeuten, sich kurz nach der Vollendung dieses Gemäldes umgebracht hatte. Dadurch bekam dieses anscheinend so friedliche Bild eine dramatische Note. Sich auf den Weg zu machen, sei es, um fortzugehen, sei es, um zurückzukehren, birgt immer Risiken. Nie kann man sich sicher sein, wohin man steuern, was man entdecken und was aus einem werden wird. Die Gewalt der Welt lauert überall, auch dort, wo sie sich hinter der naturalisierten Ordnung der Dinge versteckt. An einem anderen Bild de Staëls aus der gleichen Schaffensperiode bewundert Ernst H. Gombrich, dass »schlichte aber höchst feinfühlige Pinselstriche sich [...] zu überzeugenden Landschaftsbildern zusammenschließen, die den Eindruck von Licht und Weite hervorzaubern«.[1] Diese Atmosphäre des Rätselhaften und Ungewissen schien mir ideal. Meine Wahl passte außerdem perfekt zur Gestaltung der Buchreihe: In einem Rahmen in der Umschlagsmitte, gleich unter dem Titel, sollte ein zeitgenössisches Kunstwerk gezeigt werden (und ich bin froh, dieser Regel beim vorliegenden Buch erneut mit

---

1 Ernst H. Gombrich, *Die Geschichte der Kunst*, Darmstadt: Wissenschaftliche Buchgesellschaft 1977 [1950], S. 481 f.

einem Gemälde de Staëls aus derselben Serie zu folgen, das ich aus ähnlichen Gründen ausgewählt habe). Ich konnte mit mir zufrieden sein: Das Ergebnis war außerordentlich gelungen.

Wie einfach es doch ist und wie angenehm, seinem eigenen Bildungsnarzissmus zu schmeicheln.

Und das andere Bild? Bei der Taschenbuchausgabe bestand die Lektorin darauf, ein Foto von mir zu bekommen. Die Frage hatte sich schon zu einem anderen Anlass gestellt: Als die Originalausgabe meines Buches erschienen war, hatten einige Journalisten darum gebeten, ihre Buchkritiken mit Fotos aus meiner Kindheit und Jugend bebildern zu dürfen. Meine Antwort war stets dieselbe: »Ich habe gar keine.« Das stimmte nicht, denn meine Mutter hatte mir ein paar Fotos aus einer der Kisten mitgegeben, die wir am Tag nach der Beerdigung meines Vaters in einem ziemlich intensiven Moment ausgepackt hatten. Meine Unaufrichtigkeit zog ein schlechtes Gewissen nach sich. Während die Journalisten meinen Mut priesen, konnte ich nicht umhin, mich für diese ultimative Feigheit zu schämen. Ich tat mich noch immer schwer damit, zu meiner Familiengeschichte zu stehen. Innerhalb eines ausgearbeiteten, konstruierten Diskurses hatte ich es zwar geschafft, sie anzusprechen. Schlicht und einfach zeigen wollte ich sie nicht.

Dabei sind Fotos in meinem Buch alles andere als abwesend, im Gegenteil, ich habe einige ganz genau beschrieben. Sie waren sogar der Auslöser dafür, dass ich überhaupt mit dem Schreiben anfing. Die Rückbesinnung auf eine Familien- und Sozialgeschichte muss sich geradezu auf das Betrachten alter Fotografien stützen. Die Kraft ihrer Evidenz ist ungebrochen: Mit Erinnerungen kann man tricksen, mit Fotos nicht. Egal wie schlecht oder ob man sich gar nicht mehr erinnert, sie zeigen die Welt so, wie sie war, nicht als Wille, sondern als Vorstellung: das Reale, wie es gewesen ist. Ich hielt diese Fotografien sorgsam zurück. Martine Sonnet war da anders vorgegangen. Sie hatte ihrer Erzählung *Atelier 62* eine Fotografie vorangestellt, die ihren Vater dabei zeigt, wie er, die Hände in den Taschen seiner Arbeitshose, in die Renault-Werke von Boulogne-Billancourt marschiert. Alles darauf Folgende scheint in diesem Bild schon angelegt zu sein, geduldig entfaltet Sonnet seine Bedeutungsschichten. Der Körper dieses Mannes, eines Arbeiters in der Stahlgießerei, in der härtesten Abteilung des Werks, nimmt sich aus wie die Inkarnation eines ganzen Berufstandes, ja eines existenziellen Typus – wie das Urbild einer Klasse oder, möchte ich fast sagen, einer ganzen Welt. Wir blicken auf seine Vergangenheit, Gegenwart und Zukunft, auf seine soziale Identität, die sich in diese Momentaufnahme eingeschrieben hat wie ein dauerhafter Rahmen seines Lebens, wie der unübertretbare Horizont seines Schicksals. Die Autorin hat recht, wenn sie zeigt, worüber sie anschließend sprechen wird. Die Wörter werden stärker, die Sätze dichter, wenn man das, was sie ausdrücken sollen, vor Augen hat. Ich habe die Lektüre dieses Buches sehr genossen. Sein Inhalt bleibt für mich untrennbar mit dem Bild auf dem Umschlag verknüpft.

Die Frage nach einem Foto von mir sollte also einige Monate später wiederkehren und mich in dieselben Nöte stürzen. Meine Antwort lautete weiterhin: »Nein.« Diesmal rechtfertigte ich mich mit dem Argument, dass man den Leser nicht »täuschen« sollte: »Es ist doch kein autobiografischer Essay, es ist eine theoretische Arbeit ...« Das war ja auch nicht ganz falsch. Ich fürchtete, die Intention und sogar der Inhalt meines Buches könnten von einem Foto massiv verändert werden. Die Wirkung eines Buchumschlags kann so stark sein, dass er ein Buch, manchmal gegen seine Intention, einer anderen Gattung zuordnet. Im konkreten Fall schien mir, dass ein Foto die Probleme, von denen ich sprach, zu personalisieren und zu vereinzeln, obwohl mein ganzes Bemühen auf eine Entpersonalisierung, auf das Kollektive, auf eine »soziologisierende« Darstellung gerichtet war. Um die soziale Wirklichkeit sollte es gehen, nicht um meine persönliche. Warum also ein Foto von mir? Ich ließ meine Kenntnisse und Vorlieben in der Gegenwartskunst spielen, um Gegenvorschläge zu machen. Clyfford Still? Barnett Newman? »Das wäre doch nüchtern und elegant!«, insistierte ich. Aber hatte mein Unwille, ein Foto rauszurücken, wirklich nur ästhetische und intellektuelle Gründe? Ein einziges Foto hatte ich, das passen konnte: Mit einem Arm auf die Motorhaube gestützt, stehe ich vor dem schwarzen Auto, das meine Eltern Mitte der sechziger Jahre gekauft hatten und mit dem wir sonntags zum Angeln ans Marne-Ufer fuhren. Neben mir sind einer meiner Brüder und mein Vater zu erkennen. Ich muss zwölf oder dreizehn Jahre alt sein, er also fünf- oder sechsunddreißig. Er sieht jung aus, er hatte lange Sport getrieben – eine Weile spielte er in der Werksmannschaft Basketball, mein älterer Bruder und ich fuhren sonntags oft mit zu den Spielen. Er macht keine schlechte Figur, muss ich sagen, und man sieht ihm an, dass er es weiß. Warum wollte ich dieses Foto partout nicht rausrücken? Was man darauf sieht (das Auto, die Körper, die Frisuren usw.), stellt zweifellos eine soziale Einschreibung her. Sicherlich bringt die schwarz-weiße Einfachheit dieses Bildes mehr unpersönliche und soziologische Wahrheiten zum Vorschein als die subtilen Farbkompositionen der genannten Maler. Aber würde zwischen dem vornehmen Kunstwerk auf dem Umschlag der Erstausgabe und dieser fast schon klischeehaften Darstellung einer urlaubenden

Arbeiterfamilie nicht ein viel zu großer Gegensatz entstehen? War es nicht albern, den Umschlag so zu ändern?

Solche Gegensätze machen allerdings die Spannung meines Buches aus: die kulturelle Transformation des Selbst als Mittel und zugleich Resultat einer sozialen; der Wille, sich im Übergang in eine andere Welt von derjenigen, aus der man kommt, so gut es geht zu entkoppeln und mit derjenigen, in die man geht, so gut es geht zu verschmelzen. Die »Rückkehr« zwingt einen dazu, den Weg, den man zurückgelegt hat, aufs Neue zu durchdenken und sich zu fragen, was die hergestellte Distanz bedeutet. Eine fotografische Reise in meine persönliche Vergangenheit akzentuiert die Arbeit der politischen Erkundung oder Ausgrabung meines Selbst, die ich mit diesem Buch unternommen habe, noch einmal anders: von der legitimen zur populären Kultur, von dem Menschen, der ich geworden bin (ein Intellektueller, der sich für Bücher von Michel Leiris oder Claude Simon begeistert, der zu *Wozzek, Capriccio* oder *Peter Grimes* in die Oper geht und der beim Anblick von Gemälden Nicolas de Staëls ganz gerührt ist), zu demjenigen, der ich vorher war (ein Arbeitersohn, der mit seiner Familie Angelausflüge macht, der am Straßenrand picknickt und der mit seinem Vater, dem er immer unähnlicher zu werden beginnt, für ein Foto posiert). Durch eine Änderung des Umschlags für die Taschenbuchausgabe konnte ich also einen zusätzlichen Schritt der Autosozioanalyse vollziehen oder diese zumindest um ein bildliches Element ergänzen. Bald sah ich, dass dies der für mich vielleicht schwierigste Schritt überhaupt war. Ich konnte mich nicht dazu durchringen. Zeigen, was man geworden ist, ist angenehm und aufwertend. Zeigen, was man einmal war, ist es weniger. Ich war von den alten Fotos fasziniert. Immer wieder holte ich sie hervor und starrte sie an – als sei es eine Frage der Zeit, bis sie sich unter meinen Augen beleben und mich in eine Welt transportieren würden, die einmal meine war. Woran dachte dieser Junge, der niemand anderer ist als ich selbst (vorausgesetzt, das »Ich« ist etwas Konstantes und – hier liegt das zu behandelnde politische und soziologische Problem – es behält seine Konstanz auch in allen seinen Varianten und Versionen)? Welche Zukunft hatte dieser Junge vor Augen? Stellte er sich überhaupt eine vor? Was wusste er von seiner Position im Gefüge der sozialen Klassen und davon, wie sie sich auf seine schulische Laufbahn auswirkte? Waren ihm, da er auf diesem Foto (und auf anderen) ein dezentes Lächeln zeigt, alle diese Dinge völlig klar? Soweit ich mich erinnerte, war meine Kindheit schon lange vor der Zeit, in der dieses Foto entstand, von Melancholie und Traurigkeit, von einem unglücklichen Verhältnis zur Welt und zu den anderen durchdrungen gewesen. Verschweigt das Foto also etwas? Oder habe ich mir eine solche Vergangenheit erst zurechtgelegt, als ich, zu jemand anderem geworden, auf meine Jugend zurückblickte? Nein, ich bin mir sicher, dass der unruhige und gequälte Heranwachsende, dessen Bild ich erinnere, wirklich ich selbst gewesen bin. Ein wenig später gab es sogar einen Suizidversuch, den ich damals lieber verschwieg (in meinem Zimmer hatte ich eine Schachtel Tabletten geschluckt und anschließend fünfzehn Stunden geschlafen). Wie so viele junge Schwule, die sich in ihrer Haut nicht wohl fühlen, die keine Vertrauensperson finden und die sich ihre Zukunft nicht anders als angstvoll und unruhig vorstellen können, verfolgten mich viele Jahre Selbstmordgedanken. Mein Lächeln scheint auch nur angedeutet zu sein, wie ein Zugeständnis an den Moment der Fotografie. Und ich frage mich: Was verbindet mich heute mit diesem Jungen? Was in mir kommt von ihm, was in mir hat all die Jahre und Veränderungen überdauert? Diese Begegnung, dieses

Vier-Augen-Gespräch mit mir selbst, wollte ich für mich behalten, ich wollte es auf keinen Fall veröffentlichen. Oder wollte wenigstens sicher sein, dass es, nachdem ich es in meinem Buch schon öffentlich gemacht hatte, unsichtbar und ungreifbar blieb. »Lest, ohne zu sehen«, war die implizite Botschaft an meine Leser gewesen. Jetzt hatte ich die Wahl. Sollte ich sagen: »Lest und seht?« Nein! Das war mir unmöglich.

Die Lektorin ließ nicht locker: »Es ist für das Taschenbuch, wir richten uns doch an ein breites Publikum ...« Ich schwächte meinen Standpunkt etwas ab (»Ich werde mal schauen, was ich für Fotos habe ...«) und gab schließlich nach. Aber wer mein Buch gekauft hat, wird es vielleicht bemerkt haben: Ich habe das Foto, das ich weitergab, sorgsam zurechtgeschnitten.

Die Handlung des Films *Alles über meine Mutter* von Pedro Almodóvar nimmt ihren Ausgang bei einem Foto, dessen eine Hälfte fehlt, weil der Vater weggeschnitten wurde. Der Sohn will wissen, was auf der fehlenden Hälfte zu sehen ist. Er will zurückholen, was seine Mutter vor ihm verstecken wollte, weil sie sich, so versteht er es, dafür schämte: eine Vergangenheit, die sie auslöschen wollte. Die systematische Auslöschung – den Vater hat sie nicht nur aus einem, sondern aus allen Fotos herausgeschnitten – konturiert die Vergangenheit auf eine spezielle Weise. Sie weckt den Wunsch des Sohnes zu wissen. Auch hier ist es der Tod – in diesem Fall des Sohnes, das Generationenverhältnis hat sich umgekehrt –, der bei der Mutter einen Prozess der Rückkehr und Befragung einleitet. Sie will die Vergangenheit untersuchen, die ihr so unangenehm war und die sie von ihrem Sohn hatte fernhalten wollen.
Das Foto spielt dabei eine zentrale Rolle. Die Mutter

wollte mit ihrer Vergangenheit brechen und sie um jeden Preis vor ihrem Sohn verbergen. Der Sohn will nur eins: dass sie ihm endlich sagt, was sie ihm bislang verschwiegen hat. Die Macht der »Familie« als Ort und Norm der Wahrheit über einen selbst, ja der Wahrheit des Selbst schlechthin (als ein Dispositiv der Macht, das, wie Foucault gesagt hätte, eine Funktion des »Willens zum Wissen« ist) wirkt selbst dort, wo man glaubte, sie am besten neutralisiert zu haben. Man sieht, wie schwierig es ist, die Logiken der »Norm« und der »Subversion« als radikal antagonistisch zu denken. Tatsächlich sind sie miteinander verschränkt. Unter den Fragen, die *Rückkehr nach Reims* aufgeworfen hatte, gab es eine, die im Grunde das gesamte Buch enthält: Warum kehrt man zu etwas zurück, dem man um jeden Preis entkommen wollte? Warum geht von der Familie diese magnetische Kraft aus, die in die hintersten Winkel des Unbewussten auch der Menschen vorzudringen scheint, die jede Beziehung zu ihr verweigern? John Edgar Wideman hat ganz recht, wenn er in seinem Essay *Bruder und Hüter* hervorhebt, dass wir eine Art »Mitgliedsausweis« besitzen, der uns an unsere Familie bindet. Aber was für eine Art Ausweis ist das, der kein Gültigkeits- und kein Ablaufdatum zu haben scheint? Was ist das für eine Entität, der man offenbar auch dann noch angehört, wenn man längst aus ihr ausgetreten ist? Tatsächlich ist es so, dass die Kraft der »Familie als Körper«, wie Bourdieu sie genannt hat, jederzeit jene der »Familie als Feld« widerlegt. Die Kraft der »Familie als Fusion« ist jederzeit aktiv, auch dann noch, wenn die Familie zerbrochen ist. Die desintegrierenden Kräfte innerhalb einer Familie – die abweichenden Laufbahnen der Geschwister zum Beispiel, die verschiedenen Lebensweisen, gegensätzlichen Interessen usw. – sind nur selten stark genug, um nicht doch von den integrierenden eingeholt zu werden:

von der affektiven Logik, den Schuldgefühlen, der Rücksicht auf bestimmte gesellschaftliche Pflichten, dem permanenten Ruf zur Ordnung, der von allen sozialen oder auch staatlichen Dispositiven ausgeht (Familienfeiern, Feiertagen, Standesamt …).[1]

Almodóvars großer Film verdeutlicht jedenfalls, wie wichtig Fotos in unserem Leben sind. Im Guten – sie lassen uns das Gesicht eines Menschen betrachten, der verschwunden ist – wie im Schlechten: Unnachgiebig gravieren sie die Markierungen des Gewesenen in das ein, was wir jetzt sind und vielleicht nicht mehr sein wollen. Gegen unseren Willen kommt zu uns zurück, wovon wir uns losreißen wollten, und ja, in diesem Fall ist die Vergangenheit die Hölle, genau wie auch die Menschen die Hölle sind, die sie als unsere Vergangenheit festschreiben und dadurch ein soziales Sein, eine feste Identität zuweisen. Für die Vorstellungen von Familie, die wir in uns tragen, scheinen Fotografien ein Marker, eine Spur, aber auch ein Urheber und Operateur zu sein: Sie sind das, zu dem familiäre Beziehungen, von welcher Art sie auch sein mögen, immer wieder zurückführen, ob wir es wollen oder nicht. Dieser soziale Zwang wirkt stark auf unsere Affekte und sorgt für die Freudensprünge und Reuegesten, die mit jeder Selbstverwandlung einhergehen. Es ist also wahr, Fotos will man oft wegwerfen oder zerschneiden. Wer kennt diese Versuchung nicht?

Meine Mutter hatte mir ein ganzes Foto gegeben. Ich habe es verstümmelt. Ich kannte die Vergangenheit doch! Und ich wollte sie auslöschen. Nichts über meinen Vater! Das Ergebnis ist jedoch fast dasselbe: Am Bildrand sieht

1 Pierre Bourdieu, »La famille: une catégorie réalisée«, in: *Actes de la recherche en sciences sociales* 100/1 (1993), S. 32-36.

man noch den Zipfel des karierten Hemds, das er an diesem Tag trug. Es zieht die Blicke auf sich wie ein unerklärliches Detail in einem beschädigten Gemälde und gibt demjenigen, den ich abwesend machen wollte, eine insistierende Präsenz. Vielleicht will ich mich mit diesem neuen Buch, das Sie gerade zu lesen beginnen, auf die Suche nach dem begeben, was aus diesem Foto verschwunden ist. Natürlich weiß ich, was auf dem verschwundenen Teil zu sehen war: Ich habe es ja selbst weggeschnitten und in den Mülleimer geworfen, damit mich niemand mehr danach fragen konnte. Aber ich will mehr und will es genauer wissen. Nicht weil ich mich selbst und meinen Vater besser verstehen möchte, sondern weil ich die Ordnung der Welt und der sozialen und politischen Determinismen begreifen will, deren Mechanik sich noch in die geringsten Details unserer beider Existenzen (in mein Leben, in das seine und in die Beziehung zwischen uns) eingeschrieben hat. Aber ist es nicht zu spät? Von meinem Vater kann ich die Auskünfte, die mir zuvor so egal waren und die ich jetzt so gerne besitzen würde, nicht mehr bekommen.

✻

Proust hat es gut auf den Punkt gebracht: Der Tod eines anderen Menschen bedeutet die Unmöglichkeit, Antworten auf Fragen zu bekommen, die man immer hätte stellen sollen, die man vor sich hergeschoben hat, weil sie nicht dringend genug erschienen, und die nun für immer unbeantwortet, eine Obsession bleiben werden ... Er schickt einen auf eine Reise, bei der man endlich bereit ist, sich zu öffnen und einem Freund die lange verdrängten Fragen zu stellen. Doch die einzige Antwort, die man jetzt noch erhält, ist das Schweigen der gegenüberliegenden Sitzbank.

Kann man dann wenigstens mit einem Foto sprechen?

Mit vielen Fotos? Auch wenn man weiß, dass sie niemals antworten, dass sie alle unsere Anfragen zurückweisen und mit Stummheit quittieren werden? Man muss sie trotzdem zum Ausgangspunkt der Untersuchung einer sozialen und historischen Vergangenheit machen, die noch immer schwer auf einem lastet.

Proust versucht uns zu erklären, dass die zeitliche Entfernung die von alten Fotografien eingefangenen Klassenidentitäten verschwimmen lässt. Als der Erzähler von *Auf der Suche nach der verlorenen Zeit* erfährt, dass der ältere Herr, dem er eben begegnet ist, nicht der Kleinbürger aus Combray, für den er ihn gehalten hat, sondern der Herzog von Bouillon sein soll, sinniert er einen Moment über die »Gleichförmigkeit in der äußeren Erscheinung« zwischen zwei Menschen, die beide sehr alt, aber von unterschiedlichem sozialen Stand sind. Er fühlt sich an eine Daguerreotypie von »Saint-Loups Großvater mütterlicherseits, de[m] Herzog von La Rochefoucauld« erinnert, »auf der er in Kleidung, Miene und Haltung ganz und gar meinem Großonkel glich«, und schließt daraus,

daß die gesellschaftlichen oder auch individuellen Unterschiede von ferne gesehen in der Gleichförmigkeit einer Epoche verschwinden. In Wahrheit ist es so, daß die Ähnlichkeit der Kleidung und auch der Widerschein des Zeitgeistes auf dem Gesicht einer Person einen viel wichtigeren Platz einnehmen als die Kaste, die einen großen Raum nur in der Eigenliebe des Betreffenden und der Einbildung der anderen beansprucht [...].[1]

---

1 Marcel Proust, *Sodom und Gomorrha*, aus dem Französischen von Eva Rechel-Mertens, revidiert von Luzius Keller und Sibylla Laemmel, *Auf der Suche nach der verlorenen Zeit*, Bd. IV, herausgegeben von Luzius Keller, Frankfurt am Main: Suhrkamp 1999, S. 125.

Doch dieser Eindruck täuscht. Er entsteht nur deshalb, weil Proust Aristokraten und Bürgerliche, das heißt Mitglieder der wohlhabenden Klassen, miteinander vergleicht. Hätte man auf einer anderen Daguerreotypie einen Arbeiter oder Bauern gesehen, dann wären diese ganz anders angezogen gewesen und der »Widerschein des Zeitgeists« hätte ihr Gesicht nicht auf eine Weise erhellt, die ihre Lebensumstände und ihren beruflichen Rang bis zu dem Punkt vergessen lässt, wo man sie mit dem Industriellen oder Grundbesitzer verwechselt, für den sie arbeiten. Je länger man in Prousts *Recherche* liest, desto deutlicher dementiert der Roman die These von der sozialen Angleichung realer Personen im Lauf der Zeit. Stattdessen beschreibt er, wie die physischen und psychischen Züge, welche die Milieuzugehörigkeit ausdrücken, von einer Generation zur nächsten vererbt werden. Dabei formuliert er seine Theorie nicht in sozialen, sondern in physiologischen Begriffen: Das biologische Erbe wird von den Eltern an die Kinder weitergegeben und bringt mit der Zeit eine fast absolute Ähnlichkeit zwischen beiden hervor. Deutlich wird das etwa an der im ganzen Roman immer wieder nachdrücklich geäußerten Behauptung, dass die Kinder die Physiognomie und den Charakter ihrer Eltern übernehmen bzw. dass sie diese nach deren Tod geradezu ersetzen. Gültig scheint mir diese Behauptung allerdings nur dort zu sein, wo es eine gesellschaftliche Kontinuität zwischen Müttern und Töchtern, Vätern und Söhnen gibt. In einer berühmten Stelle erkennt der Erzähler, wie seine Großmutter in den Gesten und Haltungen, ja im gesamten Wesen seiner Mutter weiterlebt: »Besonders aber bemerkte ich, sobald ich sie in ihrem Crêpemantel eintreten sah – was mir in Paris immer entgangen war –, daß ich nicht mehr meine Mutter vor Augen hatte, sondern meine Großmutter.« Proust entwickelt eine Theorie des Fortbestehens der Vergangenheit in der Gegenwart durch die Reproduktion der mütterlichen Attribute in der Tochter und der väterlichen im Sohn:

> Wie in königlichen oder herzoglichen Familien in dem Augenblick, da das Oberhaupt des Hauses stirbt, der Sohn dessen Titel annimmt und aus dem Herzog von Orléans, dem Prinzen von Tarent oder dem Fürsten des Laumes der König von Frankreich, der Herzog von La Trémoille, der Herzog von Guermantes werden, so wird oft durch eine Inthronisation ganz anderer Art und viel tieferen Ursprungs der Lebende von dem Toten ergriffen, folgt ihm nach, wird ihm ähnlich und führt sein unterbrochenes Leben fort.[1]

Man müsste die gesamte Seite und insbesondere die Bemerkungen darüber lesen, wie der »große Kummer, der bei einer Tochter, wie Mama es war, auf den Tod der Mutter folgt, nur um so früher die Hülle [zerreißt]« und »die Metamorphose und das Hervortreten eines Wesens [beschleunigt], das man in sich trägt und das ohne diese Krise, die alle Zwischenphasen ausläßt und mit einem Schlag ganze Zeitabschnitte überspringt, sich nur langsam vollzöge«. Es scheint, dass die Trauer »auf unseren Zügen Ähnlichkeiten zum Vorschein bringt, die virtuell schon in uns vorhanden waren«. Sie organisieren eine historische Erbfolge, die in einem besonders ursprünglichen und archaischen Atavismus begründet ist. Die Zeit scheint aufgehoben oder besser auf eine zyklischen Wiederholung des Gleichen reduziert worden zu sein (natürlich mit gewissen Variationen, auf die der Erzähler immer wieder zurückkommt, wenn er von sich selbst spricht). Es ist frappierend, wie sehr die Vorstellung einer Quasi-Reinkarnation der Mutter (der

---

1 Marcel Proust, *Sodom und Gomorrha*, a. a. O., S. 251.

Großmutter des Erzählers) im Leib und in der Seele der Tochter (seiner Mutter) oder vielmehr der offensichtlichen Entfaltung der in der Tochter schon immer vorhandenen und erst durch den Tod der Mutter, für deren Weiterleben sie nun zuständig ist, freigesetzten Potenziale jedem einzelnen Individuum einen Platz in einer langen Kette des Seins und des Erbens, der Genetik und der Geschichte zuweist. Proust beschreibt diese Logik als noch älter und fundamentaler als die des dynastischen Prinzips. In Ernst Kantorowiczs Lehre von den zwei Körpern des Königs ist der politische Körper vom irdischen getrennt und überdauert ihn: »Der König ist tot, es lebe der König.« Bei Proust sind beide Körper eins. Der biologische und der genealogische, der sterbliche und der unsterbliche Körper gehen ineinander über und erhalten sich gegenseitig.

Die Vorstellung der Unveränderlichkeit der Welt ist (zumindest in diesem Zusammenhang) verbunden mit einer ziemlich rigiden Auffassung der geschlechtlichen Rollen im gesellschaftlichen und im Arbeitsleben. Die Tochter verkörpert und ersetzt die Mutter, der Sohn den Vater. Was die Mutter des Erzählers »von ihrem Vater hat« (den »gesunden Menschenverstand«, die »spöttische Heiterkeit«), wird von den Attributen der Mutter, die ihre gesamte Person ausfüllen sollen, überdeckt. Indem die Tochter die Mutter verkörpert, wird sie ausschließlich zu dieser. Prousts so überaus treffende Beschreibung muss eigentlich nach einem anderen als dem von ihm vorgeschlagenen Schema gelesen werden: Es sind die sozialen und sexuierten Dispositionen, die den Körper bis in seine kleinsten Gesten hinein prägen. Das Staunen des Erzählers gilt im Grunde der Tatsache, dass verkörperte, gewissermaßen naturalisierte Dispositionen nicht weniger erblich sind als Titel und Güter. An einer späteren Stelle im Text scheint er die Ansicht, dass bestimmte Merkmale nur den Frauen und andere nur den Männern vererbt werden, etwas abzuschwächen, denn dem Erzähler wird auf einmal bewusst, dass er seinen Vorfahren ähnlich ist (»es war auch ganz natürlich, daß ich so war, wie meine Eltern gewesen waren«[1]). Mit den »Eltern« sind hier nicht nur der Vater und die Mutter, sondern auch die Großmutter, Tante Leonie und andere gemeint. Der Erzähler verkörpert nicht mehr nur seinen Vater, sondern besitzt jetzt auch Attribute aus dem anderen Familienzweig, wenn auch bisweilen – etwa in Bezug auf seine Großtante – auf eine mehrfach vermittelte Weise. Wir sehen ein Gesetz der familiären Vererbung, das sich, wie er schreibt, »allmählich« an ihm oder besser in ihm durchsetzt. Seine Gesten und Worte, sein »fleischlicher Ausdruck« werden davon bestimmt, sein Körper verhält sich spontan wie der seiner Vorfahren. Es ist, als bliebe »uns nichts anderes übrig, als alle unsere Verwandten bei uns zu empfangen, die, von weither gekommen, sich um uns versammeln«.[2]

Die Prämisse dieser Theoreme über soziale Vererbung, Reproduktion und Klassenteilung bleibt zwar (zumindest in den hier kommentierten Passagen) implizit, ist deshalb aber nicht weniger klar: Die von Proust beschriebenen Phänomene können sich nur innerhalb eines bestimmten Milieus ereignen. Die Weitergabe des Klassenhabitus von einer Generation zur nächsten erscheint uns lediglich deshalb als ein biologisches oder physiologisches Gesetz, weil das Milieu alles daransetzt, sich unverändert zu erhalten. Nur weil jede Klasse (oder jeder Teil einer Klasse) und innerhalb dieser jedes Geschlecht ihr bzw. sein eigenes We-

---

1 Marcel Proust, *Die Gefangene, Auf der Suche nach der verlorenen Zeit*, Bd. V, a. a. O., S. 148.

2 Ebd., S. 107.

sen verstetigen will, können Trägheit und Wiederholung über den Wandel, die Evolution, die Abweichung obsiegen; nur deshalb kann der Anschein entstehen, dass »der Lebende von dem Toten ergriffen wird« – und nur deshalb kann er ihn auch tatsächlich ergreifen. Diese soziale Logik beruht ebenso sehr auf dem historischen Unbewussten wie auf dem Selbstbewusstsein und dem eigenen Willen, ganz egal, welche Veränderungen diese durchlaufen. Die verkörperte Geschichte – das heißt die Familiengeschichte als Sozialgeschichte und als Reproduktion der Position im Raum der sozialen Klassen – definiert, was die Individuen sind und werden, sie prägt ihren »fleischlichen Ausdruck« oder, wenn man so will, ihren *habitus*, ihre *hexis* oder ihren *ethos*. Daher der Eindruck einer gewissen Zeitlosigkeit oder besser der Replizierung des Immergleichen im Lauf der Zeit.

Wenn man nun aber denjenigen oder diejenige, der oder die verschwunden ist, nicht verehrt hat oder wenn einen die gesellschaftliche Laufbahn von ihm oder ihr entfernt, ja, wenn man sich alle Mühe gibt, ihm oder ihr auf keinen Fall zu ähneln, wird man dann trotzdem zu dem, was er oder sie gewesen ist? Und wenn der Lebende nicht, wie Proust es so drastisch formuliert, »von dem Toten ergriffen« wird, kann man dann trotzdem davon ausgehen, dass unser Sein die zugleich sozialen und biologischen Markierungen dessen behält, was unsere Vorfahren gewesen sind, das heißt die Markierungen unserer Kindheit und der Zeit, die wir gemeinsam mit ihnen in ihrem Milieu verbracht haben? Wie verhält es sich dann mit der Kraft der »Nachahmung« und den »Erinnerungsassoziationen«, die den Erzähler der *Recherche* so sehr staunen machen, mit den Redeweisen und Ausdrücken, die wir mit den Eltern teilen, mit der »geheimnisvollen Macht des Sippenerbes«, die uns ganz unbewusst denselben »Tonfall« in den Mund legt, die gleichen »Haltungen«, aus denen wir doch eigentlich längst »hervorgegangen« waren?[1]

Natürlich gibt es eine physische Ähnlichkeit. Wer von uns hat noch nie hervorgehoben, dass die Stimme, der Blick, das Lächeln, die Körperhaltung, der Gang, die Gestik eines Menschen denen seiner Mutter oder seines Vaters, manchmal auch seiner Großmutter oder seines Großvaters ähnelt? Jedes autobiografische oder auch nur autoanalytische Unterfangen muss sich früher oder später mit dem Atavismus der eigenen Qualitäten und Fehler, der eigenen körperlichen und charakterlichen Züge befassen. Was aber bleibt von diesen Ähnlichkeiten bei einem Klassenflüchtigen? Wie ist das bei einem sozialen Überläufer, bei dem sich die Unterschiede so stark herausgebildet haben, dass sie sich anschicken, die Ähnlichkeiten zu verdrängen?

Spricht Nietzsche am Anfang von *Ecce homo* nicht über die Schmerzen der physiologischen Vererbung? Er sei exakt so wie sein Vater, sagt Nietzsche. Sein philosophisches Werk habe in der ererbten schwachen Gesundheit seinen Ausgangspunkt. »Mein Vater starb mit sechsunddreissig Jahren«, schreibt Nietzsche, »er war zart, liebenswürdig und morbid, wie ein nur zum Vorübergehn bestimmtes Wesen […]. Im gleichen Jahre, wo sein Leben abwärts gieng, gieng auch das meine abwärts: im sechsunddreissigsten Lebensjahre kam ich auf den niedrigsten Punkt meiner Vitalität.« Alle seine Charaktereigenschaften habe er von seinem Vater, »das Leben, das große Ja zum Leben *nicht* eingerechnet«. Seine Philosophie der Behauptung

---

1 Ebd., S. 148.

und der Gesundheit hat Nietzsche also mit dem und gegen das Erbe der schwachen physischen Konstitution entworfen, die er von seinem Erzeuger geerbt hat. Immer wieder kommt er darauf zurück, dass er »bloß [s]ein Vater noch einmal und gleichsam sein Fortleben nach einem allzufrühen Tode« sei.[1] Bei dem Versuch, sich selbst zu verstehen und der zu werden, der man ist, spielt die Genetik für Nietzsche eine entscheidende Rolle. Man braucht gar kein großer Nietzscheaner zu sein, um sich den Wahrheiten anzuschließen, die dieser Gedanke enthält: Das genetische Erbe bestimmt viele Aspekte der Persönlichkeit, und sei es nur die Körpergröße, die Farbe der Haare oder der Augen oder irgendeine andere »körperliche« Eigenschaft, die den Blick der anderen auf einen selbst und damit zumindest partiell auch die Selbstwahrnehmung orientiert. Es ist bekannt, welche Bedeutung diese physischen »Qualitäten«, die nichts mit Selbstinszenierung zu tun haben, im täglichen Leben besitzen – auch wenn der Körper zu großen Teilen von der sozialen Zugehörigkeit konstituiert und markiert und wenn die Physis nicht selten von ganz und gar sozialen Faktoren – und von der sozialen Wahrnehmung – produziert wird.

Die von Nietzsche angesprochene genetische Kontinuität könnte sich jedenfalls ohne eine soziale nicht entfalten. Und auch nicht ohne eine geschlechtliche, sollte man hinzufügen. Als ich neulich eine alte Fernsehsendung sah, in der ich als Gast aufgetreten war (jemand hatte sie »gepos-

---

1 Friedrich Nietzsche, *Ecce homo*, »Warum ich so weise bin« (1908), in: *Sämtliche Werke. Kritische Studienausgabe in 15 Bänden*, Bd. VI, herausgegeben von Giorgio Colli und Mazzino Montinari, Neuausgabe, München, Berlin u. a.: Deutscher Taschenbuch Verlag und de Gruyter 1999, S. 264.

tet«), kam mir der Gedanke, dass ich bei der Aufzeichnung etwa so alt gewesen sein muss wie mein Vater auf dem zerschnittenen Foto. Nichts, nicht einmal die geringste Ähnlichkeit lässt darauf schließen, dass es zwischen den beiden jungen Erwachsenen eine Verwandtschaft geben könnte. Mein Vater Mitte der sechziger Jahre auf dem abgeschnittenen Teil des Schwarz-Weiß-Fotos, ich selbst in den späten Achtzigern in einem farbsatten Video: ein heterosexueller Arbeiter, ein schwuler Intellektueller.

Besonders eindrückliche Beispiele für die Unähnlichkeiten zwischen Kindern, die zum Wandel entschlossen sind, und Eltern, die bleiben wollen, wie und was sie sind, finden sich in Abdelmalek Sayads Studien über Einwandererfamilien. Schule und Studium führen zum Bruch, wenn die einen Zugang zu dem bekommen, was den anderen stets verwehrt geblieben ist. Den Eltern missfällt es, wenn sich die Söhne und, schlimmer noch, die Töchter von einer Tradition lösen, von der sie glauben, dass sie noch immer den Lebenshorizont der Familie bestimmen sollte. Die Söhne und Töchter hören auf, den Vätern und Müttern zu ähneln, ganz allgemein bestehen zwischen Kindern und Eltern oder Großeltern kaum noch Gemeinsamkeiten. Am Ende sehen die Eltern ihre Kinder gar als »Verräter« oder »Feinde« an, die insgeheim die Zerstörung der Familie betreiben, weil sie die kulturelle Identität, deren Grundlage die Familie ist, vergessen.[1]

Eine andere, abweichende Einstellung zum Schulsystem, das heißt zur gesamten Kultur und insbesondere zu den als wählbar wahrgenommenen Berufen, durchbricht

---

1 Abdelmalek Sayad, *L'Immigration ou les paradoxes de l'altérité*, Bd. II, *Les Enfants illégitimes*, Paris: Raisons d'agir 2006.

die identische Reproduktion dessen, was die Eltern waren und noch immer sind. Zwischen Eltern und Kindern entsteht ein Graben; man versteht sich nicht mehr, jeder Bezug zueinander – besonders der affektive – wird erschwert. Das Phänomen verstärkt sich weiter, wenn die Kinder allmählich in andere gesellschaftliche Sphären eintreten, wenn sie Umgang mit Leuten pflegen, die sich von ihrem angestammten Familienkreis und dessen Umfeld in so vielen Hinsichten unterscheiden.

*

Das Foto habe ich also nicht deshalb zerstückelt, weil ich fürchtete, man könnte zu viele Ähnlichkeiten zwischen meinem Vater, wie er damals war, und meinem heutigen Ich entdecken (weder die Kontinuitäten der biologischen Reproduktion noch die von Proust beschriebenen, der Zeit geschuldeten Abweichungen beunruhigten mich, zumal ich in physiologischer Hinsicht – Haare, Augen, Teint – viel mehr von meiner Mutter habe). Nein, im Gegenteil, ich wollte verhindern, dass die so stark markierten Abweichungen, die meine Entwicklung hervorgebracht hatte, durch das Foto annulliert würden: dass man, indem man meinen Vater betrachtete, sehen konnte, woher ich kam und wie meine Familie vor meiner Flucht und Verwandlung ausgesehen hatte; dass die gesamte soziale und also physische Distanz, die ich zwischen ihm und mir hergestellt hatte, gelöscht würde; dass die Jahre der Arbeit an mir selbst, in denen ich diesen Abstand, diese Kluft überhaupt erst hatte herstellen können, dass das Verwischen aller Spuren des Gestern auf dem Weg zu meinem Heute ruiniert werden würde. Ich wollte denjenigen, der ich nicht sein und zu dem ich nicht hatte werden wollen, nicht zeigen. So konnte ich mich in der Sicherheit des Gedankens wiegen, dass »der Lebende« in meinem Fall nicht »von dem Toten ergriffen« worden war: Von meinem Vater hatte ich nichts geerbt, weil ich alles, was er mir hätte übertragen können, zurückgewiesen hatte.

Außer dem Namen natürlich. Und das ist gar nicht wenig. Ein Nachname, ein Vorname ... – und noch zwei weitere Vornamen auf meinem Ausweis. Der Name ist das Bindeglied zwischen meinen genealogischen Wurzeln und dem zerschnittenen Foto: Der, den ich aus dem Foto gelöscht habe, hat mir meinen Namen gegeben. Ich wollte diese Figur aus meinem Leben entfernen. Sie überlebte in meinem Nachnamen, der mich, ob ich nun will oder nicht, mit meiner Familie und insbesondere mit meinen Brüdern verbindet. (Als ich einmal zu einer Tagung in einer südfranzösischen Stadt fuhr, in der einer meiner Brüder – ein Automechaniker – lebte, erkannte ein Mitarbeiter des Hotels meinen Nachnamen und fragte höflich, ob ich »mit ... verwandt« sei. Ohne zu zögern, antwortete ich: »Nein, das kann nicht sein!« Ich weiß sehr gut, welche Gewalt eine solche Anekdote für meinen Bruder darstellen muss.) All das – das heißt die amtliche Evidenz meiner Abstammung – lässt mich heute anerkennen, ja zugeben, dass mein jetziges Sein in dem verankert ist, was ich gestern und vorgestern gewesen bin: ein von seiner Gegenwart und Zukunft – von seinem »Platz« in der Gesellschaft, von seiner sexuellen »Abweichung«, von dem Konflikt zwischen diesen beiden – geängstigter Gymnasiast und später Student; ein Kind, ein kleiner Junge in der Welt der armen Arbeiter, der seine Mutter begleitet, wenn sie zum Putzen zu anderen Leuten geht. Es ist auch in all dem verankert, zu dem ich durch das Sein meiner Mutter und meines Vaters schon vor meiner Geburt bestimmt war. Mein Vater und das, was das Foto von ihm zeigt, leben auf diese Weise noch immer in mir fort, es hat mich viel tiefer geprägt, als ich es jemals zugeben wollte. Ich sehe ihm nicht ähnlich? Natürlich nicht! Das bedeutet aber noch lange nicht, dass der Lebende nicht doch von dem Toten ergriffen wird, denn meine Vergangenheit (und damit auch seine) wirkt in meiner Gegenwart fort. Woran man das erkennen kann? Wenn ein seltsamer, nicht zu unterdrückender Impuls mich dazu treibt, das Bild meines Vaters zu löschen, dann deshalb, weil dieses Bild *nolens volens* noch immer in mir aktiv, weil es voller persönlicher und sozialer Bedeutungen ist, die ich unbedingt abwerfen wollte und die doch weiterhin an mir haften.

So hing zum Beispiel meine gesamte berufliche Karriere, auch wenn manche in ihr ein Zeichen sozialer »Mobilität« sehen wollen, von meiner Schulzeit ab. Auch deshalb habe ich oft behauptet, *Rückkehr nach Reims* sei ein Buch über das Schulsystem, über soziale Klassen und damit über das Schulsystem. Meine schulische Laufbahn, die mein Leben bis zum heutigen Tag voll und ganz bestimmt, lässt sich wiederum nur verstehen, wenn man sie ins Verhältnis zu meinem Herkunftsmilieu setzt. Auf die Frage, was ich von meinem Vater habe, könnte ich gewissermaßen antworten: alles. (Obwohl ich jahrelang daran gearbeitet habe, »mich selbst zu bilden«, ein »self-fashioning« zu betreiben, wie es Foucault und Oscar Wilde teuer war, auf dass die Antwort lauten würde: nichts, ganz und gar nichts.) Meine Homosexualität mag eine Abweichung vom zugewiesenen Schicksal erlaubt und ausgelöst haben. Die aufsteigende Bahn, die sie ermöglichte, blieb trotzdem sehr weitgehend von ihrem Ausgangspunkt bestimmt.

*

Man kann ein Buch über die Scham geschrieben haben, ohne sie zu überwinden. Das Schamgefühl ist komplex, es ist ein verschlungenes, kaum zu entflechtendes Gewebe von Affekten. Etwas davon überdauert noch in den ärgsten Bemühungen, die schambestimmte, »hontologische« Realität der sozialen Welt zu zersetzen. Die seltsame, klägliche Geste des zerschnittenen Fotos und der Impuls, der mich zu ihr trieb; der Wunsch, jedes sichtbare Zeugnis meiner Herkunft auszulöschen, obwohl ich über diese Herkunft doch gerade erst ein ganzes Buch geschrieben hatte, von dem ich nun im Radio und im Fernsehen, auf Buchmessen, in Debatten und Interviews, auf Tagungen und in Seminaren sprach – das alles beweist, dass die Bewusstmachung oder auch Analyse der Gewalt der sozialen Ordnung über die Individuen noch nicht ausreicht, um sich aus der von ihr ausgehenden Unterwerfung und Subjektivierung zu befreien. Das *assujettissement*, die unterwerfende Subjektwerdung hält an; das Bewusstsein erlittener Gewalt annulliert noch nicht die ihr zugrunde liegende Kraft, durch die sie sich in der äußeren und inneren Welt fortsetzt. (Und was ist diese innere Welt, wenn nicht das in uns eingeschriebene, allmählich sedimentierte Resultat des andauernden Umgangs mit der äußeren? Psychologische Mechanismen sind nichts anderes als die Verinnerlichung der sozialen Welt mit all ihren organischen Herrschaftsweisen und Hierarchien.)

Das Erstaunlichste aber ist, dass das Unbewusste und vielleicht auch das Bewusstsein (sofern man die beiden überhaupt unterscheiden kann) gar nicht zu altern scheinen. Inzwischen bin ich viel älter als mein Vater auf dem Foto. Mein Verhältnis zu ihm hat die generationelle Verschiebung jedoch beibehalten; obwohl er seit Jahren tot ist, sind wir weiter zusammen gealtert. Die Differenz zwischen uns setzt sich fort und mit ihr die Gefühle, die ich immer für ihn empfunden habe. Das Alter scheint ein »Unrealisierbares« im sartreschen Sinn zu sein: Man stimmt nie ganz mit ihm überein, nur in beruflichen oder bürokratischen Situationen wird man mit der Evidenz einer Realität konfrontiert, die man persönlich nie als Wahrheit empfunden hat.[1] Man kann sechzig Jahre alt geworden sein und immer noch denselben emotionalen Bezug zu sich selbst, zu den anderen und zur Welt haben wie mit zwanzig oder fünfundzwanzig. In *Die männliche Herrschaft* spricht Bourdieu lange über jene Stellen in Virginia Woolfs *Zum Leuchtturm*, in denen der Familienvater von einer Regression in seine eigene Kindheit, ja von einer regelrechten infantilen Blockade ereilt wird. Man kann sich fragen, ob ein Mann nicht immer auch ein Kind ist, das den Mann nur spielt. Woolfs Darstellung richtet sich, so Bourdieu, »auf die verzweifelte und in ihrer triumphierenden Bewußtlosigkeit reichlich pathetische Anstrengung [...], die jeder Mann unternehmen muß, um seiner kindlichen Idee vom Manne zu entsprechen«.[2]

Man stimmt ja wirklich niemals ganz mit seinem Alter überein. Immer bleibt man ein wenig das Kind oder der Heranwachsende, der man gewesen ist und zu dem man wieder wird, sobald man alleine ist oder sich alleine glaubt, sobald man denkt, dass man sich in einem privaten oder semiprivaten Raum bewegt. Ja, das eigene Alter ist nicht »realisierbar«, diese Erfahrung machen wir alle. Besonders stark erfahren es aber diejenigen, die sich im Verhältnis zum ernsten Spiel des Sozialen in einer mehr oder weniger stark markierten Anomie oder Abweichung be-

---

1 In *Die Zeremonie des Abschieds* (aus dem Französischen von Uli Aumüller und Eva Moldenhauer, Reinbek bei Hamburg: Rowohlt 1986 [1981]) bezieht Simone de Beauvoir den Begriff des »Unrealisierbaren« auf das »Alter«.

2 Pierre Bourdieu, *Die männliche Herrschaft*, aus dem Französischen von Jürgen Bolder, Berlin: Suhrkamp 2012 [1998], S 123.

finden. Daraus folgt eine ganze Reihe von Missverständnissen in alltäglichen Situationen. Man passt nicht zu dem, was die anderen von jemandem in diesem Alter oder mit diesem Status erwarten, oder man wird von den anderen auf eine Weise gesehen, die der Selbstwahrnehmung und den eigenen Vorstellungen nicht entspricht.

In einer schönen Passage seines Buches über Leonardo da Vinci (übrigens eine der Stellen in seinem Werk, in denen er die Extravaganz der Interpretation auf die Spitze treibt) bemerkt Freud, dass sich die »großen Männer« oder zumindest die Künstler in ihrem Erwachsenenleben »etwas Infantiles bewahren müssen« und dass sie ihre Zeitgenossen durch ihr eigenartiges, unangepasstes Verhalten beunruhigen oder verstören.[1] Es ist natürlich kein Zufall, dass dieser Gedanke in einem Text formuliert wird, der das Psychogramm eines als »homosexuell« beschriebenen Künstlers zeichnet.

Aus der Vorstellung, dass Künstler sich im Erwachsenenalter »etwas Infantiles bewahren müssen« und dass sich ihre Persönlichkeit deshalb durch eine grundsätzliche, essenzielle Unangepasstheit an ihr Alter und ihren Status auszeichnet, lassen sich viele Lehren ziehen. Um ihnen eine realitätsnahe Bedeutung zu geben, sollte man sie allerdings nicht in psychologischen Begriffen formulieren. Was Freud hier den »Künstlern« zuschreibt, kann man, so scheint mir, auch auf eine Vielzahl von »Homosexuellen« von gestern und heute anwenden, oder zumindest auf die Kinderlosen unter ihnen, die keine Verantwortung als Eltern tragen und sich deshalb – weil die Konsequenzen für

---

[1] Sigmund Freud, *Eine Kindheitserinnerung des Leonardo da Vinci* (1910), in: *Studienausgabe Band X. Bildende Kunst und Literatur*, herausgegeben von Alexander Mitscherlich, James Strachey und Angela Richards, Frankfurt am Main: Fischer 2000, S. 87-159, S. 149.

das soziale Alter (bis hin zur Großelternschaft) ausbleiben – ewig jugendlich verhalten oder zumindest mit einem solchen Phantasma leben können. Zweifellos ist Heterosexualität ein Faktor für das soziale Alter. Ich würde fast sagen, dass ein Heterosexueller und ein Schwuler, die sich im gleichen biologischen Alter befinden, sozial und psychisch nicht gleich alt sind. Einem Schwulen fällt es wohl grundsätzlich schwerer, mit sich selbst und mit seiner gesellschaftlichen Identität übereinzustimmen und damit auch seinen Bezug zu den anderen zu finden. Die Kluft in ihm selbst, zu den anderen und zur sozialen Welt mit ihren Institutionen ist ein geradezu konstitutives Merkmal seiner Subjektivität. Elternschaft heißt älter werden, die Gegenwart und Zukunft abstecken. Die Möglichkeit, dass auch Schwule und Lesben Eltern werden, und die rechtliche Anerkennung, die ihnen in vielen Ländern zukommt, wird diese Unterschiede in der Subjektivierung und im Selbst- und Weltbezug hoffentlich aufheben helfen (selbst wenn sie nur einen Teil der Homosexuellen betrifft).

Auf individuell jeweils unterschiedliche Weise stört die konstitutive Kluft einer von der Norm, der Normalität und den instituierten Formen des Alltagslebens »abweichenden« Sexualität den Prozess einer harmonischen Einschreibung in die soziale, berufliche und familiäre Welt. Etwas Analoges lässt sich von Leuten sagen, die wegen einer Habitusspaltung, die auf ihren sozialen Aufstieg zurückzuführen ist, mit ihrer Umgebung »über Kreuz« sind. Wenn jemand eine Stelle, eine Stellung oder einen Status innehat, der für ihn (oder sie) nicht selbstverständlich ist, weil er (oder sie) nicht schon immer dafür bestimmt oder zugelassen war oder darauf vorbereitet wurde, dann folgen daraus eine charakteristische Rollendistanz sowie die Ausprägung eines gewissen kritischen Denkens und Verhaltens, das auf Personen mit einem ähnlichen Status verwirrend wirkt. Anders als man vielleicht denken könnte, ist es keineswegs angenehmer, mit sich selbst nicht übereinzustimmen – in sozialer, beruflicher und in anderen Hinsichten –, als dies perfekt zu tun. Etwas Vergangenes scheint in der Gegenwart zu überdauern, es macht sie unsicher und manchmal unerträglich. Man ist – im mehrfachen Wortsinn – deplatziert.

Ähnliche Prozesse greifen, wenn beispielsweise ein Jugendtraum oder das Selbstbild, das man sich als Jugendlicher geschaffen hat, ewig weiterwirkt oder wenn soziale Affekte wie das Trauma einer sexuellen oder sozialen Scham auch dann noch lebendig bleiben, wenn sie jeden Grund und jede Bedeutung verloren haben. Selbst wenn man ganz bewusst daran arbeitet, sie zu dekonstruieren und abzustreifen, beleben sie sich doch immer wieder neu, als gäbe es ein Prinzip der psychosozialen Energieerhaltung, das sie nur langsam abklingen und noch viel langsamer verschwinden lässt.

*

Die Taschenbuchausgabe mit diesem alten Bild von mir, das so viel lügt, wie es behauptet, und so viel verbirgt, wie es zeigt, sollte also erscheinen. Was hatte ich noch zu verbergen, jetzt, da ich doch alles gesagt hatte?

2. Das Ich und seine Schatten

Da ich doch alles gesagt hatte. Hatte ich das? Hatte ich nicht im letzten Moment unter dem Vorwand irgendeines strukturellen Problems mit einem Kapitel eine lange Passage gelöscht, die aufs Beste illustrierte, wie gewaltsam mich der Wunsch beherrschte, die einmal hergestellte Distanz zwischen der mir angestammten Arbeiterwelt und der von mir erschlossenen Welt der Intellektuellen gegen alle Widerstände aufrechtzuerhalten? Warum ich für diese zwanzig Zeilen damals keinen Platz in meinem Buch finden konnte, verstehe ich heute nicht mehr. Oder besser gesagt, ich verstehe es nur zu gut, denn in ihnen laufen alle Fäden zusammen.

Vieles von dem, was ich in *Rückkehr nach Reims* niedergeschrieben habe, hatte ich vorher Pierre Bourdieu erzählt. Zwanzig Jahre lang hatten wir uns fast jeden Tag gesehen oder miteinander telefoniert (kennengelernt hatte ich ihn Ende 1979, gestorben ist er im Jahr 2002). Als er mir 1991 ein Interview zu lesen gab, das er im Rahmen einer großen Studie mit zwei Jugendlichen aus einer Vorstadtsiedlung geführt hatte – das Material, das später in dem außergewöhnlichen Band *Das Elend der Welt* zusammengefasst werden sollte, erschien damals nach und nach in seiner Zeitschrift *Actes de la recherche en sciences sociales* –, da wunderte ich mich über die Verbindlichkeit, mit der er diesen beiden Gesprächspartnern begegnet war. Besonders fiel sie mir dort auf, wo die beiden Interviewten durchscheinen ließen, dass sie gegenüber zwei weißen Frauen aus ihrer Siedlung, die ihrer Ansicht nach rassistisch waren, vor der Anwendung physischer Gewalt nicht zurückschreckten. Ich hielt Bourdieu vor, dass er die Situation, die er da beschreiben und analysieren wollte, auf ziemlich einseitige Weise darstellte. Die beiden Frauen und viele andere Menschen, die wahrscheinlich ihre Gründe hatten, über das Verhalten der beiden Interviewten zu klagen, kamen bei ihm nicht zu Wort. Man kann sich leicht vorstellen, wie die beiden Jungs das Leben der älteren Anwohner vergiftet haben müssen.[1] Bourdieu sagte mir dann, dass er sich in diesen beiden Jugendlichen seltsamerweise selbst erkannt hatte, dass sie ihn an seine eigene Jugend erinnert, dass ihre Aussagen in seiner eigenen Vergangenheit ein Echo gefunden hatten. Ich weiß es ja: Die Einfühlung, die ich ihm vorwarf, war für die Begegnung mit diesen beiden Jugendlichen und für die Arbeit, die er sich vorgenommen hatte, essenziell. Bevor man eine Stimme wiedergeben kann, muss diese sich zuerst selbst äußern. Den Austausch und die Gesprächssituation sollte man deshalb so ungekünstelt wie möglich gestalten. Die betreffende Ausgabe von *Actes de la recherche* hieß aber nun mal »Das Leiden« (»La souffrance«), und ich hörte nicht auf, den Widerspruch herauszustellen, der zwischen diesem Titel und der Nichtberücksichtigung des Leidens einiger der Anwohner bestand. In der Einleitung zu dem

[1] Pierre Bourdieu, »L'ordre des choses. Entretien avec deux jeunes gens du nord de la France«, in: *Actes de la recherche en sciences sociales* 90/1 (1991), S. 7-19. (Eine gekürzte Version des Interviews erschien unter dem Titel »Der Lauf der Dinge« [aus dem Französischen von Daniela Böhmler], in: Pierre Bourdieu et al., *Das Elend der Welt*, gekürzte Studienausgabe, mit einem Vorwort von Franz Schultheiß, Konstanz: UVK 1997, S. 69-86; Anmerkung des Übersetzers.)

Interview (es handelt sich dabei übrigens um einen schönen, ja überwältigenden Text) kommt Bourdieu zumindest ansatzweise auf diesen Punkt zu sprechen. Er insistiert auf dem »Schicksalseffekt«, der sich aus dem Umstand ergibt, an einem Ort des sozialen Abstiegs leben zu müssen, dort, wo alle Räder ineinandergreifen und zu einem schrittweisen Abstieg beitragen, wo der Weg vom schulischen Scheitern über das Ausbleiben der beruflichen Perspektiven – »die mit der Abwesenheit von Abschlüssen und Qualifikationen verbundenen Nachteile, die ihrerseits mit einem Mangel an kulturellem und insbesondere linguistischem Kapital verbunden sind« – mehr oder weniger direkt in die Kriminalität oder jedenfalls in eine Art der Selbstaffirmation führt, die fast immer gewaltsam ist und mit der man sich, entweder gegen die oder entsprechend den Codes des Kollektivs, seiner sozialen Identität, ja der Wahrnehmung der eigenen Existenz versichert. Bourdieu hebt auch hervor, wie schwierig es für Menschen mit ganz unterschiedlichen Biografien ist, in diesen Räumen des sozialen Elends zusammenzuleben. Daraus ergibt sich der unvermeidliche »Adressierungsfehler«: Nicht die verantwortlichen Politiker oder die Teilung der Gesellschaft in Klassen erklärt man zum Feind, sondern den gesellschaftlich Nächsten, den eigenen Nachbarn. (Die Klassenteilung scheint zu weit weg und zu abstrakt, um als reale Tatsache zu gelten.) Deshalb entlädt sich die Gewalt von Aufständischen immerzu an den Schulen, die von den eigenen Geschwistern besucht werden, oder an den Bussen, die das eigene Viertel mit dem Rest der Stadt verbinden. Die Aufständischen stecken sie als Symbole der verhassten Institutionen, des Staates und der Macht in Brand, anstatt ihre Angriffe – aber wie sollte es anders sein? – auf die Institutionen, den Staat, die Machthaber selbst zu richten.

Bourdieu kommt später auf seine Nähe zu den interviewten Jugendlichen zurück. In einem Abschnitt von *Ein soziologischer Selbstversuch* beschreibt er sich selbst als einen Heranwachsenden, der sich »in ständiger innerer Auflehnung, immer am Rande einer Straftat« befand. Er erklärt damit, wie es ihm gelang, trotz des Umstands, dass

> wir doch so grundverschieden waren, und in völliger Mißachtung meines Alters und meiner Stellung – die vielleicht etwas weit ging, wie man mir dann sagte, bis hin zu bestimmten Verhaltensweisen, die normalerweise als völlig unmöglich angesehen werden – mit dem algerischstämmigen Jungen in *Das Elend der Welt* und seinem Freund ins Gespräch zu kommen und das zutiefst Hilflose hinter ihrer widerspenstigen Unzugänglichkeit wahrzunehmen, die sie vor einem anderen bestimmt aufrechterhalten hätten [...].[1]

Es könnte durchaus sein, dass Bourdieus spontane Identifikation mit den beiden Jugendlichen und die allergische Ablehnung, die ich beim Lesen dieses Textes empfand, etwas mit unserer jeweiligen Sexualität und unserem Bezug zur Männlichkeit zu tun hatte. (Identifikation ist ein sehr starkes Wort, vielleicht war es eher eine Empathie, die er unbedingt äußern wollte. Meine Haltung war übrigens nicht weniger »unreflektiert«, denn es handelt sich da um

---

1 Pierre Bourdieu, *Ein soziologischer Selbstversuch*, aus dem Französischen von Stephan Egger, Frankfurt am Main: Suhrkamp 2002, S. 109. Man muss allerdings dazusagen, dass jenes Interview, das mir bei seinem Erscheinen ein solches Unwohlsein verursachte, im Kontext des zwei Jahre später publizierten Bandes *Das Elend der Welt* eine andere Bedeutung gewinnt. Es ist dort nicht länger ein isoliertes, von Artikeln und Gesprächen über ganz andere soziale Welten umgebenes Dokument. Trotzdem kann sich jeder davon überzeugen, dass Bourdieu die beiden Sätze herausgekürzt hat, in denen die Jugendlichen sich mit den Schlägen brüsten, die sie gegenüber »rassistischen« Bewohnern ihres Viertels ausgeteilt haben (vgl. Pierre Bourdieu, »L'ordre des choses«, a. a. O., S. 16, und Pierre Bourdieu et al., *La misère du monde*, Paris: Seuil 1993, S. 96).

ein Interview, Bourdieu versucht, Antworten auf Fragen zu bekommen, die man stellen muss ... Natürlich suchte er dafür nach einer geeigneten Sprache.) Bourdieu erkannte in den jungen Männern etwas aus seiner eigenen Jugend wieder. Mir ging es da ganz anders. Aus mir hätte durchaus ein raufender, tobender Junge werden können – die Welt, aus der ich kam, prädestinierte mich dazu, ich hatte stillschweigenden Erwartungen zu entsprechen, die sich, sobald ich dies nicht tat, in Mahnungen zur Ordnung äußerten (»Du bist ’ne richtige Tussi«, »Du bist ’ne richtige Schwuchtel« und noch viel gröbere Sätze, die ich lieber für mich behalte). Doch die Homosexualität, die von den anderen immer als ein Schreckbild dargestellt wurde oder als das, was zu sein oder darzustellen völlig undenkbar war, entfernte mich recht schnell von diesen auf mich wartenden, nach mir rufenden Rollen. Der junge Schwule, der ich war, besser: in den ich mich nach und nach, furchtsam und unsicher, aber auch mit einer anderen Zukunft fest im Blick, verwandelte, wäre wohl eher – oder sagen wir es ruhig: ist tatsächlich und wiederholt – eines der Opfer jener Art von Brutalitäten gewesen, mit denen die beiden Figuren aus Bourdieus Buch sich brüsten. Im Lauf dieser Entwicklung wurde ich zu jenem »scared gay kid«, dem verängstigten schwulen Jungen, von dem Allen Ginsberg in einem seiner letzten Gedichte spricht. In gewisser Weise bin ich das bis heute geblieben. Diese doppelte Bewegung zu beschreiben ist nicht leicht: Man entdeckt, dass man anders ist, man versucht, das eigene Leben nach dieser Andersheit zu organisieren und sich selbst nach ihr zu formen: ein positives Gefühl, in das man freudige Hoffnungen setzt. Zugleich erkennt man aber, dass diese neue Identität etwas Schamvolles ist, das nur im Zeichen der Angst gelebt werden kann: ein negatives Gefühl, welches das positive, das also nur mit Abstrichen ein freudiges ist, ruiniert und verdunkelt. Diese Angst hat mich in Wahrheit nie verlassen.

Sie wohnt noch immer in mir und prägt einen der vielleicht konstantesten, tiefsten Züge meiner Person: Wenn ich mich im öffentlichen Raum befinde, überwache ich meine Redeweise und meine Gestik (in der U-Bahn, wenn ich abends auf die Straße gehe, auf Reisen …). Schwul zu sein (und das Gleiche gilt für andere inferiorisierte »Kategorien«: Lesben, Transgender, Schwarze, Juden usw.) bedeutet, jederzeit verwundbar, jederzeit Beleidigungen oder Aggressionen ausgesetzt zu sein. Mehr noch, es heißt, in seinem tiefsten Inneren von einer geradezu ontologischen Verletzbarkeit bestimmt zu sein. Immer wieder habe ich auf das Schamgefühl insistiert, das die soziale und sexuelle Ordnung allen Angehörigen abweichender oder minoritärer Gruppen als eine fundamentale Dimension ihres Bezugs zur Welt und zu den anderen geradezu körperlich einschreibt.[1] Man muss dieses Gefühl um ein weiteres ergänzen: die Angst. Manchmal ergreift sie die stigmatisierten oder stigmatisierbaren Individuen mit der Intensität einer unüberwindbaren Panik, meistens jedoch als ein dumpfes Gefühl der Unruhe, das immerzu zur Wachsamkeit gegenüber einer Umwelt aufruft, von der man weiß, dass ihre tiefe, fürchterliche Feindseligkeit niemals schläft. Die Möglichkeit der Beleidigung oder körperlichen Aggression kann sich jederzeit aktualisieren und zu einer realen Geste oder einer realen Aussage werden (weil man in ständiger Furcht vor ihr lebt, zeitigt sie ihre Effekte schon vor jeder Aktualisierung). Diese Angst drängt alle, deren »Stigma« nicht unbedingt sichtbar ist, dazu, es zu verbergen, während das sichtbare Stigma die Gefahr allgegenwärtig werden und die Angst noch deutlicher mit der eigenen Existenz verschmelzen lässt. (Deshalb wird dieses

---

1 Vgl. Didier Eribon, *Une morale du minoritaire. Variations sur un thème de Jean Genet*, Paris: Fayard 2001.

Gefühl von schwarzen Schriftstellern mit besonderer Wucht beschrieben: von Richard Wright, Zora Neale Hurston, James Baldwin, Toni Morrison und vielen anderen). Es mag möglich sein, das Stigma der Scham bis zu einem gewissen Punkt zu überwinden, indem man es kollektiv umkehrt und die sozialen, sexuellen und rassischen Hierarchisierungen und Unterwerfungsnormen angreift (mit Slogans wie »Black is beautiful«, »Gay Pride« usw.). Schwieriger ist es, die Angst zu überwinden. Für diejenigen, die sie (je nach Kontext mehr oder weniger brutal) empfinden, wird die Angst zur Struktur des In-der-Welt-Seins selbst. Darin liegt der unverrückbare Unterschied zwischen denen, die diese Angst erleiden (oder wissen, dass sie sie erleiden können), und denen, die diese Angst einsetzen oder verstetigen (oder auch einfach nur denjenigen, die, weil sie »auf der richtigen Seite« stehen und deshalb keiner Gefahr ausgesetzt sind, diese Angst nicht wahrnehmen, sie sich nicht vorstellen können, ihre Auswirkungen minimieren).

In seinen Schilderungen des Amerika der sechziger Jahre gibt Jean Genet ganz wunderbar wieder, was eine Angst aus der Vergangenheit in der Gegenwart der Menschen bewirken kann. Bei der Beschreibung der schwarzen Aktivisten, denen er sich anschließt, spricht er von einer »seelischen Struktur«, die »von Angst gehetzt« ist, und von einer untereinander weitergegebenen »obsessionellen Verstrickung«, die mit der Erinnerung an die Unterdrückung und mit dem »alten Schrecken« verbunden ist, den diese in ihren Geist eingeschrieben hat.[1]

Der Schrecken mag vor unserer Zeit liegen, trotzdem

---

1 Jean Genet, *Ein verliebter Gefangener. Un captif amoureux*, in: *Werke in Einzelbänden*, Band VI, aus dem Französischen von Ulrich Ziegler bei zeitweiliger Mitarbeit von Kristin Schulz, Gifkendorf: Merlin 2006 [1986], S. 88 f.

sind wir stets genauso alt wie er: Jeder entdeckt aufs Neue, welche Angst seine Ahnen in dieser Genealogie des Rassismus und der Scherbengerichte durchlebt haben. Mir war schnell klar geworden, dass eine Identifizierung als Schwuler, zumal in einem Viertel, dessen männliche Jugend ihre Identität über den Hass auf die Homosexualität konstruiert, immer wieder zu Beleidigungen und Angriffen führt, zu endlosen, mehr oder weniger gravierenden Schikanen. Das kann so weit gehen, dass man selbst alltägliche Dinge wie den Nachhauseweg oder das Verlassen des Hauses als einen wiederholten Albtraum erlebt. Vielleicht ist dieses fundamentale Angstgefühl nicht weit von dem entfernt, was Frauen am Abend, in der Nacht auf der Straße oder in öffentlichen Verkehrsmitteln erleben, wenn sie alles, was um sie herum geschieht, überwachen müssen, weil ihr Bezug zum öffentlichen Raum – wie Genet sagen würde – »von Angst gehetzt ist«, von der Angst vor sexueller Aggression und Vergewaltigung, von einem »alten Schrecken«, dessen Bedrohung niemals nachlässt. Je nachdem, ob man schwarz oder weiß, Mann oder Frau, heterosexuell oder schwul ist usw., ist der Bezug zur Außenwelt ein anderer. Die Analyse einer Interaktion, die stets eine Kopräsenz von Individuen darstellt, muss dies zuallererst berücksichtigen: Jede Begegnung zwischen zwei Personen enthält immer auch die gesamte Geschichte der sozialen Strukturen, der etablierten Hierarchien und der von diesen eingesetzten Herrschaftsweisen. Die Gegenwart jedes Einzelnen wird geprägt von seiner individuellen Vergangenheit, welche wiederum von der kollektiven, unpersönlichen Vergangenheit der sozialen Ordnung mit ihrer inhärenten Gewalt geprägt ist. Genets Beispiel ist frappierend: Ein Weißer sieht an einem Baum die Äste, die Blätter und die Vögel, die sich darin ihr Nest bauen. Ein Schwarzer hingegen sieht den

Lynchgalgen, den Strick, die grässlichen Morde, die mit seiner Hilfe verübt worden sind. Alles, was ein schwarzer Amerikaner erlebt, schreibt sich ein in eine dreihundertjährige Geschichte. Dasselbe gilt folglich für das Alltagsleben eines Weißen, der sich persönlich so unschuldig und antirassistisch geben und verhalten mag, wie er will. Relational und vom Blick seines Anderen her gedacht, ist er nicht weniger ein Teil derselben Geschichte mit ihren charakteristischen Strukturen der Opposition und Unterdrückung. Gleiches lässt sich – *mutatis mutandis* natürlich – von allen Interaktionen sagen. Stets handelt es sich um Begegnungen zweier oder mehrerer verkörperter Geschichten und »Psychologismen«, die alte und immer neue Formen des »Schreckens« oder zumindest der sozialen Affekte in sich tragen. Man erfasst eine Interaktion, indem man diese wechselseitig miteinander verbundenen Geschichten und die Art erfasst, wie sie sich in der Gegenwart überschneiden und gegenseitig aktivieren. Wer die Worte, Blicke, Gesten, Empfindungen oder Gefühle eines Moments und die Relation verstehen will, die sich in der Interaktion zwischen zwei Individuen ausbildet (und sei es eine unfreiwillige, distanzierte Interaktion), der kann gar nicht genug darauf pochen, dass die Dinge einer historischen Perspektivierung, einer soziologischen Analyse, einer theoretischen Reflexion bedürfen … Jede zeitliche Einordnung entsteht aus dem Zusammenstoß heterogener Vergangenheiten.

All das nur, um zu sagen, dass Bourdieus eigene aufgewühlte Jugend ihn ein spontanes, präreflexives Nähegefühl zu den beiden jungen Männern empfinden ließ. Seine persönliche und also soziale Geschichte trat mit der Gegenwart dessen, was er beschreiben wollte, und deshalb auch mit der gesamten Geschichte, deren Endpunkt diese soziale und politische Gegenwart ist, in Resonanz. Meine Erinnerungen führten mich zur entgegengesetzten Reaktion: einem nicht weniger unvermittelten, furchtsamen Misstrauen gegenüber den Jugendlichen und einer problematischen, schwer einzugestehenden und noch schwerer auszuformulierenden Solidarität mit all jenen, deren Alltag durch diese kleinen Banlieue-Machos gewiss unerträglich wurde. Ich zögere, es so zu sagen – doch wie soll man eine »Autoanalyse« durchführen, wenn man vor solchen unbequemen Wahrheiten zurückschreckt? –, aber im Grunde versuchte Bourdieu »Verständnis« für die beiden jungen Männer aufzubringen, während ich selbst durch eine Art inverse positionelle Identifikation dazu neigte, die beiden verängstigten Frauen zu »verstehen«. Durch das Verhalten der beiden jungen Männer fühlten sie sich zum Rassismus oder zumindest zu einer rassistischen Formulierung eines Unwohlseins gedrängt, das Lebensumständen geschuldet war, denen sie nicht entkommen konnten. Beide Seiten, die Jugendlichen und die Frauen, waren in einem Mechanismus gefangen, der von der Situation, in der sie miteinander existieren mussten, erst hervorgebracht wurde. Gemeinsam waren sie das Resultat der allgemeinen Geschichte der populären Klassen, der männlichen Herrschaft, der Einwanderung, der sozialen und geografischen Benachteiligung, aber auch der Realitäten eines präzisen Ausschnitts der sozialen Welt, der geprägt ist von einer Stadt- und Wohnungspolitik, an deren Ende nun einmal solche Wohnghettos stehen. Hier entwickeln sich alle Symptome einer, wie man sagen kann, »sozialen Pathologie«, die sich durch Arbeitslosigkeit und Prekarität nur noch verschlimmert. (Wenn die Rede von der »Pathologie« einen Sinn hat, dann in diesem Kontext und nicht etwa dort, wo sich Revolten entzünden, die gegen genau solche Zustände aufbegehren.) Was bringt die Reflexion über verkörperte soziale Zwänge zum Vorschein? Das fürchterliche Gesetz des sozialen Determinismus, das jedem Einzelnen einen Platz zuweist, das uns vorschreibt, wie wir uns zu verhalten, was wir zu sagen und wer wir zu sein haben. Im Grunde scheinen mir die »Aufstände« in den Banlieues und die Zustimmung zum Front National zwei Seiten derselben Medaille zu sein, zwei Folgen desselben Phänomenkomplexes, zwei extreme und dabei gegensätzliche, in ihrem Inneren aber verbundene Effekte einer einzigen sozialen Situation. Die Protagonisten erleben dieses wirtschaftliche, gesellschaftliche und politische Drama, das seit vielen Jahren von den Regierenden und ihren technokratischen Beratern inszeniert wird, auf je unterschiedliche Weise.

*

Ich erzählte Bourdieu damals, wie sehr meine Eltern das Gebaren solcher Jugendgruppen aus ihrer Wohngegend – das Verhalten von Einwandererkindern – als eine Art permanente Aggression erlebt hatten, ja, wie diese Wahrnehmung jene gehässigen, rassistischen Gefühle auf die Spitze trieb, die sie schon immer, jedenfalls seit ich mich erinnern kann, gehegt hatten. Sie fühlten sich in die Enge getrieben und verfolgt. Hätte meine Mutter alleine gelebt, sie hätte sich gut in einer ähnlichen Situation wie die beiden Frauen aus der Vorstadt von Lille befinden können, um die es in dem Dialog über die »Ordnung der Dinge« geht (ein Titel, der meiner Mutter grundfalsch vorgekommen wäre, weil in ihren Augen die alte und beinahe natürliche Ordnung der Dinge – zu ihrem Nachteil – im Zerfall begriffen war). Ich zitierte einige der Sätze, die jedes Mal, wenn ich meine Mutter anrief, wie eine Litanei in ihrer Rede vorkamen. Meine Eltern sahen, wie sich der Rahmen und die Lebensbedingungen, nach denen sie sich so lange gesehnt hatten – die helle, geräumige Wohnung in einer modernen Siedlung, die man ihnen nach so langer Wartezeit zugesprochen hatte –, von Tag zu Tag verschlechterten. Sie waren erbost und wie besessen von dieser Entwicklung, als habe man sie um einen Traum betrogen, der stattdessen zum Albtraum geworden war. Der brutale Gegensatz zwischen der gewaltigen Hoffnung der sechziger Jahre, als sie sich Zugang zu einem gewissen Lebensstandard, zu Konsumgütern und so weiter versprochen hatten, und der Realität der Siebziger, die den Wunsch, sich von den eigenen Lebensumständen losreißen zu können, so bitter enttäuschte – all das verbitterte ihren Geist und ihr Herz so sehr, dass sie die Stadt voller Ressentiments, ja geradezu wütend verließen. Sie gingen in eine Art Dorf, das von einem Sozialbauträger, der ganze Straßenblöcke mit Reihenhäusern aus dem Boden stampfte, bald darauf in eine suburbane Wohngegend verwandelt wurde. Sie waren überzeugt, hier endlich »ihre Ruhe« haben zu können und nicht länger mit denen zusammenleben zu müssen, die sie zuerst einfach die »Araber« genannt hatten (mit allen beleidigenden Abwandlungen: »Ratten«, »Böcke«, »Bougnoules« oder »Bougnes«), dann, bei der nächsten Migrationswelle, die »Negros« oder »Bamboulas«, oft aber auch einfach nur »die Ausländer« oder mit der in alltäglichen Gesprächen immer wieder aufflammenden Feindseligkeit: das »Gesindel«, die »Verlausten«, die »Nichtsnutze«. Die Anwesenheit dieser Menschen in ihrem Lebensumfeld war ihnen einfach unerträglich. Mehr noch als um ihre Ruhe ging es ihnen dabei um ihr Selbstbild, um das, was sie als ihre persönliche Würde empfanden. Sie konnten es nicht ertragen, in eine Welt zurückgestuft zu werden, die sie ihr ganzes Leben lang

durch harte Arbeit hatten verlassen wollen: in die Welt
der Armen. Jede Selbstwahrnehmung ist relational, man
kann diese »Relationalität« aber in verschiedenen Registern und auf verschiedenen Ebenen erleben. Meine Eltern
waren an dem Punkt angekommen, wo sie ihre Position
in der sozialen Welt fast nur noch eindimensional, durch
den Bezug zu ihren neuen Nachbarn erfassten. Wenn sie
»die da« sagten oder von »denen« sprachen, dann meinten
sie damit keine Bürgerlichen oder Reichen, keine Bosse
oder Politiker, von denen sie verdrängt, ignoriert, verach-
tet worden waren und gegen die sie sich hätten auflehnen
wollen, sondern sie meinten die Maghrebiner und Afrika-
ner, die ihren Raum »überfallen« hatten. Wenn sie »wir«
sagten, dann meinten sie damit nicht mehr die »Arbeiter«
oder die einfachen Leute, sondern die »Franzosen«, die
sich gegen diese »Invasion«, gegen diese »umgekehrte Ko-
lonisation« zur Wehr setzen sollten. Der eigene Wohnort
war kein Ort der Solidarität mehr, die auf geteilten Erfahrungen und Hoffnungen basierte, sondern ein Territorium, das von Brüchen zwischen verschiedenen Fraktionen
der populären Klassen durchzogen wurde. Die Franzosen, das heißt die »legitimen« Bewohner auf der einen, die
Ausländer, das heißt die »Eroberer« auf der anderen Seite
(»Wir sind ›überfallen‹ worden«, »Wir sind ›nicht mehr
Herr im eigenen Haus‹«, das sind so Sätze, die Tag für Tag
Hunderte Male von Menschen wiederholt werden, die, so
viel kann man sagen, an ihrer »positionalen« Misere nicht
weniger leiden als zuvor an ihrem sozialen oder ökonomischen Elend, das heißt am Elend überhaupt, dem sie so
mühsam entkommen waren).

Die neue Situation missfiel ihnen sehr. Sie wollten diese
Umgebung so schnell wie möglich verlassen. Das Buch
Das Elend der Welt hatte sich zum Ziel gesetzt, die Viel-

zahl der (in diesem Fall gegensätzlichen) Selbst- und Fremdwahrnehmungen aufzuzeigen, die für die soziale Welt charakteristisch sind. Die Aufgabe einer solchen Analyse besteht darin, die Gesamtheit der immerzu im Widerspruch und Widerstreit stehenden Standpunkte abzubilden. In jedem einzelnen Fall sollte der Standpunkt der Sprecher zunächst angenommen und dann in einen globalen Rahmen integriert werden, ohne dass dabei gewisse Standpunkte gegenüber anderen bevorzugt werden. Mir schien es deshalb unmöglich, ja undenkbar, die Leidtragenden des Verhaltens dieser Pubertierenden oder Spätpubertierenden nicht zu befragen. Bourdieu hingegen erweckte den Anschein, als sei seine Befragung der beiden Jugendlichen ein mustergültiges Beispiel für den umfassenden soziologischen Blick. Er nahm damit das Risiko einer politischen Verzerrung in Kauf. Indem er sich eher auf die Seite des jungen Arabers oder der »Jungen« im Allgemeinen stellte als auf jene der älteren, weißen und rassistischen Frauen, widerrief er das Ziel, die Vielzahl der Standpunkte wiederzugeben. Dabei steht nicht gerade wenig auf dem Spiel: Man riskiert, die Opposition zu zementieren zwischen den Einwanderern mit ihren Kindern und den rassistischen Weißen, die ihre Zugehörigkeit zur Linken aufgeben und rechtsextrem wählen, um ihrer allgemeinen Unzufriedenheit und einem diffusen Ressentiment Luft zu machen. Vor allem läuft man Gefahr, die »Jungs aus der Banlieue« als ein neues Subjekt – als eine neue mythologische Figur – des politischen Widerstandes und der politischen Radikalität zu konstruieren und damit die weißen populären Klassen noch mehr ihrem schleichenden Wechsel zu den Rechtsradikalen zu überlassen. Bourdieu war sich dieses Phänomens übrigens vollkommen bewusst. Sehr früh schon, zu Beginn der achtziger Jahre, hatte er es im Rahmen seiner Kritik der immer bürgerlicher und rechtslastiger werdenden Ideologie des Parti socialiste kritisiert.[1]

Im Editorial zu der Ausgabe von *Actes de la recherche*, die das Interview enthält, lädt Bourdieu seine Leser ein, durch das »soziologische Auge« zu blicken, das, wie er sagt, »die Dinge und die Menschen nimmt, wie sie sind, weil es jederzeit bemüht ist, sie auf die Ursachen und Gründe zurückzuführen, derentwegen sie sind, was sie sind«. Der Soziologe, der sich selbst objektivieren muss, bringt es dabei so weit, dass er sich »gedanklich an den Ort begibt, an dem sich sein Gegenstand befindet«, er »nimmt den Gesichtspunkt des Gegenstandes ein und begreift, dass er, wenn er, wie man sagt, ›an seiner Stelle‹ stünde, wahrscheinlich genau dächte und wäre wie dieser Gegenstand«.[2] Wenn die zu untersuchende soziale Szenerie aber unterschiedliche Protagonisten enthält, die sich am selben »Ort« gegenüberstehen (mit all den von Bourdieu beschriebenen, bei jedem Beteiligten anders ausfallenden »Ortseffekten«), wird die Aufgabe des Soziologen sehr schwierig. Er muss dann davon ausgehen, dass er, je nach Standpunkt, genau wie seine Untersuchungsobjekte denken würde. Diese denken aber gegeneinander. Lässt der Soziologe durchscheinen, dass er der einen Seite eher zuneigt als der anderen, dann hat er die Objektivierung seiner selbst und die dazu notwendige Reflexivität nicht weit genug getrieben.

»Verstehen« lautete später der Titel des Fazits von *Das*

---

1 Ich verweise zu diesem Punkt auf mein Buch *D'une révolution conservatrice et de ses effets sur la gauche française*, Paris: Léo Scheer 2007.

2 Pierre Bourdieu, »Introduction à la socioanalyse«, in: *Actes de la recherche en sciences sociales* 90/1 (1991), S. 3-5.

Elend der Welt. Bourdieu beschreibt dort das soziologische »Interview« als eine Art geistige Übung,

> die darauf abzielt, über die *Selbstvergessenheit* zu einer *wahren Konversion des Blicks* zu gelangen, den wir unter den gewöhnlichen Umständen des täglichen Lebens auf die anderen richten. Diese Offenheit, die bewirkt, daß man die Probleme des Befragten zu seinen eigenen macht, diese Fähigkeit, ihn zu nehmen und zu verstehen, wie er ist, mit seiner ganz besonderen Bedingtheit, ist eine Art *intellektuelle Liebe:* ein Blick, der diese Bedingtheit anerkennt [...].

Wahrlich ein schöner Text für ein schönes theoretisches Programm! Vorausgesetzt, es gilt für alle.[1]

Es ist kaum verwunderlich, dass Bourdieu sich meinen Einspruch anhörte und sagte: »Sie haben recht! Diesen Standpunkt müssen wir unbedingt einholen.« Er wollte dann eine Soziologin aus dem Team, das mit der Vorbereitung dieses Gemeinschaftswerks betraut war, zu meiner Mutter schicken. (Dass es eine weibliche Kollegin sein sollte, war für ihn von vornherein klar. Bourdieu wusste – und wie sollte man ihm da widersprechen? –, dass eine Frau von einer Frau interviewt werden musste, damit sich in der Interaktion eine direktere, unmittelbarere Form des gegenseitigen Verständnisses aufbaut.) Bourdieu sah in dem sozialen Bild, das ich vor seinem geistigen Auge zeichnete, einen beispielhaften Fall von »Positionsleiden« (*souffrance de position*), ein Begriff, der die Leitidee für einen großen Teil des entstehenden Buches darstellte und perfekt zu der von mir geschilderten Situation zu passen

---

1 Pierre Bourdieu, »Verstehen«, in: *Das Elend der Welt*, a. a. O., S. 393-410, S. 400.

schien. (Der Begriff ist offenkundig ganz allgemein sehr wichtig, denn mit ihm braucht sich die Analyse nicht auf das »Konditionsleiden« [*souffrance de condition*], welches manchmal die Wirkung des Positionsleidens maskiert, zu beschränken. Alles ist eine Frage des Maßstabs: Elend der Umstände [*misère de condition*] auf der globalen Karte der sozialen Welt, Elend der Position [*misère de position*] auf der engeren Karte der sozialen Klasse, des Berufs oder des Wohnviertels.) Hätte meine Mutter bei diesem Interview mitgemacht? Ziemlich fraglich. Letztlich brauchte sie diese Frage aber gar nicht zu beantworten, denn ich konnte mich nicht dazu durchringen, sie ihr zu stellen. Ich muss gestehen: Der Hauptgrund dafür war schlicht und einfach, dass ich nicht dabei zusehen wollte, wie die Welt, aus der ich geflohen war – all die Dinge, denen ich mühsam entkommen war –, auf diese seltsame Art (und obwohl das Interview »anonymisiert« werden sollte) in mein Leben zurückkehrte, wie diese Welt mit derjenigen, die ich mir aufgebaut hatte – meine Freunde, das geistige Leben –, in Verbindung trat. Die Grenze zwischen diesen beiden Teilen meines Selbst, die einander so gegenwärtig und doch so unverbunden waren (zumindest wünschte oder glaubte ich das), sollte so undurchlässig wie möglich bleiben. Warum? Ich weiß es nicht. Ich weiß es nicht mehr. Schon zwanzig Jahre vor dem zerschnittenen Foto spielte sich ein analoger Prozess in mir ab, der im Moment des Geschehens nicht von einer Entscheidung oder Reflexion gestützt wurde, sondern aus den Tiefen meiner Vergangenheit, meiner Geschichte, meines Lebensweges kam ... – und mir meine Reaktion wie ein Gesetz diktierte.

Das Paradox ist leicht zu erkennen: Bourdieus Vorschlag hätte für mich das Mittel zu einer Aussöhnung zwischen den beiden Abschnitten meines Lebens sein können, die natürlich weiterhin in mir koexistierten und konfligierten: Vergangenheit und Gegenwart – oder sagen wir lieber die verleugnete, immer wieder verneinte Gegenwart der vergangenen Welt und die behauptete, mehr oder weniger selbst ausgesuchte Gegenwart der gegenwärtigen Welt. Bourdieus Werk bewunderte ich seit Langem. Ich hätte meine liebe Mühe, sollte ich in Worte fassen, wie sehr mich seine Arbeiten und besonders die kapitale Studie *Die feinen Unterschiede* schon fast zwei Jahrzehnte vor *Das Elend der Welt* beeinflusst haben. Wenn ich in *Rückkehr nach Reims* von den Schlüsseltexten meiner »Sentimenthek« spreche, nenne ich Bourdieus Buch seltsamerweise gar nicht, obwohl es sich zweifellos um eins der Werke handelt, die in meinem Leben am meisten gezählt haben und die ich als eine unübertroffene theoretische Referenz für alle ansehe, die das Funktionieren der sozialen Welt (und damit auch ihr eigenes Selbst) verstehen wollen. Ich hatte *Rückkehr nach Reims* in vielen Hinsichten als ein Nachfolgebuch zu *Die feinen Unterschiede* konzipiert. Hätte Bourdieu diesen Denkrahmen nicht ein Vierteljahrhundert zuvor bereitgestellt, mein Buch, das heißt der Ansatz einer Selbstanalyse, die zugleich eine Gesellschaftsanalyse ist, wäre gar nicht möglich gewesen. Als Leser kann man sich der Kraft und der Evidenz von Bourdieus Denken kaum entziehen. Besonders gilt das wohl, wenn man selbst ein sozialer Überläufer ist, der sofort begreift, dass die verschiedenen Orte, an denen er gelebt hat, und die dort vorherrschenden Lebensweisen sich jederzeit relational definieren. Wie man von der Lektüre Bourdieus geradezu physisch ergriffen werden kann, wie man durch sie das eigene Selbst und den Blick auf die Welt verändern kann, das hat Annie Ernaux prägnant beschrieben:

In den siebziger Jahren *Die Erben*, *Titel und Stelle* und später *Die feinen Unterschiede* zu lesen, das bedeutete – und bedeutet bis heute –, einen gewaltigen ontologischen Schock. Ich benutze den Begriff der Ontologie ganz bewusst: Das Wesen, das man zu sein glaubt, ist nicht mehr dasselbe, die Vorstellung, die man von sich selbst, der Gesellschaft und den anderen hat, wird zerrissen, unsere Stellung, unser Geschmack: nichts an der Funktion der scheinbar gewöhnlichsten Dinge des Lebens ist mehr natürlich oder selbstverständlich. Wenn man selbst aus den beherrschten sozialen Schichten stammt, dann wird die intellektuelle Übereinstimmung mit Bourdieus rigorosen Analysen von einem gelebten Wahrheitsgefühl, ja von einer Garantie der Theorie durch die eigene Erfahrung verdoppelt: Hat man sie einmal an sich selbst oder seinen Nächsten erlebt, ist es nicht länger möglich, die Wirklichkeit der symbolischen Gewalt zu leugnen.[1]

Ernaux' literarisches Projekt und ihre oben genannten, für mich so einschneidenden Bücher verdanken der Lektüre Bourdieus (die sie, wie wir sehen werden, mit der Simone de Beauvoirs kombiniert) besonders viel. Man muss es ganz deutlich sagen: Etwas Neues zu schreiben heißt immer auch, einen Bezug zu großen, inspirierenden Autoren zu entwickeln. Sie vererben uns eine Art zu lesen, sie haben eine Arbeit der Aufklärung und Erklärung geleistet und, sehr wichtig, ihre Gesten haben eine autorisierende Wirkung auf uns.

Die großartige Rekonstruktion der sozialen Ordnung als Maschine der Ungleichheit, die minutiöse und hartnäckige Entschlüsselung der Wirkungsweisen sozialer Herrschaft, die sich perpetuieren, indem sie sich dauerhaft in unsere Gehirne einschreiben, all das hatte mich nicht nur geistig

---

1 Annie Ernaux, »Bourdieu: le chagrin«, in: *Le Monde* (5. Februar 2002).

illuminiert, sondern auch, zumindest teilweise, existenziell befreit. Es raubte mir den Atem. Ohne Übertreibung könnte ich sagen, dass Bourdieu es mir ermöglichte, eine Zeit zu überleben, in der mich mein Lebensweg und die daraus resultierende Spaltung meines Ich geradezu wahnsinnig machten. Er gab mir den Schlüssel an die Hand, um zu verstehen, wer ich war und was in meiner sozialen Existenz vor sich ging. Außerdem ließ er mich allgemeiner darüber nachdenken, was ein »Individuum« und was ein »Ich« ist, durch welche Mechanismen es konstituiert wird und wodurch sein Bezug zu den anderen und zur Welt bedingt ist. In einem gewissen Sinn bewahrte ich mir durch die Lektüre dieses Buches eine theoretische und politische Verbindung zu meiner Familie und zu dem Milieu, das ich vor noch gar nicht langer Zeit verlassen, von dem ich mich aber mental und sozial schon sehr weit entfernt hatte. Vor allem verdanke ich diesem Buch, dass ich mich schon immer zu einem Prozess der Rückkehr aufgefordert fühlte. Die spätere Durchführung dieser Rückkehr, ihre theoretische und literarische Ausbuchstabierung wurde mir auch deshalb möglich, weil die Distanz, die ich immer größer werden ließ, seit je von der Stärke des Denkens konterkariert wurde, das ich mir zu eigen machen wollte. Am Anfang von *Die feinen Unterschiede* stellt Bourdieu seine Arbeit als »gesellschaftliche Psychoanalyse« vor. Wie Bourdieu das Unbewusste der Welt, die uns umgibt und hervorbringt, erkunden und wie er die Prägung der Individuen durch historische und soziale Strukturen sichtbar machen wollte, das zog mich natürlich an. Er wollte bestimmte Begriffe der Psychoanalyse in einer anthropologischen und soziologischen, das heißt in einer gerade nicht psychoanalytischen Perspektive benutzen. (Immer schon habe ich die Psychoanalyse instinktiv zurückgewiesen, mich gegen sie aufgelehnt oder mich ganz und gar von ihr abgestoßen gefühlt. Dazu stehe ich auch heute voll und ganz. Es würde mich wenig Mühe kosten, meine Aversion zu thematisieren und zu erklären.) Ich hatte das Gefühl, dass dieses Buch meine Gegenwart und meine Vergangenheit, vor allem aber die Verbindung zwischen beiden erhellte. Und ich fand darin Antworten auf die Fragen und Probleme, bei denen ich mit meinem jugendlichen Marxismus nicht mehr weiterkam. Ja, dieses Buch sprach von mir und gab mir die Schlüssel in die Hand, um zu verstehen.

Und doch! Obwohl ich diese intellektuelle Übereinstimmung geradezu körperlich empfand, konnte ich mich der »symbolischen Gewalt« nicht entziehen, konnte ich nicht verhindern, dass ich, wie so viele Beherrschte, zu einem Komplizen der mich beherrschenden Herrschaft wurde. Wir sind so sehr Produkte der Ordnung der sozialen Welt, dass wir sie am Ende selbst reproduzieren: Noch wenn man sie anklagt oder auf einer anderen Ebene dafür kämpft, dass sie sich ändert, bestätigt man ihre Legitimität und Funktion. Dass die soziale Ordnung sich niemals so schnell ändert, wie man es gerne hätte, liegt auch daran, dass man selbst durch all die verinnerlichten Automatismen, die in unseren Taten und Gesten, Gedanken und Worten zum Ausdruck kommen, zu ihrer Verstetigung beiträgt. Im Frühjahr 2010, bei einem Gespräch über *Rückkehr nach Reims* an der Universität Lille, wies ein Student mich darauf hin, wie paradox es doch sei, dass jemand wie ich, der Bourdieu und Bourdieus Werk so nahegestanden hatte, die sozialen Hierarchien mitsamt ihren Werten und den von ihr oktroyierten Formen des Leidens dermaßen intensiv in sich hatte eindringen lassen. Der gleißende Widerspruch, den diese scheinbar so simple Frage aufblitzen ließ, brachte mich völlig aus dem Konzept (was nicht oft vorkommt). Da der junge Student mehrere Probleme auf einmal angesprochen hatte, ging ich einer

Antwort auf diese präzise Frage aus dem Weg. Was hätte ich ihm sagen können? Die Theorie und Politik, auf die man sich stützt und die man für sich reklamiert, mag man in seinem eigenen Fleisch erlebt und aus den Tiefen des eigenen Selbst, aus der Erfahrung der eigenen Vergangenheit und Gegenwart entwickelt haben. Ihre performative Kraft reicht trotzdem nicht aus, um die soziale Trägheit in einem selbst und um einen herum zu durchbrechen. Deshalb greifen die so oft inszenierten Gegensätze zwischen »Freiheit« und »Determinismus«, zwischen dem »subjektiven Standpunkt« und der Behauptung, aus dem Subjekt spräche nichts anderes als »die Strukturen der Welt«, immer wieder ins Leere. Beide Seiten haben teil an der Wahrheit. Egal ob auf kollektiver oder individueller Ebene, diese beiden Dimensionen bestehen stets gemeinsam und sind ineinander verschachtelt. Wie radikal und kritisch man auch sein oder sich geben mag, in vielen Hinsichten bleiben die täglichen Verhaltensweisen und Wünsche der historischen und sozialen Gravitation verhaftet. Wenn man die Ordnung der Dinge kritisieren oder dazu beitragen will, dass sie sich ändert, dann bedeutet das noch nicht, dass man selbst bereits anders ist, dass man sich von den erlernten und »naturalisierten« Rollen, von den inhärenten Verhaltensweisen und Reflexen ganz und gar »befreit« hat.

Verwunderlich ist das nicht. Als Simone de Beauvoir *Das andere Geschlecht* schrieb, versprach sie ihrem Geliebten Nelson Algren, sie würde »so gehorsam wie eine arabische Ehefrau« sein, für ihn putzen und den Abwasch machen. Eine miserable Feuilleton-Historikerin hat das Erscheinen dieses Briefwechsels zum Anlass genommen, von einer Revanche der »Natur« an der Ideologie des Kulturellen zu sprechen ... Was für eine Dummheit! Und wie bezeichnend für die führenden Köpfe der konservativen Revolution in Frankreichs geistigem Leben und viele Linke der achtziger und neunziger Jahre. (Die »Natur« gegen das kritische und feministische Denken auszuspielen, das entsprach voll und ganz der hergebrachten rechten Ideologie, die damals die Spalten der angeblich linken Zeitungen zu füllen begann. So mancher konvertierte Stalinist stellte seine autoritären, rückschrittlichen Impulse nun in den Dienst der existierenden Ordnung.) Die Wahrheit ist, dass jede emanzipative Arbeit, die immer bei einem selbst anfangen muss (wenn sie uns aus den Zwängen und der Unterdrückung der existierenden Welt befreien will, ist jede politische Erneuerung zwangsläufig eine Politik des Selbst), zwar Diskurse, Vorstellungen und Möglichkeiten mit sich bringt, die zu einer Veränderung der Wirklichkeit beitragen können. Wegzaubern kann sie die alte Ordnung aber nicht. Was will man denn auch alles verlangen? Beauvoir hat jahrelang an einem Buch gearbeitet, das einen der archaischsten und unbeweglichsten Grundsätze der sozialen Ordnung ins Wanken brachte. Sie hat Beleidigungen und schlüpfrige Witze ertragen und eine Arbeit herausgebracht, die in der ganzen Welt zu einem Standardwerk wurde, das die Wahrnehmungen nachhaltig verändert hat. Und nun will man ihr auch noch vorwerfen, dass sie in einen Mann verliebt gewesen ist und ihn das auch in einer gewöhnlichen Sprache, mit konventionellen Worten wissen ließ? Als ob in einer Liebe, die sich in kodifizierten Formeln ausdrückt – und natürlich war sie sich dieses Paradoxons bewusst, sie spielte damit! –, eine die politische Behauptungskraft und intellektuelle Kühnheit der Autorin annullierende »Natur« zum Ausdruck käme. Eine totale Emanzipation, eine »restlose« Politik kann es nicht geben. Auch dort, wo man sich von hergebrachten Modellen lösen möchte, wo man im Handeln und Sprechen die Verbindungen des eigenen Lebens, der Gedanken und des noch nicht Gedachten zur Vergangenheit auflösen will, spricht und handelt noch immer die soziale Welt in einem (und vielleicht will man sich dieser alten Modelle auch nicht ganz entledigen, weil sie das sind, wovon man in seiner Kindheit und Jugend geträumt oder fantasiert hat). Viel ärgerlicher finde ich, wie Beauvoir in diesem Briefwechsel immer wieder über »Schwuchteln« und »Tunten« witzelt. Es ist, als wolle sie Algren in seiner Männlichkeit bestätigen, indem sie ihm die »Verweiblichung« einiger schwuler Persönlichkeiten aus Paris gegenüberstellt. Eine sexuelle und amouröse Beziehung zu diesem Mann konnte sie scheinbar nur aufbauen, indem sie die Vertreter eines, wie sie es wohl sah, »dritten Geschlechts«, das man mit ironischen Anspielungen bedenkt, auf Distanz hielt. Wären diese Texte für die Öffentlichkeit bestimmt gewesen, sie hätte solche Bemerkungen wahrscheinlich unterlassen. Man sieht sehr gut, dass je nach Umstand und in diesem Fall auch Status der eigenen Rede – privat oder öffentlich, persönlicher Brief oder philosophischer Essay – nicht dieselbe Person spricht. (Obwohl die Passagen ihres Buchs, in denen sie von der »Lesbe« spricht, von einem Drang zu abschätzigen Urteilen über alle jene, die Gender-Normen übertreten, nicht ganz frei sind. Monique Wittigs Versuch, diese Fragen von einem lesbischen Standpunkt aus zu durchdenken, ist in Teilen eine Reaktion auf die Urteile Beauvoirs.) Hergebrachte Empfindungen und peinliche Vorurteile können in unserem Alltagsleben auch dann noch weiterleben, wenn wir sie reflexiv zu analysieren und aufzulösen versuchen. Es ist nicht leicht, »sich von sich selber zu lösen«, wie Foucault es versuchen wollte.[1] Mit dem eigenen politischen Denken

---

1 Michel Foucault, *Sexualität und Wahrheit*, Bd. II, *Der Gebrauch der Lüste*, aus dem Französischen von Ulrich Raulff und Walter Seitter, Frankfurt am Main: Suhrkamp 1986 [1984], S. 15.

übereinzustimmen ist wahrscheinlich unendlich viel leichter, wenn man konservativ ist und sich der Ordnung der Dinge anschließt, als wenn man die Strukturen der Welt, in die man ganz zwangsläufig eingebettet ist, und auch das eigene Selbst verändern will. (Im ersten Fall genügt es einfach, dumm und mit seiner eigenen Dummheit zufrieden zu sein: Man lässt sich in die gesellschaftlich autorisierte Dummheit fallen, die nur als ein »Denken« erscheinen kann, weil sie so weit verbreitet ist und deshalb den Erwartungshorizont bestimmt.) Orthodox zu sein und die Orthodoxie zu verteidigen ist leicht, häretisch zu sein ungleich schwerer. Wer es versucht hat, weiß, wie verstörend und erschöpfend, ja sogar schmerzhaft das Leben eines Häretikers sein kann.

Wie sollte man sich nicht Sartres Aussage zu eigen machen: »›Ich habe oft gegen mich selbst gedacht‹, habe ich in ›Die Wörter‹ geschrieben. Auch dieser Satz ist nicht verstanden worden. Man hat darin ein Eingeständnis von Masochismus gesehen. Doch gerade so muß man denken: sich gegen das erheben, was man an ›Aufgepfropftem‹ in sich hat.«[1]

Tatsächlich bedeutet das, wie er selbst völlig richtig hervorhob, dass es eine »gegebene Freiheit« nicht gibt und dass man »sich den Leidenschaften, der Rasse, der Klasse, der Nation abgewinnen und mit sich die andren Menschen gewinnen« muss. Es zähle »in diesem Fall die besondere Gestalt des Hindernisses, das ausgeräumt, des Widerstands, der überwunden werden muß, sie gibt in jeder Situation der

---

1 Jean-Paul Sartre, »Was bedeutet Literatur in einer Welt, die hungert? Interview mit Jacqueline Piatier, *Le Monde*, 18. April 1964«, aus dem Französischen von Helmut Scheffel, in: *Was kann Literatur? Interviews, Reden, Texte*, 1960-1976, Reinbek bei Hamburg: Rowohlt 1979, S. 67.

Freiheit ihr Gesicht«.[1] Jede »Leidenschaft« ist besonders, partiell, in sich differenziert, und dasselbe gilt für jeden Sieg über eine dieser »Leidenschaften« oder einen dieser »Widerstände«. Deshalb ist jede Politik notwendigerweise mehrdimensional und muss im Plural konjugiert werden. Darauf wird später zurückzukommen sein. Zuerst will ich aber über die Vorstellung nachdenken, dass uns unser Wesen von der sedimentierten Geschichte der bestehenden Ordnung »aufgepfropft« wird und dass wir hart arbeiten müssen, um uns dem Gewicht dieser »Aufpfropfung« so gut es geht zu entziehen. Scheint es da nicht passend, die berühmte Formulierung Beauvoirs aus *Das andere Geschlecht* – »Man wird nicht als Frau geboren, man wird es« – umzukehren? Mir ist schon klar, dass sie mit diesem Satz unterstreichen wollte, dass nicht die Natur, sondern die Kultur, nicht die Biologie, sondern die sozialen Rahmensetzungen darüber bestimmen, was eine Frau oder ein Mann zu sein hat. Das Frau- oder Mann-»Sein« wird von normativen Zwängen bestimmt, die uns von frühester Kindheit an »aufgepfropft« werden, von einer relationalen Zweipoligkeit, die man folglich als die Somatisierung einer sozialen und sexuierten Struktur analysieren muss: gesellschaftliche und geschlechtliche Arbeits- und Rollenteilungen, differenzielle Codes und Repräsentationen, Arten der Selbstinszenierung, die von Gesicht und Körper performiert werden, erlaubte oder verbotene Kleidungen und Haltungen. »Gender« ist eine Struktur binärer Relationen und Oppositionen, in der jeder Term nur im Gegensatz zu einem anderen besteht, in dem das Weibliche stets nur durch das bestimmt ist, was nicht männlich ist und nicht männlich sein darf.

---

1 Jean-Paul Sartre, *Was ist Literatur*, aus dem Französischen von Traugott König, Reinbek bei Hamburg: Rowohlt 1981 [1948], S. 56.

Diese normativen Rahmungen, sozialen Rollen und Identitäten ergreifen uns, sobald wir auf die Welt kommen. Sie gehen unserer Existenz voraus, und unsere Geburt konfrontiert uns unmittelbar mit ihrer konstituierenden Kraft. Konkret bedeutet das, dass wir durchaus »als Frau« oder »als Mann« geboren werden, denn die Norm ergreift sofort von uns Besitz und diktiert uns ihr Gesetz. Um das eigene Werden den kulturellen Vorschriften, die uns alle umfangen und bestimmen, zu entziehen, bedarf es einer langen und geduldigen Arbeit am Selbst und an den sozialen und politischen Strukturen, das heißt einer sozialen und intellektuellen Kritik, aber auch einer persönlichen Askese, durch die man sich selbst verwandelt. Als Frau oder als Mann wird man geboren, und die Praxis der Emanzipation – der unmöglichen, unerreichbaren Emanzipation – besteht darin, so wenig wie möglich Mann oder Frau zu werden, das heißt, sich der Reproduktion der zugewiesenen Identitäten mit ihren stereotypen Rollen zu widersetzen. Auf dem Umschlag seiner letzten beiden Bücher, *L'usage des plaisirs* (*Der Gebrauch der Lüste*) und *Le souci de soi* (*Die Sorge um sich*), zitiert Foucault einen Gedanken von René Char: »Die Geschichte der Menschen ist die lange Folge von Synonymen derselben Vokabel.« Wenn dieser Satz richtig ist, dann gilt das auch für das politische Projekt und die tägliche Lebensaufgabe, die Char daraus folgert: »Ihr zu widersprechen ist eine Pflicht.« Der Weg von dieser »Pflicht« zu ihrem Ergebnis ist lang, alles andere als leicht und von Rückschlägen gewiss nicht frei.

*

Mit den zwei in jedem von uns koexistierenden Formen des Wollens – der politischen und intellektuellen Affirmation, der Trägheit der »aufgepfropften Leidenschaften« – lässt sich auch erklären, weshalb mir die bloße Vorstellung, dass eine Kollegin Bourdieus mit meiner Mutter sprechen könnte, unerträglich war. Eigentlich war diese Haltung sinnlos, denn ich selbst war ja der Ansicht gewesen, dass die Art, wie sie ihre Welt erlebte und in Worte fasste, in dieses Buchprojekt aufgenommen werden musste, um es zu vervollständigen. Die Soziologin hätte meine Mutter oder mich selbst bei diesem Interview auch gar nicht bewertet: Sie hätte zugehört und die Dinge zusammengefasst. Natürlich schämte ich mich meiner Scham. Ich schämte mich dafür, dass ich mich für meine Mutter schämte und insbesondere für die Standpunkte, die sie zu dieser Zeit vertrat (so lautete meine damalige Selbstrechtfertigung), tatsächlich aber auch für das, was sie war, was meine Eltern waren, für den Ort, an dem sie lebten, für ihre Art zu sprechen ... Ich schämte mich meiner sozialen Herkunft so sehr, dass ich sie auf keinen Fall in einem soziologischen Buch abgebildet sehen wollte – selbst wenn es in dem Artikel überhaupt nicht um mich selbst gegangen wäre und die Leser von meiner Verbindung zur interviewten Person nichts hätten wissen können. Ich war noch nicht bereit, die wirkliche »Rückkehr nach Reims« auf mich zu nehmen, obwohl die Möglichkeit zu ihr, das heißt ihre zukünftige Wirklichkeit, immer schon ein Bestandteil meiner Distanznahme gewesen war. Eine Rückkehr, ich sagte es bereits, ist niemals abgeschlossen. Auch heute noch, wo ich sie ja hinter mir habe, würde ich eine Konfrontation zwischen meinen beiden Leben, zwischen meinen beiden sozialen Verwurzelungen und den voneinander separierten Aspekten meiner Persönlichkeit wohl nur schwerlich zulassen. Diese Dinge zu vereinigen schien mir damals unmöglich, ja undenkbar (ich, der ich auch zwanzig Jahre später noch unfähig war, ein Foto mit mir und meinem Vater zu veröffentlichen, der dieses

Foto lieber zerschnitt, um eine Hälfte wegzuwerfen – es hilft nichts, das heute bitter zu bereuen). Sich seiner eigenen Scham zu schämen genügt nicht, um diese auch effektiv zu vertreiben. Wochenlang marterte ich mich. Bis ich Bourdieu schließlich mitteilte, dass ich meine Mutter lieber nicht nach einem Interview fragen wollte. Nachdem er partout nicht lockergelassen hatte (wenn er etwas wirklich wollte, konnte er sehr hartnäckig sein), antwortete ich ihm: »Ich weiß, es ist dumm, aber ich kann dazu nicht stehen.« Er bedauerte es. Meine Gründe – oder meine Unvernunft – verstand er jedoch sehr wohl. (Bestand das Projekt von *Das Elend der Welt* nicht gerade darin, die gesellschaftliche Unvernunft zu erkunden, diese Gründe und Abgründe, die eine Gesellschaft sich schafft, damit sie sich vor sich selbst rechtfertigen kann?) Was hätte er mir entgegnen sollen? Er hatte diese Stadien vor mir durchlaufen. Er hatte Theorien daraus gemacht.

3. Paradoxien der Wiederaneignung

Viele Kommentatoren haben angemerkt, das sozio-biografische Werk Annie Ernaux' (vor allem *La Place, Gesichter einer Frau, La Honte*) und Bourdieus *Soziologischer Selbstversuch* seien die beiden wichtigsten Referenzen oder Vorbilder von *Rückkehr nach Reims* gewesen. Das ist nicht falsch. Mit einer Einschränkung vielleicht: Das Buch Bourdieus, das er in seinen letzten Lebensmonaten schrieb und wenige Wochen vor seinem Tod an seinen deutschen Verleger sandte (*Bourdieu über Bourdieu* hatte es zunächst heißen sollen, die Seite des Verlags zeigte schon einen Buchumschlag), hat zu meinem vielleicht den Anstoß gegeben. Bei der Ausführung meines Schreibvorhabens diente es mir dann aber als eine Art Gegenmodell. Bourdieu lässt das Wesentliche ungesagt. Gewiss, es handelt sich nur um einen »Versuch«, den er später noch ausbauen wollte (er hatte geplant, die Reaktionen auf die deutsche Version abzuwarten, um dann eine überarbeitete, deutlich längere Version auf Französisch zu veröffentlichen). Festhalten muss man aber auch, dass die Art, wie Bourdieu seinen »Versuch« definierte, die Tragweite seines Projekts stark einschränkt. Bourdieus Absicht bestand darin, seinen Lesern einen Schlüssel zum Verständnis seines Werkes an die Hand zu geben (er wolle ihnen solche Informationen zur Verfügung stellen, über die er selbst gerne zum besseren Verständnis von Flaubert verfügt hätte, sagte er). Zugleich wollte er aber allen über das zum Verständnis von Werkgenese und denkerischem Einsatz Notwendige hinausgehenden biografischen Ambitionen von vorneherein den Wind aus den Segeln nehmen. Deshalb fokussiert Bourdieu in seinem Buch viel zu sehr auf seine eigene Person und zu wenig auf die Strukturen der sozialen Welt (in *Rückkehr nach Reims* beginne ich mit meinem »Ich«, um den sozialen Determinismus zu analysieren, im *Selbstversuch* evoziert Bourdieu diesen Determinismus, um von sich selbst und genauer von sich als Autor zu sprechen). Die Auswahl der Informationen, die Bourdieu in diesem Rahmen für die einzig relevanten hält, ist sehr restriktiv. Das ist sehr verwunderlich. Sein ganzer Ansatz läuft daraus hinaus, dass gewisse biografische Aspekte, die man für die Erklärung seines Werks ebenso gut hätte heranziehen können, unterdrückt werden.

Seinen Eltern widmet Bourdieu zum Beispiel nur wenige Absätze. Diskretion und Schamhaftigkeit gehören im Rahmen einer Selbstanalyse sicherlich zu den größten Hindernissen. Sie drängen einen zu so vielen bewussten Auslassungen, dass der explizit vorgetragene Wunsch nach wissenschaftlicher Strenge ausgehöhlt wird. Vor allem aber verzichtet Bourdieu auf die Entwicklung eines ganz entscheidenden Gedankens, den er nur kurz aufblitzen lässt: dass sein Œuvre für ihn selbst ein Weg der Askese und der Wiederaneignung gewesen ist. In einem Buch, das sich autoanalytisch gibt, hätte dieses Thema viel ausführlicher und viel direkter diskutiert werden müssen. Bourdieu erklärt die Grundsätze seines eigenen Werkes mit der Situation des intellektuellen »Feldes« am Beginn seiner Karriere (er rekonstruiert es, wie er es bei seinem Eintritt in das geistige Leben vorfand: Er spricht zum Beispiel von der Polarisierung zwischen Sartre auf der einen und Lévi-Strauss sowie Canguilhem auf der anderen Seite). Ich halte das für ein Mittel, das eigentlich Freizulegende zu maskieren oder zu vermeiden. Erst am Ende des Buches ist er bereit – wenn auch auf eine viel zu flüchtige Weise –, auf seine Kindheit und die Herausbildung seines Habitus einzugehen. Bourdieu tut so, als habe der Grund für viele seiner späteren intellektuellen Entscheidungen gar nicht in diesen Dingen gelegen. Er sagt, sein Buch solle keinesfalls mit einer »Autobiografie« verwechselt werden und sei mit dem Ziel geschrieben worden, alle zukünftigen Biografen zu entmutigen. Sein »Selbstversuch« erscheint wie ein Schirm, mit dem er sich vor allzu reduktionistischen – und feindseligen – Schlussfolgerungen von seiner sozialen Herkunft auf sein Werk schützen will. Die wiederholte Anrufung der Begriffe »Wissenschaft«, »wissenschaftlich«, »Wissenschaftlichkeit« in der von seinen französischen Herausgebern verfassten Einleitung verstärkt diesen Eindruck noch. Warum muss man immerzu auf den »wissenschaftlichen« Charakter dieses Buches verweisen? Um seine Existenz vor den Augen der Leser zu rechtfertigen oder zu entschuldigen? Muss man eine bestimmte Lesart vorschreiben, muss man die Versuchung einer »literarischen« oder »philosophischen« Selbstdeutung, die den Autor von *Sozialer Sinn: Kritik der theoretischen Vernunft* auf seine alten Tage heimgesucht haben könnte, wie ein Gespenst vertreiben? Bourdieu spricht viel von sich selbst und seinem Werk, aber sehr wenig von der Struktur seiner Familie, vom Schulsystem usw. Sein Text ähnelt einer zu zögerlichen, viel zu partiellen Autobiografie, aber gerade nicht einer Autoanalyse. Die Selbstanalyse hat mit der Selbstbiografie zumindest gemein, dass der Autor sich, wie Assia Djebar es ausdrückt, als »absoluten Monarchen« seines eigenen Lebens einsetzt. Er wählt aus, was erzählt und was weggelassen werden soll.[1]

Als er mir sein Manuskript zu lesen gab, sagte ich zu Bourdieu: »Sie sind viel zu zögerlich. Sie müssen weiter gehen ... Lesen sie Genet, lesen sie *Wunder der Rose*.« Er gab zurück: »Aber ich bin doch nicht Genet. Ich bin doch kein Schriftsteller«, und beließ es dabei, einen Verweis auf diesen Roman hinzuzufügen. Ich erinnerte ihn daran, dass er mehrfach selbst gesagt hatte, um die Körperlichkeit der mentalen und also sozialen Strukturen zu erkunden, müsse man ein Thomas Bernhard, eine Virginia Woolf sein. Und dass er, wenn er schon nicht sie sein konnte (Woolf, Genet und Bernhard ist man nicht einfach so; ihr schriftstellerisches Register war Bourdieu, dessen Bücher einer ganz anderen Profession und ganz anderen institutionellen Dispositiven entsprangen, nicht zugänglich), sich doch zumindest ihre Kühnheit zu eigen machen konnte, ihre Entschlossenheit, immer tiefer in das eigene Selbst einzudringen, in das Gedächtnis des Körpers, in dem man lebt, und der Orte, Milieus und Institutionen, die man gekannt, durchlaufen, angenommen oder zurückgewiesen hat. Bourdieu zog sich hinter eine letzte Verteidigungslinie zurück: »Was sollen denn meine Kollegen von mir denken? Dass ich verrückt geworden bin?« Wie soll man eine »Selbstanalyse« zustande bringen, wenn man sich so sehr um die Gedanken der Kollegen schert? Es ist bekannt, dass die eigenen Kollegen für Intellektuelle eine mindestens ebenso limitierende wie stimulierende Instanz darstellen.

Bourdieu war sich all dessen natürlich bewusst. In einem Interview ungefähr aus derselben Zeit spricht er von

---

1 Assia Djebar, *Ces voix qui m'assiègent. En marge de ma francophonie*, Paris: Albin Michel 1999, S. 111.

seinem Aufenthalt in Algerien und den Forschungen, die ihn in den späten fünfziger und frühen sechziger Jahren beschäftigten: »Und dann gibt es da noch die Zensur des akademischen Anstands, die dazu führt, dass es eine Menge Dinge gibt, bei denen man nicht einmal daran denken würde, sie zu erzählen. [...] Die Sorge darum, nur ja genügend seriös und wissenschaftlich zu sein, hat mich, was die literarische Seite meiner Arbeit angeht, dazu gebracht, mich sehr zurückzunehmen: Ich habe vieles zensiert.«[1]

Der Rückblick auf seine frühesten Arbeiten bringt ihn leider nicht dazu, das aus diesen (und aus den darauf folgenden Büchern) Verdrängte in seiner letzten Arbeit wiedereinzuführen. Dazu hätte er die Gesetze der Zensur durchbrechen müssen, die von akademischen Manieren und dem angeblichen Ideal der Wissenschaftlichkeit ausgehen, und mehr noch die Selbstzensur, die aus Ersterer folgt: all die Dinge, die er hatte akzeptieren und respektieren müssen, um seinem neuartigen Ansatz, der sich dennoch vorgeschriebenen Darstellungsweisen anzupassen hatte, ins Leben zu verhelfen.

Weil er mit der Werksoziologie brechen wollte, die das literarische Schreiben allzu direkt auf die Klassenzugehörigkeit des Schriftstellers zurückführt – Beispiele wären hier die von Lucien Goldmann verkörperte marxistische Tradition oder auch Sartres Buch über Flaubert –, schuf Bourdieu den Begriff des (literarischen, künstlerischen, wissenschaftlichen) »Feldes«. Der Begriff soll sichtbar machen, dass sämtliche möglichen und sich widerspre-

1 Pierre Bourdieu, »Bilder aus Algerien. Ein Gespräch zwischen Pierre Bourdieu und Franz Schultheis. Collège de France, Paris, 26. Juni 2001«, in: Pierre Bourdieu, *In Algerien. Zeugnisse der Entwurzelung*, herausgegeben von Franz Schultheis und Christine Frisinghelli, Graz: Edition Camera Austria 2003, S. 21-50.

chenden Optionen und Orientierungen von spezifischen Einsätzen des »Feldes« abhängen, dem man angehört oder angehören möchte. Alles hängt von der Position ab, die man im Feld der literarischen, künstlerischen oder wissenschaftlichen Konflikte einnimmt oder für sich selbst kreiert. Für die Analyse der Funktionsweise verschiedener beruflicher Sphären – hier der wissenschaftlichen und intellektuellen – ist der Begriff zweifellos ein entscheidender Fortschritt. Die Gesamtheit dieser miteinander verschränkten Sphären bildet die Welt, innerhalb derer wir existieren und uns zwischen verschiedenen Kreisen bewegen. Problematisch wird der Feldbegriff allerdings, wenn er verabsolutiert wird und zum alleinigen oder auch nur dominanten Erklärungsprinzip aufsteigt. Er degradiert dann den anderen Schlüsselbegriff der bourdieuschen Soziologie, den des Habitus, zur bloßen Nebensache. Die Entscheidungen eines Individuums innerhalb eines Feldes kann man nur anhand der von ihm verkörperten, in das Feld investierten und im Feld entfalteten Dispositionen, das heißt anhand der vom Individuum verinnerlichten sozialen Vergangenheit, erklären. Und das gilt nicht zuletzt für Pierre Bourdieu selbst! Ohne einen Rückgriff auf seine initiale Prägung und auf die Lernprozesse, die er während seiner Kindheit und Jugend in der sozialen Welt durchlief, lassen sich die »Anziehungen« und »Abstoßungen«, die er beim Betreten des intellektuellen Feldes empfand, nicht erklären.

Man könnte sagen, dass Bourdieus Projekt sich implizit, an manchen Stellen aber auch explizit gegen das autobiografische Vorhaben Sartres richtet. Sartre beschreibt in *Die Wörter* seine Kindheit und seine Familie; er erklärt, wann und wie er seinen Bezug zu den Büchern und zur Literatur entwickelte. Die Selbstanalyse in Bourdieus *Selbstver-*

such stellt Kindheit und Familie zurück und macht sie zu einer Nebensache, so als wolle der Autor verhindern, dass Rückschlüsse von den sozialen Umständen seiner Weltaneigunung auf seine spätere intellektuelle Orientierung gezogen werden. Trotz dieser großen Unterschiede konvergieren die Projekte beider Autoren in einem Punkt: Zu der Frage, wie die Kindheit sich auf die Inhalte des späteren Werkes und auf die Grundsätze der eigenen Philosophie ausgewirkt haben könnte, schweigt auch Sartre. Beide klammern die Relation zwischen dem Habitus und der späteren intellektuellen Ausrichtung einfach aus: Sartre, indem er von seiner Kindheit, nicht aber von seinem Werk spricht; Bourdieu, indem er von seinem Werk, nicht aber (oder nur sehr wenig) von seiner Kindheit spricht. Es ist paradox: Bourdieu, der Sartre so heftig dafür kritisiert hat, dass er von sich selbst das Bild eines »freien Intellektuellen« entworfen habe, einer – mit Karl Mannheim gesprochen – »sozial freischwebende[n] Intelligenz«, und der niemals zögerte, den Inhalt von Sartres literarischen und philosophischen Werken (insbesondere von *Das Sein und das Nichts* und von *Der Ekel*) auf seinen Klassenursprung zurückzuführen, dieser Bourdieu bedient sich des Dispositivs der »Wissenschaftlichkeit«, um sein Denken und seine soziale Herkunft »methodisch korrekt« voneinander zu separieren. Die Analyse, die er uns liefert, betrifft seinen Geist, aber nicht seinen Körper; sie handelt von seinem Denken, aber nicht von dessen sozialer Einschreibung. Vielleicht hatte Sartre recht, als er in einem Interview sagte, man müsse in Bildungsfragen »immer von unten nach oben« vorgehen: »Genau so habe ich Flauberts Biografie schreiben wollen: Indem ich die Bücher nach oben stellte und als ein Resümee nicht nur seines Kopfes, der schaut, und seiner Hände, die schreiben, begriff, sondern als eine

Zusammenfassung seines gesamten Körpers.«[1] Natürlich ist eine solche Programmatik leichter zu verwirklichen, wenn man nicht die eigene, sondern die Biografie eines anderen Autors schreibt (in diesem Fall diejenige Flauberts). Dennoch ist es bedauerlich, dass sich Bourdieu bei dem Versuch zu verstehen, wer er zu dem Zeitpunkt, als er sich im schulischen, akademischen und wissenschaftlichen Raum einen Platz zu erarbeiten begann, gewesen ist, nicht länger mit seinen in der Jugend erworbenen Dispositionen beschäftigt. Die Anziehungs- und Abstoßungsmomente, die seine Entscheidungen leiteten, können nicht allein auf intellektueller Reflexion basiert haben, sondern eher auf etwas, das man fast schon Instinkt nennen muss. In seinem Buch über Heidegger schiebt Bourdieu genau solche Elemente in den Vordergrund. Er analysiert den Habitus des Philosophen nicht weniger sorgfältig als das philosophische Feld oder genauer gesagt: Beide Analyseebenen sind untrennbar ineinander verwoben. Die Situation, die Heidegger für sich selbst im theoretischen Feld schuf, lässt sich ziemlich direkt auf seine politischen und sozialen Dispositionen zurückführen. Mit Blick auf sich selbst jedoch stellt Bourdieu durch die Konstruktion seines Buchs eine größere Distanz zwischen den in das Feld mitgebrachten Dispositionen und der Position her, die er sich im Feld erarbeitete.

Seit seinem Erscheinen ist Bourdieus *Selbstversuch* mit vielen Büchern verglichen worden (insbesondere mit *A Local Habitation*, dem ersten Band der Autobiografie Richard Hoggarts). Wenn man aber verstehen möchte, wie Bourdieu bei seiner Selbstanalyse vorgegangen ist,

---

1 Jean-Paul Sartre, »L'écriture et la publication«, Gespräch mit Michel Sicard, in: *Obliques* 18-19, Sonderausgabe »Sartre« 1978, S. 11.

dann sollte man sie im Gegenlicht seiner eigenen Arbeit über Heidegger lesen. In Bezug auf Heidegger spricht er unumwunden von dessen »fundamentalen Optionen [...] die in den tiefstliegenden Dispositionen seines Habitus begründet sind« oder von der »äußerst begrenzte[n] Palette der für einen jeweiligen Denker mit seinen ethisch-politischen Optionen kompatiblen philosophischen Stellungnahmen«.[1]

Warum schaut Bourdieu, sobald es um ihn selbst geht, nicht mehr auf die Verschachtelung der »tiefsten Dispositionen des Habitus« und der intellektuellen Entscheidungen? (Letztere müssen natürlich in Begriffen formuliert werden, die von wissenschaftlichen Traditionen und Problemen, von den Lösungsansätzen anderer und von den Polaritäten abhängen, die das Feld der Polemiken und Verständigungen strukturieren.) Es ist ja nicht so, dass Bourdieu diese entscheidenden Fragen gänzlich auslässt: Am Ende seines Buches benennt er die Dinge durchaus klar. Er tut dies allerdings auf flüchtige, überhastete Weise. Auf wenigen Seiten lädt er uns ein, seine frühen Arbeiten zur Ethnologie des Béarn, der Region seiner Kindheit und Jugend, als einen »Initiationsvorgang«, eine »Askese der Initiation« zu betrachten: Als er den zunächst eingeschlagenen Weg der philosophischen Ausbildung verließ, um sich der Ethnologie und Soziologie zuzuwenden – einer »Soziologie des ländlichen Raumes [...], die in der Hierarchie der soziologischen Fächer ganz unten stand« –, da wurde diese »Entsagung«, wie er sie nennt, von dem »verschwommenen Wunsch einer Wiedererlangung der Welt

---

1 Pierre Bourdieu, *Die politische Ontologie Martin Heideggers*, aus dem Französischen von Bernd Schwibs, Frankfurt am Main: Suhrkamp 1988 [1988], S. 56 f.

meiner Heimat begleitet« und vielleicht auch motiviert. Tatsächlich »erfüllt sich«, wie er schreibt,

> durch das völlige Eintauchen in diese Umgebung und das Glück des Wiedersehens, von dem es begleitet wird, eine Aussöhnung mit den Dingen und den Menschen, von denen ich mich unmerklich entfernt hatte und die eine ethnographische Haltung ganz natürlich zu achten verpflichtet, die Jugendfreude, die Eltern, ihr Verhalten, ihre Gewohnheiten, ihre Aussprache. Ein ganzer Teil meiner selbst wird mir wiedergegeben, jener, durch den ich ihnen ähnlich war und der mich ihnen gleichzeitig entfremdete, weil ich ihn nur verleugnen konnte, indem ich sie verleugnete, im Banne der Scham, die ich für sie und mich empfand – die Rückkehr zu den Ursprüngen wird begleitet von einer dennoch beherrschten Rückkehr des Verdrängten.

Er behauptet sogar, sein wegweisender Aufsatz über Ehelosigkeit in der bäuerlichen Gesellschaft (»Célibat et condition paysanne«) aus dem Jahr 1962 sei auf ein Klassenfoto zurückgegangen, dass ihm einer seiner Mitschüler mit dem Kommentar geschickt hatte, gut die Hälfte der abgebildeten Jungen seien »nicht heiratsfähig«. Fassen wir zusammen: Ein altes Klassenfoto entfacht den Wunsch, eine ethnografische Studie zu verfassen, welche als der Beginn einer Wiederaneignung des Selbst und der eigenen Vergangenheit aufgefasst werden kann – einer Vergangenheit, die von dem und für den Eintritt in eine andere Welt, zu der seine soziale Laufbahn ihn gebracht hat, verdrängt und verdunkelt worden war.[1]

Die »Reflexivität«, durch die der Wissenschaftler sich selbst zum Gegenstand des soziologischen Blicks macht,

---

1 Pierre Bourdieu, *Ein soziologischer Selbstversuch*, a. a. O., S. 68-71.

damit nichts von seinem Bezug zum Untersuchungsgegenstand undurchdacht bleibe, diese Reflexivität ist also nicht nur eine wissenssoziologische Notwendigkeit im Rahmen einer »kognitiven Anthropologie«. Sie verweist auch auf den niemals abgeschlossenen Weg einer Askese. Jeder Schritt auf diesem Weg treibt die Wiederaneignung des Selbst ein klein wenig weiter voran. Als Bourdieu im Jahr 2000 im Londoner Royal Anthropology Institute, einer der heiligen Hallen der europäischen Universität, die Huxley-Medaille verliehen wurde, da unterstrich er ganz besonders, dass es die zunächst nur als Kontrapunkt zu seinen Studien über die Kabylen durchgeführten ethnologischen Untersuchungen der Gesellschaftsformen des Béarn gewesen seien, die ihn dazu führten, das

> rückständige – von manchen als archaisch bezeichnete – Milieu meiner eigenen Herkunft aus den unteren Volksschichten der Provinz, das ich, in meiner Phase der von Ungeduld (vielleicht auch Begierde und Eifer) geprägten Integration ins Zentrum und den damit verbundenen zentralen Werten geringzuschätzen, zu verleugnen oder, noch schlimmer, zu verdrängen begonnen hatte (oder dazu getrieben worden war) [...], mit allem gleichermaßen wissenschaftlichen wie ethischen Respekt

zu betrachten.[1]

Genau wie Foucault, der sich für den »Wahnsinn« interessieren musste, um von der Homosexualität sprechen zu können, benötigte Bourdieu einen geografischen Umweg sowie zeitliche Distanz, um die Arbeit über sein Selbst

---

1 Pierre Bourdieu, »Teilnehmende Objektivierung«, aus dem Französischen von Jörg Ohnacker, in: *Algerische Skizzen*, herausgegeben und mit einer Einleitung versehen von Tassadit Yacin, Berlin: Suhrkamp 2010 [2008], S. 417-440, S. 438.

und an seinem Selbst auf sich nehmen zu können. Erst die ethnologischen Forschungen in Algerien ermöglichten es ihm, die Welt seiner Jugend zu analysieren.

> Den verstehenden Blick des Ethnologen, mit dem ich Algerien betrachtet habe, konnte ich auch auf mich selbst anwenden, auf die Menschen aus meiner Heimat, auf meine Eltern, die Aussprache meines Vaters und meiner Mutter, und mir das alles so auf eine völlig undramatische Weise wiederaneignen, denn hier liegt eines der großen Probleme entwurzelter Intellektueller, wenn ihnen nur die Alternative zwischen Populismus oder im Gegenteil einer durch Klassenrassismus bedingten Scham für sich selbst bleibt. Ich bin diesen Menschen, die den Kabylen sehr ähnlich sind und mit denen ich meine Kindheit verbracht habe, mit dem Blick des Verstehens begegnet, der für die Ethnologie zwingend ist und sie als Disziplin definiert.[1]

Die Übung des Denkens besteht darin, den »wissenschaftlichen Gebrauch einer gesellschaftlichen Erfahrung« gegen die aus der »Akkulturation« resultierende »Dekulturation« zu setzen, die eintritt, wenn man beim Erwerb der legitimen Kultur die Kultur der eigenen Herkunft verleugnet.[2]

Bourdieu kann seinen Ansatz schließlich als eine Inversion von Lévi-Strauss' *Traurige Tropen* beschreiben: Der Ethnologe hatte Amazonasvölker untersucht, sich also so weit wie nur möglich von seiner Herkunftskultur entfernt, um dann zum Ausgangspunkt seiner Reise »zurückzukehren« (»Die Rückkehr« heißt das letzte Kapitel seines

---

1 Pierre Bourdieu, »Bilder aus Algerien«, a. a. O.
2 Pierre Bourdieu, *Ein soziologischer Selbstversuch*, a. a. O., S. 74.

großen, 1955 erschienenen Buches). Die Herkunftskultur hat sich durch die Reise verwandelt; man kann den Weg als eine Initiation in andere Wahrheiten ansehen, als eine Askese, durch die man zu einem anderen Menschen wird als dem, der man vor dem Aufbruch gewesen ist. Bourdieu will nun die Herkunftskultur, die Kultur seiner eigenen Kindheit und Jugend untersuchen. Seine »Rückkehr« ist deshalb nicht das Ende einer Reise, sondern immer schon in dieser Reise enthalten. Die ethnologische Untersuchung impliziert die Rückkehr, die sich Schritt für Schritt, Jahr für Jahr, durch sie vollzieht. Bourdieu brauchte noch zwei weitere Aufsätze, einen von 1972 und einen von 1989, um seine Analyse zu vertiefen und den Prozess der Wiederaneignung des Selbst zu intensivieren.[1]

In einem kurzen Text, in dem er über die »Rückkehr« des Klassenwechslers in die Welt seiner Geburt und seine Herkunftskultur nachdenkt, nennt Bourdieu diesen Vorgang eine »Odyssee der Wiederaneignung«.[2] *Rückkehr nach Reims* habe ich im Schatten dieser wenigen Seiten geschrieben, deren Titel ich für mein Buch hätte übernehmen können. Genau davon sprach ich auch in meinem Vorwort, wo ich Bourdieus Aufsatz, der mich so sehr beeindruckt hat, zitierte und kommentierte. Weil ich mich aber im letzten Moment entschied, Vorwort und Fazit wieder zu entfernen, ist diese Referenz schlicht und einfach verschwunden (das formale Dispositiv eines Vor- und Nachworts erschien mir letztlich als das, was es war:

---

1 Pierre Bourdieu, »Einleitung«, in: *Junggesellenball. Studien zum Niedergang der bäuerlichen Gesellschaft*, aus dem Französischen von Eva Kessler und Daniela Böhmler, Konstanz: UVK 2008 [2002].

2 Pierre Bourdieu, »L'Odyssée de la réappropriation«, in: *Awal, cahiers d'études berbères* 18/1998, S. 5 f.

als ein ultimativer Versuch, die Gewalt meines Buches zu neutralisieren und durch die Einrahmung der Lektüre all das abzuschwächen, was ich an ihm als radikal empfand). Trotzdem könnte sie kaum wichtiger sein. *Rückkehr nach Reims* ist in vielen Aspekten eine lange Auseinandersetzung mit diesem Text Bourdieus beziehungsweise eine lange Meditation über das Thema dieses Textes. (Bourdieu muss dieser Aufsatz besonders wichtig gewesen sein, denn es gibt ihn in mehreren Versionen.)

»Odyssee der Wiederaneignung« ist zunächst eine Hommage an den kabylischen Schriftsteller Mouloud Mammeri, den Autor von *Der vergessene Hügel*, dem Bourdieu sehr nahestand. Mouloud Mammeris Verhältnis zur Gesellschaft und Kultur seiner Herkunft könne man wie eine Odyssee erzählen, sagt Bourdieu, »mit einer ersten Absetzungsbewegung hin zu unbekannten, verführerischen Ufern, gefolgt von einer langen, langsamen Rückkehr voller Hindernisse auf die Erde seiner Heimat«. Und er fügt hinzu: »Eine solche Odyssee haben all diejenigen zu durchlaufen, die aus einer beherrschten Gesellschaft, einer beherrschten Klasse oder einem beherrschten Land kommen und die sich finden oder wiederfinden wollen.«

Diese Reise beginnt mit »einer Bewegung der Aneignung der Kultur«, und zwar der

Kultur schlechthin, die sich nicht weiter zu spezifizieren braucht, weil sie als eine universale gelebt und in den Universitäten als die offizielle Kultur gelehrt wird. Man kann sie nur erwerben, wenn man sehr viele Dinge außen vor lässt, die Muttersprache zum Beispiel und alles, was diese mit sich bringt.

In einer anderen Version des Textes erklärt Bourdieu genauer, welche Aspekte des Selbst man zu löschen oder zu ersticken angehalten ist:

> Ohne Gegenleistung lässt sich diese Kultur nicht erwerben. Wenn man studieren geht, muss man viele Dinge außen vor lassen: die Beziehungen zur eigenen Familie etwa, Kindheitserinnerungen, manchmal auch seine Muttersprache und alles, was diese mit sich bringt.

Das Schrecklichste an dieser »Bewegung der Entsagung, Verneinung und Verstoßung« ist, »dass sie sich selbst meist gar nicht als eine solche erkennt« und dass sie sich »jederzeit mit der Zustimmung derer vollzieht, die sie vollziehen«. »Sie wird begleitet von einem gewissen Glücksgefühl.«

Natürlich »könnte der Prozess dort zu Ende sein. Viele, die sich in das herrschende Universum integriert haben und von seiner Kultur, die sie anerkennen, erkannt und anerkannt worden sind, sind damit auch zufrieden.« Mouloud Mammeri hat sich damit aber gerade nicht zufriedengegeben. Er hat sich, ganz im Gegenteil, »den schmiedenden Dichtern« zugewandt, »den demiurgischen Poeten, deren Gedichte oft so kunstvoll sind wie die der Symbolisten«, und hat diese Poesie aufgezeichnet. So hat derjenige, »der den Zugang zur legitimen Kultur mit einer Art symbolischem Vatermord bezahlte«, ein »neues Band zur väterlichen Kultur« geknüpft.

Lassen wir uns nicht täuschen: Wie so oft greift Bourdieu bei der Beschreibung dieser Laufbahn auf Begriffe der Psychoanalyse zurück, psychologische Muster im freudschen Sinne hat er dabei aber nicht im Sinn. Die psychologische Vater-Sohn-Beziehung und der durch die Zurückweisung des Vaters ermöglichte Übergang des Sohnes ins Erwachsenenalter sind die Folge viel tieferer Vorgänge.

Die persönliche Erfahrung wird durch soziale, historische, nationale, geografische, ethnische und andere Strukturen strukturiert. Wir sprechen also von der Rolle, welche die legitime Kultur für die Distanz zwischen sozialen Milieus und Klassen spielt, wir sprechen darüber, wie ihr Erwerb die Entfernung zur Herkunftswelt vergrößert – sofern man von einem Ort gekommen ist, an dem sie nicht den natürlichen Grund von allem bildet und so selbstverständlich ist, dass man ihre Präsenz gar nicht bemerkt. Die Metapher des »Vatermords« bezeichnet für alle diejenigen, die sich in eine andere »Welt« begeben, die Zurückweisung der eigenen Familie als konstruktives Prinzip des Selbst und des Weltbezugs. Sie bezeichnet den Bruch mit der identischen Rollentradierung, mit der niemals hinterfragten Reproduktion des Vaters durch den Sohn oder der Mutter durch die Tochter. Dieser Bruch macht eine Bindung der Kinder zu ihren Eltern und manchmal auch zu ihren Geschwistern zu etwas Problematischem, ja fast Unmöglichem. Statt der mystifizierenden Formel der »ödipalen« Familienstruktur sollte man einen differenziellen Beziehungsbegriff in den Mittelpunkt der Analyse stellen, mit dem man die Beziehungen zwischen den Generationen, aber auch die jeweils individuellen zum Schulsystem untersucht. Schule und Kultur sollten den »Ödipus« im Zentrum der Analyse ersetzen. Thomas Bernhard hat recht, wenn er uns dazu auffordert, das Schulsystem als etwas aufzufassen, durch das wir die Eingeweide der Gesellschaft betrachten können.[1]

Die Versöhnung mit dem »Vater« braucht Zeit. (Wobei mit »Vater« hier die Familie, das Herkunftsmilieu und die Herkunftskultur gemeint ist: Oft genug ist der reale Vater

---

1 Vgl. Thomas Bernhard, *Die Ursache*, Salzburg: Residenz Verlag 1975, S. 142.

bereits gestorben, und es war vielleicht gerade sein Sterben, das die Bewegung der »Rückkehr« eingeleitet hat.) Die Rückkehr kann nur langwierig und schmerzvoll sein, oder sie ist sogar prinzipiell unmöglich, zu ewiger Unvollständigkeit verdammt (auch die »Rückkehr« ist, wie Sartre gesagt hätte, »unrealisierbar«). Natürlich kann man in die Falle gehen, die vielen Beherrschten gestellt ist, wenn sie lange nach dem Verlassen ihrer Herkunftswelt bei ihrer Rückkehr von dem Wunsch beseelt sind, diese Welt zu rehabilitieren, sie gewissermaßen zu nobilitieren und sie auf eine höhere Stufe kultureller Wertigkeit zu heben. Es ist also ein »unterdrückter Wunsch der Rehabilitierung«, der Mouloud Mammeri dazu treibt, sich für die lange Zeit verdrängte Kultur zu interessieren. So bleibt er »Vorbildern verhaftet, die ihn bei den edelsten Figuren westlicher Dichtung wie etwa Victor Hugo nach nobilitierenden Referenzen suchen lassen«.

Wenig später wird er diese »Wiederaneignung« auf eine andere Weise vollführen. Anstatt das Milieu, dem er entflohen ist und das er später wiederentdeckt hat (und damit auch sich selbst), zu »nobilitieren« und auf die Ebene der legitimsten Kultur zu heben, versucht er, es mit ethnologischen Mitteln zu verstehen. (Als Romancier und Poet wurde Mammeri in Algerien verehrt, als Ethnologe jedoch harsch kritisiert, denn die Ethnologie galt als eine koloniale Wissenschaft oder zumindest als eine, die mit dem Kolonialismus im Bunde war.)

Man kann Bourdieu hier nur zustimmen. In wenigen, eindringlichen Zeilen gelingt es ihm, die Dilemmata aller Klassenflüchtigen und allgemeiner die theoretischen und politischen Voraussetzungen jeder Herrschaftsanalyse darzustellen:

Die Arbeit, die darin besteht, sich durch einen Sieg über die kulturelle Scham seine ursprüngliche Kultur wiederanzueignen, bedarf einer wirklichen Sozioanalyse. Nie kann man wissen, ob man diese wirklich zu Ende geführt hat. Das liegt insbesondere daran, dass die Überwindung der initialen Verleugnung nicht in Form einer Verleugnung dessen geschehen kann, was diese Verleugnung bestimmt hat: der herrschenden Kultur mit all ihren Ressourcen. Die ganze Beschwerlichkeit des Weges, der zur Versöhnung mit dem Selbst zurückzulegen ist, liegt darin begründet, dass die Instrumente der Wiederaneignung der verleugneten Kultur von jener Kultur zur Verfügung gestellt werden, die diese Verleugnung durchgesetzt hat. Die letzte List der herrschenden, die andere Kultur verleugnenden Kultur liegt vielleicht gerade darin, dass die Revolte, die gegen sie ausbricht, geneigt ist, die Aneignung jener Instrumente zu untersagen, die man für die Wiederaneignung der verleugneten Kultur benötigen würde (beispielsweise die Ethnologie). Dieser ultimativen List wusste Mouloud Mammeri zu entkommen. Als einer der Ersten bestand er auf der Ethnologie und stellte der Arbeit der individuellen Selbstwiederaneignung die Bestrebung zur Seite, die vergessene und verdrängte Kultur durch eine kollektive Arbeit zurückzugewinnen.

In der anderen, bereits zitierten Version heißt es:

Die Beschwerlichkeit des Weges, der zur Versöhnung mit dem Selbst zurückzulegen ist, liegt darin begründet, dass die Instrumente der Wiederaneignung der verleugneten Kultur von jener Kultur zur Verfügung gestellt werden, die diese Verleugnung durchgesetzt hat. Die letzte List der herrschenden Kultur liegt vielleicht gerade darin, dass die Revolte gegen die Herrschaft geneigt ist, die Instrumente verschwinden zu lassen, welche die herrschende Kultur in sich trägt (insbesondere denke ich hier an die Ethnologie).

Und damit es auch wirklich jeder versteht:

Das Paradox besteht darin, dass die Emanzipationsbewegungen gegen jede Form von symbolischer Herrschaft immerzu einer falschen Radikalität anheimfallen, die sie daran hindert, sich bei den Herrschenden jene Instrumente abzuholen, die für einen erfolgreichen Abschluss des Unterfangens der Befreiung unerlässlich wären.

Erst die wissenschaftliche Arbeit ermöglichte es dem kabylischen Schriftsteller, seine eigene Vergangenheit einzuholen und den anderen die Mittel an die Hand zu geben, dies ebenfalls zu tun:

> Die persönliche Verwandlung, der Mouloud Mammeri sich unterziehen musste, um in sein natives Milieu zurückkehren und *Der vergessene Hügel* schreiben zu können, ist mehr noch als alles andere dasjenige, was er mit den anderen teilen wollte – und zwar nicht nur mit seinen Mitbürgern, seinen Brüdern, mit denen er die Erfahrung der Zurückweisung und der kulturellen Entfremdung teilte, sondern mit all den Menschen, die von der symbolischen Macht zur höchsten Form des Selbstverlusts, zur Selbstscham getrieben werden.

Man sehe mir nach, dass ich diese Texte ein wenig strapaziere, um in ihnen ein verstecktes Selbstporträt Bourdieus zu finden. Diese Lesart liegt allerdings auf der Hand. Wer mir noch immer nicht folgen mag, dem sei Bourdieus eigene Aussage entgegengehalten: »Die Arbeit Mammeris an sich selbst kann ich umso besser nachvollziehen, als ich, das versteht sich von selbst, in einem anderen Kontext eine ähnliche Arbeit geleistet habe.«[1]

---

1 Pierre Bourdieu, »L'Odyssée de la réappropriation«, in: *Awal, cahiers d'études berbères* 18/1998; »Mouloud Mammeri ou la colline retrouvée«, in: Le Monde (3. März 1989); »La réappropriation de la culture reniée. À propos de Mouloud Mammeri«, in: *Amours, fantasmes et sociétés en Afrique du Nord et au Sahara*, herausgegeben von Tassadit Yacin, Paris: Awal/L'Harmattan 1992.

Könnte man dennoch behaupten, dass das, was für Bourdieus ethnologische Arbeiten gilt, auf seine soziologischen Arbeiten nicht zutrifft? Wenn er in Bezug auf Heidegger die Zwänge des philosophischen Feldes als eine Art »Formgebung« beschreibt (als ein Sich-Einfügen in die akademische, gelehrte, universitäre Form), die dem »expressiven Drang« eine »Euphemisierung« oder »Sublimierung« auferlegt, ohne die sie im theoretischen Raum gar nicht sagbar wären, warum soll man das alles nicht auch auf ihn selbst beziehen können?[1] Eine Einschränkung gibt es natürlich: Es handelte sich bei Bourdieu nicht um dieselben »Triebe« wie bei Heidegger, und seine Reflexivität gestattete es ihm, diese Triebe bis zu einem gewissen Punkt (aber nicht weiter) offenzulegen, sie aus den Tiefen seines Bewusstseins und seines Unbewussten heraufzuholen. Man braucht nur seine *Meditationen* aufzuschlagen und die ersten Seiten zu lesen. Man sieht, wie sehr Bourdieu auf der historischen, sozialen, existenziellen und beinahe körperlichen Verankerung der intellektuellen Arbeit besteht, wie sehr er die Illusion anklagt, Wissenschaft, Forschung und Theorie seien eine ausschließlich scholastische und geistige Angelegenheit. Die Gesamtheit seines Werks sollte man deshalb als eine »Odyssee der Wiederaneignung« in dem präzisen Sinn lesen, den die gerade untersuchten Texte diesem Begriff geben.[2]

Ein gespaltener Habitus indiziert nicht einfach nur eine Spannung oder einen Widerspruch innerhalb des so-

---

1 Pierre Bourdieu, *Die politische Ontologie Martin Heideggers*, a. a. O., S. 91.

2 Vgl. Pierre Bourdieu, *Meditationen. Zur Kritik der scholastischen Vernunft*, aus dem Französischen von Achim Russer unter Mitwirkung von Hélène Albagnac und Bernd Schwibs, Frankfurt am Main: Suhrkamp 2004 [1997], insb. S. 18-63 und das lange Spinoza-Zitat S. 62 f.

zialen Feldes, in dem man sich bewegt. Er ist eine Verwer-
fung, ein Riss, an dem das intellektuelle Projekt all derer
seinen Ausgang nimmt, die schreiben, weil sie das Projekt
einer Kritik der sozialen Welt und ihrer Unterdrückungs-
formen verwirklichen wollen. Sie tun dies vielleicht gar
nicht so sehr mit dem Ziel, diese Welt abzuschaffen oder
sich gegen sie abzuschotten (ginge das überhaupt?), als
mit dem Wunsch, ohne allzu große Pein in ihr leben zu
können. Bourdieu selbst spricht von seinem Versuch, »das
schmerzhafte, niemals völlig überwundene Schisma zwischen zwei Teilen meiner selbst […] zu bannen«.[1]

Kann man also sagen, dass Bourdieus Bücher »autobiografische Fragmente« in dem fast nietzscheanischen Sinn sind,
den Foucault seinen eigenen zugesprochen hat? Natürlich
kann man das. Foucault wurde in seinen historischen und
philosophischen Arbeiten niemals müde, die spezifischen
Formen der Gewalt zu untersuchen, die er selbst zu spü-
ren bekam (die Aussonderung bestimmter Kategorien der
Bevölkerung in den Bereich der von den »Normalen« ab-
gegrenzten »Anormalen«, die Pathologisierung jeglicher
»Abweichung« von der sexuellen Ordnung usw.). Foucault bezeichnete die Motivation seines Ansatzes gerne als
»reflektierten Ungehorsam«: Aus seinem Unbehagen an
bestimmten Institutionen und Normen heraus entwickelte
er eine funktionale Analyse der Macht und der von ihren
Institutionen und Normen ausgehenden Formen der Unterwerfung. Auf ähnliche Weise hat Bourdieu ein Begriffs-
gebäude errichtet, mit dem er die soziale Gewalt im Sinne
der Gewalt der Ungleichheit zwischen sozialen Klassen
erfassen wollte, die er in seinem Leben persönlich und di-

1 Pierre Bourdieu, »Teilnehmende Objektivierung«, a. a. O., S. 339.

rekt empfunden und beobachtet hatte. Daher der innerliche Zusammenhang, das kohärente Gebilde seiner Reflexionen über das Schulsystem, die Kultur, die Sprache, die ästhetischen Urteilssysteme und andere Faktoren, welche die hierarchische Struktur der sozialen Welt verstetigen.[1]

Aus den referierten Überlegungen ergibt sich, dass die Versöhnung mit sich selbst und die Wiederaneignung der eigenen Vergangenheit nicht durch ein einfaches »Zurück« zu dem einmal hinter sich Gelassenen vollzogen werden kann. Will man nicht in eine Art Populismus verfallen, der darin besteht, dass man die Werte der traditionellen oder populären Kultur blind zelebriert, dann muss man der Wiederaneignung die Form einer Analyse geben. Und zu dieser (ethnologischen, soziologischen, literarischen usw.) Analyse gehört eine gewisse Distanz, die durch die intime Kenntnis des Gegenstandes kompensiert wird. Womit wir bei den schönen Passagen über das »Verstehen« in *Das Elend der Welt* wären. Erst die ethnologische, soziologische oder literarische Aufarbeitung lässt den Schreibenden die von ihm verlassene Welt erfassen und begreifen, ja sogar »respektieren« und sie sich »wiederaneignen«, ohne dass er sie deshalb überhöht. Nur ein kritischer Blick ermöglicht die Wiederaneignung. Man gibt die Logik einer Kultur nicht dadurch wieder, dass man ein Loblied auf sie singt. Daraus folgt eine ganze Reihe von Problemen. Bourdieu und Ernaux haben diese Probleme mit einer Dringlichkeit und Brillanz beschrieben und bearbeitet (wenn auch nicht gelöst), die ich nur

---

1 Zu all diesen Punkten über Foucault und Bourdieu verweise ich auf meinen Aufsatz »L'infréquentable Michel Foucault. Grandeur de l'intellectuel critique«, in: Didier Eribon, *Hérésies. Essais sur la théorie de la sexualité*, Paris: Fayard 2003, S. 35-64.

bei wenigen Autoren gesehen habe. In *Das bessere Leben* spricht Ernaux von den damit verbundenen Schwierigkeiten: »Schmaler Grat des Schreibens: eine als minderwertig betrachtete Lebensform rehabilitieren und zugleich die Entfremdung anklagen, die sie mit sich bringt.« Und sie stellt fest, wie unüberwindbar die Spannungen sind: »Der Eindruck, von der einen zur anderen Seite dieses Widerspruchs zu taumeln.«[1]

Es bleiben einige Fragen zur Idee der Wiederaneignung als solcher. Natürlich kann das, was man in ihrem Rahmen niederschreibt, den Beschriebenen missfallen. Die Menschen, zu denen man zurückkehrt, können sich über diese Versöhnung freuen, ohne dabei die »Flucht« oder den »Verrat« zu vergessen. Wahrscheinlich werden sie dem »Rückkehrer« ironisch, gereizt, wenn nicht wütend zu verstehen geben, dass auch sie eine kritische Distanz zu ihm aufgebaut haben (oder zu der Art, wie er sich kleidet, wie er spricht, wie er – möglicherweise aus einer privilegierten Position heraus – politisch denkt). Außerdem setzt eine solche Konzeption der »Rückkehr« voraus, dass die »Scham« nur eine eindimensionale ist: kulturelle Scham, soziale Scham, sexuelle Scham ... Hier scheint es mir wichtig hervorzuheben, dass das Verhältnis zur eigenen Familie für heterosexuelle Klassenflüchtige ein einfacheres ist. Zumindest in sexueller Hinsicht reproduzieren sie das familiäre Modell, in diesem einen Bereich stehen sie in Kontinuität zum Sein der Eltern, während schwule und lesbische Klassenwechsler sich außerhalb der Generationenfolge stellen. Man sieht dies zum Beispiel an den

---

1 Annie Ernaux, *Das bessere Leben: Erzählung*, Frankfurt am Main: Fischer 1988 [1983], S. 40 f.

Romanen *Border Country* und *Second Generation* von Raymond Williams, deren Handlung nicht funktionieren würde, wenn die Hauptfigur homosexuell wäre (Ähnliches gilt für die Autobiografie Richard Hoggarts). Vielleicht liegt darin eine mögliche Antwort auf die mir so oft gestellte Frage, inwiefern sich *Rückkehr nach Reims* von den Büchern Annie Ernaux' unterscheidet. Ernaux hatte mit ihren Eltern niemals ganz gebrochen, ich hingegen schon. Der Grund dafür könnte in den unterschiedlichen Beziehungen liegen, die man als Homo- oder als Heterosexueller zur eigenen Familie unterhält. Kurz nach einem meiner ersten Besuche bei ihr in Muizon erzählte mir meine Mutter, wie ein Nachbar sie gefragt hatte: »Ihr Sohn ist doch neulich zu Besuch gewesen. Ist der nicht …« Sie führte den Satz nicht zu Ende, ich verstand aber sofort. »Woher wusste er …?«, fragte ich. »Du hast doch im Fernsehen darüber gesprochen. Brauchst dich nicht wundern, dass die ganze Welt Bescheid weiß.« Ihr Ton war nicht vorwurfsvoll, einen gewissen Subtext konnte er allerdings nicht verhehlen. Ich erkannte, dass meine Fernsehauftritte in all den Jahren für meine Mutter durchaus eine Prüfung oder zumindest ein Moment der Scham gewesen waren. Im Grunde gab sie mir zu verstehen, dass ich egoistisch gehandelt hatte, dass ich nicht an sie und an meinen Vater gedacht, dass ich die beiden in große Verlegenheit gebracht hatte. Man kann sich leicht vorstellen, wie das gesamte Dorf zu tratschen beginnt: »Das ist doch der schwule Sohn von Madame Eribon.« Darf ich es zugeben? Ich schämte mich. Ich schämte mich nicht nur für meine Mutter, sondern auch für mich selbst. Hatte sich also rein gar nichts geändert? Bei meinem nächsten Besuch ergriff mich ein unheimliches Gefühl. Als ich vom Bahnhof durch die Straßen bis zu ihrem Haus ging, schien mir, als dringe ein dumpfes Murmeln aus den Häusern, als seien da Hunderte von Mündern, die sich wie eine dunkle Wolke über mir zusammenzogen und mich mit der Gewalt ihrer Kategorisierung bedrängten: »Der schwule Sohn von Frau Eribon.« Oder einfach: »Der Schwule.« Und vielleicht noch viel aggressiver: »Der …«

Es stellt sich also die Frage: Wovor ist man geflohen? Wie holt man es wieder ein? Wie holt man die Vergangenheit seiner sozialen Klasse ein, wenn die Gegenwart dieser Klasse die Emanzipation von der sexuellen »Scham« so schwierig macht? Wie versöhnt man Ansätze, die sich vielleicht als widersprüchlich erweisen: Kann man die soziale und die sexuelle Scham überwinden? Wie soll man beiden zugleich (und weiteren Formen der Scham) im Denken gerecht werden?

II. Beim Lesen von Annie Ernaux

1. Die zwiespältige Kultur

Obwohl ich *Die feinen Unterschiede* begeistert gelesen und erst durch die Lektüre Bourdieus verstanden hatte, was in meinem Leben und im Verhältnis zu meinen Eltern passiert war, wollte ich also nicht, dass in einem späteren Buch desselben Autors von meiner Mutter die Rede sei. Noch heute fällt es mir unglaublich schwer, diese beiden nicht zu leugnenden Aspekte meiner Vergangenheit miteinander zu vereinbaren; die beiden »Ichs«, die aus ihnen sprechen, miteinander zu versöhnen. Mir ist klar, dass die Begeisterung, mit der ich mich der kritischen Soziologie zuwendete, immer schon etwas Zwiespältiges an sich hatte. (Schon drei oder vier Jahre vor dem Erscheinen von *Die feinen Unterschiede* war ich zu einem Leser Bourdieus geworden: Ich hatte die von ihm gerade erst gegründete Zeitschrift abonniert und verschlang alle seine Texte, die darin erschienen.) Indem sie das Schulsystem und die Bedeutung des kulturell vorgeprägten »Geschmacks« für die Verstetigung gesellschaftlicher Strukturen untersuchte, erlaubte mir diese Art der Soziologie, eine Verbindung zu meiner Herkunft und Klassenvergangenheit aufrechtzuerhalten. Andererseits ermöglichte sie mir, eine Distanz zu dieser Herkunft aufzubauen, denn ich las nun große theoretische Werke, während in meiner Familie niemand studierte oder sich überhaupt mit Büchern beschäftigte.

Diesen Zwiespalt erfahren alle Klassenflüchtigen mehr oder weniger brutal: In die Verbindung, die man aufrechterhält, mischt sich eine immer größere Distanz. Die Klassenflucht wird von einem »unglücklichen Bewusstsein« begleitet oder, besser: von einer Zersplitterung des Selbst, von Spannungen und Widersprüchen, die man in jedem Moment bewältigen muss. Aus der »Rückkehr« wird unter diesen Umständen eine Art Inversion. Die gleichen Mittel, die einem die Distanznahme ermöglicht haben, ermöglichen einem auch die Wiederannäherung. Erst nachdem man eine kritische Distanz aufgebaut hat, kann man das Selbst und die eigene Vergangenheit respektvoll und ohne falsche Idealisierung einholen.

Als ich nach dem Tod meines Vaters mit dem Schreiben von *Rückkehr nach Reims* begann, las ich Bourdieus *Selbstversuch* ein weiteres Mal. Sofort bemerkte ich die Koinzidenz der Jahreszahlen. Mein Vater war 1929 zur Welt gekommen, Bourdieu 1930. Gestorben waren sie etwa zum gleichen Zeitpunkt: Der eine 2005, der andere 2002. Mein Vater und Bourdieu waren Zeitgenossen. Aber auf welche Weise waren sie das? Und inwiefern befand auch ich mich in einer Zeitgenossenschaft mit ihnen? Beide waren in meinem Leben sehr präsent. Mit dem Intellektuellen verband mich eine Freundschaft, deren Beginn mit meinem Eintritt in eine andere als die für mich vorhergesehene »Karriere« zusammenfiel. (Erstmals war ich Bourdieu 1979 begegnet, als ich ihn für die Tageszeitung interviewte, bei der ich einen Monat vorher meinen ersten Artikel veröffentlicht hatte: Eine Zusammenfassung von *Die feinen Unterschiede*, die den Auftakt zu einer langen Reihe journalistischer Texte bildete, denn für eine Weile machte ich aus dem Journalismus meinen Beruf.) Den Arbeiter, mit dem ich die ersten zwanzig Jahre meines Le-

bens verbracht hatte, den ich verabscheute und verachte-
te, kannte ich hingegen kaum. Heute frage ich mich, ob
der eine, zu dem ich eine so starke Bindung aufbaute, mir
nicht etwas gegeben hat, das mich zum anderen, von dem
ich mich so drastisch losgesagt hatte, eine minimale Verbindung aufrechterhalten ließ. Natürlich weiß ich, dass
die einfachste Lesart in Bourdieu jene Vaterfigur sehen
muss, die mein Vater für mich nicht zu sein vermochte.
Derartige psychoanalytische Reflexe und allgemeiner eine
Wahrnehmung des individuellen und sozialen Lebens, die
alles auf die Familie zurückführt (die Psychoanalyse ist
hier nur eine der möglichen Spielarten), drängen sich mit
einer solchen Selbstverständlichkeit auf, dass jeder, der
nicht denkfaul sein will, ihnen misstrauen muss. Soll man
wirklich dieses tendenziöse Dispositiv übernehmen, das
die Vielzahl der möglichen Bezugsformen und sogar jede
Erfindung neuer Bezugsformen einzig und allein auf den
Referenzrahmen der Familienstruktur zurückführt?

Das Verhältnis zwischen einer älteren und einer jüngeren Person lässt sich noch nach ganz anderen Modellen
denken (schon die Altersdifferenz kann sehr unterschiedlich sein: von einige Jahren bis hin zu dreißig, vierzig oder
fünfzig). Richard Hoggart bringt die große Bedeutung,
die ein Professor namens Dobrée während seiner Studi-
enzeit für ihn erlangte, auf die folgende Formel: »In einem schwierigen Lebensabschnitt ist er zweifellos eine
intellektuelle Vaterfigur für mich gewesen.«[1] Jedes Detail des daran anschließenden Berichts zeigt jedoch, dass
es sich eigentlich um etwas ganz anderes handelte: nämlich um eine freundschaftliche Beziehung zwischen zwei

1 Richard Hoggart, *A Local Habitation: Life and Times, 1918-1940*,
London: Chatto and Windus 1988, S. 217.

nicht gleich alten Menschen, die auf Seiten des Jüngeren durch den Wunsch bestimmt ist, zu lernen, sich für eine Art Ausbildung einzuschreiben, bei der die Lücken des bisherigen Bildungsweges kompensiert werden, vor allem aber die geistige Energie des Älteren aufzunehmen (seine Ratschläge, seinen hohen intellektuellen Anspruch, seinen Drang zum Schreiben usw.). Der Ältere möchte dem Jüngeren helfen und ihm mit seiner Lebenserfahrung zur Seite stehen, und vielleicht erhofft er sich auch, durch diese pädagogische Beziehung mit der jüngeren Generation in Kontakt zu bleiben und sich etwas von der eigenen Jugendlichkeit zu bewahren. Er nutzt den Statusunterschied, um den des Alters zu verwischen.

Ich denke an den Begriff und die Praxis der Freundschaft, dieses Thema, das Foucault sein Leben lang – auch in seiner Forschung – beschäftigt hat. Als er Ende der fünfziger Jahre aus Schweden oder Polen an Georges Dumézil schrieb, begann Foucault seine Briefe häufig mit der Anrede »Lieber Vater«. Es war für ihn nichts weiter als eine griffige Formel, mit der er seine Zuneigung ausdrücken wollte. Tatsächlich fehlt uns das passende Vokabular, um Relationen zu benennen, die zwei oder mehrere Personen in einer nicht institutionalisierten Weise verbinden. Foucault griff auf einen konventionellen Ausdruck zurück, obwohl es sich in diesem Fall eher um die unter Schwulen so typische Beziehung handelte, bei der ein Älterer für einen Jüngeren zum Mentor und Ratgeber wird. Dumézil hat diese Rolle oft gespielt, und auch Foucault selbst war später viel an ihr gelegen, als er sich mit einem Kreis junger Leute umgab, für die er die Rolle eines veritablen »Spiritus Rector« ausfüllte. Der von ihm geprägte Begriff einer »Ästhetik der Existenz« geht maßgeblich auf sein Nachdenken über die intensive Komplizenschaft zurück, die sich zwischen zwei Individuen (besonders zwischen unterschiedlich alten Personen gleichen Geschlechts[1]) herausbildet. Obwohl sie auf die zweifelhafte Familiensemantik zurückgreifen, könnte man auch einige schöne Formulierungen Mathieu Lindons bemühen, der in Bezug auf Foucault, zu dem er, ganz anders als zu seinem Vater, in einer unkomplizierten und glücklichen Verbindung stand, von einer »Freundesfamilie« gesprochen hat, die zunächst »fiktiv« gewesen und später doch zu einer »wirklichen« geworden sei: »Mir schien, ich hatte endlich, nach langer Suche, meine biologischen Freunde gefunden.«[2] Besser kann man die Idee, dass selbstgefundene, freundschaftliche Beziehungen stärker als angeborene sind, nicht ausdrücken. Als ich mich von meinem Vater, meiner Mutter und meinen Brüdern zu entfernen begann, wiederholte ich immer wieder, dass man sich seine Familie nicht aussuchen kann, seine Freunde aber schon ... – und rechtfertigte damit, dass ich Erstere aus meinem Leben entfernte und Letzteren den Vorzug gab.

Meine Komplizenschaft mit Bourdieu war nicht in einer gemeinsamen »sexuellen Zugehörigkeit« mit all den charakteristischen Gesprächen, Referenzen, Codes und Witzen begründet, die eine regelrechte »Kultur« oder »Lebensweise« der Freundschaft ausmachen (so ungefähr war es mit Foucault). Aber es verband uns eine gemeinsame soziale Herkunft mit den aus ihr resultierenden Unsicherheiten und habituellen Reflexen. Bourdieu war für mich also auch so etwas wie ein »biologischer Freund«. In unseren Gesprächen, in unserem informellen Austausch,

---

1 Zum antiken Modell, auf das Foucault sich hierbei stützt, vgl. Michel Foucault, *Hermeneutik des Subjekts. Vorlesung am Collège de France (1981/82)*, aus dem Französischen von Ulrike Bokelmann, Frankfurt am Main: Suhrkamp 2004 [2001], S. 116-120.

2 Mathieu Lindon, *Ce qu'aimer veut dire*, Paris: POL 2012, S. 183.

in politischen Diskussionen oder in seiner praktischen Hilfe (seine Bemerkungen, Ratschläge und Anregungen, besonders in dem Moment, als ich zu schreiben anfing), all das hat zu seinem »Einfluss« auf mich – wobei dieses Wort einen großen Phänomenzusammenhang auf eine einzige Dimension verengt – nicht weniger beigetragen als sein schriftliches Werk.

Ich will diese beiden Register gewiss nicht schematisch voneinander trennen, aber vielleicht könnte man sagen, dass meine Bindung zu Bourdieu und zu seinem Werk mir auf ähnliche Weise bei der Erkenntnis und Überwindung der sozialen Scham behilflich war wie der Einfluss Foucaults bei der Thematisierung und Bewältigung der sexuellen Scham. Das mag daran liegen, dass die philosophischen Ansätze beider Autoren in ihrer Lebenserfahrung gründen. Bourdieu und Foucault haben auf analoge Weise auf mich gewirkt, sie erfüllten eine äquivalente Funktion. Gemeinsam verdrängten sie Marx und Nietzsche als die Hauptreferenzen, die ich aus meinen Studienjahren mitgebracht hatte. Vielleicht gelang ihnen dies auch deshalb, weil ich in der Kombination ihrer Werke die beiden Sartres (denjenigen der *Kritik der dialektischen Vernunft* und den von *Saint Genet*) wiederfand und damit auch den Umstand, dass ich selbst in jedem Moment meines Lebens gleichzeitig mit dem Problem der sozialen Klassen und mit dem der minoritären oder stigmatisierten Subjektivität zu leben hatte. Man kann *Wahnsinn und Gesellschaft* und *Die feinen Unterschiede* als zwei großartige Versuche der Selbstanalyse, ja der theoretischen und politischen Selbstwiederaneignung lesen. Sie enthalten die gewaltige Anstrengung, eine Scham zu überwinden: hier die sexuelle Scham, da die soziale. Aus der Arbeit des Sich-selbst-Denkens und des Nachdenkens über die Herrschaftsmechanismen, denen beide unterworfen waren, formten sie eine theoretische Analyse, die zu einer Botschaft für alle wurde (oder zumindest zu einer Botschaft, die an all jene gerichtet ist, die ähnliche Prüfungen zu bestehen und ähnliche Schwierigkeiten zu durchlaufen haben). Diese Bücher schaffen sich ihr Publikum selbst, weil sie diffusen Gefühlen und Erfahrungen einen Sinn und einen Ausdruck verleihen, die von vielen geteilt werden und doch schwer zu formulieren sind. Mithilfe dieser Bücher war es mir möglich, gegen die Kräfte der Unterwerfung zu kämpfen, die meinen Geist kolonisierten und denen ich mich unterwarf. Sie begnügen sich nicht damit, die Oberfläche des Realen zu betrachten und zu registrieren, was dort geschieht. Sie erkunden die Tiefen der Geschichte und des Sozialen und verwandeln dadurch die Wahrnehmung des Selbst und der Welt. Indem sie neue Möglichkeiten eröffnen, das Selbst zu denken, entzünden sie den Drang, dieses Selbst und die Umgebung, in der es sich befindet, zu verändern.

Man braucht einen Autor natürlich nicht persönlich zu kennen, um von der Entdeckung seines Werks oder seiner Person ergriffen und geradezu transformiert zu werden. Deshalb ist die Familiensemantik auch so unpassend. Eher sollte man von der Anziehungskraft sprechen, die in dem Wissen begründet ist, dass das Werk eines Autors einem helfen wird zu leben. André Gide spricht davon sehr treffend in seinem Essay über den literarischen »Einfluss«. Bücher sind »Spiegel« für uns, in denen wir nicht das sehen, was wir effektiv schon sind, sondern das, was wir erst noch werden wollen. Ein so verstandener Einfluss zieht eine »Entdeckung« und »Erweckung« des Selbst durch das Gefühl einer »wiederentdeckten Verwandtschaft« nach sich. Es handelt sich zunächst um ein ganz persönliches Gefühl, das aber kollektiv ist in dem Sinn, dass es von einer über den geografischen Raum und die historische Zeit hinwegreichenden Gemeinschaft von Lesern geteilt wird. Diese Gemeinschaft der Leser, die sich in einem Buch, in einem Werk, in den Bestrebungen eines Autors wiederfinden, bildet ein Publikum im starken Wortsinn: Seine Komplizenschaft beruht ebenso sehr auf Affekten und Gefühlen wie auf dem Intellekt.[1]

*

Alle diese Fragen stellte ich mir, als ich Annie Ernaux' *Gesichter einer Frau* wiederlas und darin über einen Satz stolperte, der mich beeindruckt und den ich trotzdem wieder vergessen hatte. (Hatte ich das wirklich?) Die letzten Seiten dieses Buches handeln vom Tod, aber auch vom Leben ihrer Mutter. Und Annie Ernaux bemerkt, dass ihre Mutter »acht Tage vor Simone de Beauvoir« verstarb. Damit will sie natürlich deutlich machen, dass sie die beiden Frauen, die in ihrem Leben am meisten bedeuteten, in derselben Woche verlor. Zwei Frauen, die unterschiedlicher nicht hätten sein können und dennoch, so Ernaux, einen wesentlichen Charakterzug gemeinsam hatten: ihre Großzügigkeit.

Ernaux spricht von der Koinzidenz des Todes ihrer eigenen Mutter, die in einer kleinen Provinzstadt einen Lebensmittelladen führte, und des Sterbens der großen Intellektuellen aus Paris. Über ihre Mutter sagt sie: »Mehr

---

1 Zu Büchern, die sich ihr eigenes Publikum schaffen, vgl. André Gide, »Über den Einfluß in der Literatur« (1900), aus dem Französischen von Raimund Theis, in: *Gesammelte Werke in zwölf Bänden*, herausgegeben von Raimund Theis und Peter Schnyder, Stuttgart: Deutsche Verlags-Anstalt 1989-2000, Band XXII, *Essays und Aufzeichnungen*, S. 372-387.

als zu empfangen, liebte sie, allen zu geben«, und über die Beauvoir: »Ist Schreiben nicht auch eine Art des Gebens.«[1] Der Satz hat kein Fragezeichen, denn er ist keine Frage. Auf insgesamt vier Zeilen bringt Ernaux zum Ausdruck, dass diese beiden Frauen, die so unterschiedlich und auf ihre eigene Weise so großzügig gewesen sind, sie durch das, was sie ihr »gegeben« haben, zu derjenigen werden ließen, die sie ist. Sicher äußert sie auch den Wunsch, die Flamme, die ihr übergeben wurde, weiterzutragen. Denn sie spricht vom Ziel ihrer eigenen Arbeit: »Geben« im Sinne von »zu etwas nützlich sein«. Im Klappentext zu *L'Écriture comme un couteau* wiederholt sie diesen Gedanken: »Mir scheint, dass die Schrift in meinem Fall, in meiner Situation als ›Flüchtige‹, das Beste ist, was ich als politischen Akt und als ›Gabe‹ geben kann.«

Dieses Buch ist eine Hommage an ihre Mutter, der sie es verdankte, studieren zu können. (Als ihre Mutter Verkäuferin wurde, um nicht länger Arbeiterin zu sein, da glaubte sie, sich durch diese Veränderung dem ihr vorgegebenen Schicksal entziehen zu können. Wenig später musste sie sich den ökonomischen Realitäten fügen und den Traum vom sozialen Aufstieg begraben. Ähnlich wie meine Mutter übertrug sie ihn auf das Kind, das es einmal besser haben sollte.) Am Schluss ihres Buches spricht Ernaux davon, wie sie in der Schuld einer weiteren Frau steht, die ihr ein Vorbild gewesen ist: Simone de Beauvoir, die sie erst entdecken konnte, nachdem sie den Weg des Studiums eingeschlagen hatte. Die Bedeutung der »Begegnung« mit Beauvoir, die sie im Alter von achtzehn Jahren machte, hat Ernaux mehrfach hervorgehoben (keiner phy-

1 Annie Ernaux, *Gesichter einer Frau*, aus dem Französischen von Regina Maria Hartig, München: Goldmann 2007 [1987], S. 110 f.

sischen Begegnung natürlich, sondern jener mit den Büchern und vor allem mit *Das andere Geschlecht*.) Sie beschreibt dieses »Leseerlebnis« als eine »Offenbarung«:

> All die Dinge, die ich in den Jahren zuvor in Dunkelheit, Leiden und Unwohlsein erlebt hatte, hellten sich plötzlich auf. Auf dieses Erlebnis geht meine Gewissheit zurück, dass die Bewusstwerdung, auch wenn sie als solche noch nichts löst, der erste Schritt zur Befreiung und zum Handeln ist.[1]

Und schon einige Zeit vorher hatte sie ihre tiefe Verbundenheit zu Beauvoir in einem Artikel geäußert, mit dem sie auf die unerträgliche (reaktionäre und süffisante) Dummheit reagierte, mit der die Zeitungen die *Briefe an Nelson Algren* kommentierten: »Ohne sie, ohne das Vorbild, das sie mir durch die Jahre meiner Jugend und Bildung gewesen ist, wäre ich sicher nicht zu der geworden, die ich heute bin.« Wieder zieht sie die Parallele zu ihrer Mutter: »Dass sie 1986 acht Tage nach meiner Mutter starb, ist ein zusätzliches Zeichen.«[2]

Der Tod beider Frauen binnen einer Woche erscheint ihr als ein Zeichen für das, was diese Frauen für sie gewesen sind. Ernaux sagt sogar: was die eine mit der anderen, was beide zusammen für sie gewesen sind. Der Einstieg in ihren Artikel erinnert ein wenig an die ersten Zeilen ihres Romans *La Femme gelée* (»Mein Vorbild war meine Mutter, und ein Opfer war sie gewiss nicht.«[3]):

---

1 Annie Ernaux, *L'Écriture comme un couteau*, a. a. O., S. 102.

2 Annie Ernaux, »Le ›fil conducteur‹ qui me lie à Beauvoir«, in: *Simone de Beauvoir Studies* 17, »Beauvoir in the New Millenium«, nachgedruckt in: Tra-Jectoires 3 (2006), S. 109-116.

3 Annie Ernaux, *La Femme gelée*, Paris: Gallimard 1987, S. 33.

Paradoxerweise hat das Bild meiner Mutter, die im Einzelhandel arbeitete, die aktiv war, die Freiheiten und Macht genoss, die für hausfrauliche Tätigkeiten nur Verachtung übrig hatte und die in der finanziellen Unabhängigkeit der Frau eine Notwendigkeit sah, die reale Funktionsweise der Gesellschaft für mich einerseits versteckt, andererseits aber auch dafür gesorgt, dass ich mich nicht klaglos in sie ergab. Die Codes, die ich von meiner Mutter übernahm, standen mit denen der Gesellschaft in Konflikt.[1]

Ernaux kommt zu dem Schluss, dass das Modell ihrer Mutter und die Schriften der Beauvoir in ihr gewissermaßen zusammenwirkten, um ihr »einen lebendigen Feminismus« einzupflanzen, der einer begrifflichen Begründung gar nicht bedurfte und der »durch die Umstände, in denen ich heimlich abtreiben musste, noch verstärkt wurde.« (»Die Gewalt meiner Mutter, die Zartheit meines Vaters: Die Stereotypen über Männer und Frauen wurden von meiner Lebenserfahrung negiert«, heißt es dort auch.)[2] War Ernaux also durch das Vorbild ihrer Mutter schon darauf eingestellt, das Werk Beauvoirs als ein an sie persönlich gerichtetes politisches und intellektuelles Manifest, als eine Einladung zur Freiheit anzunehmen?

Vielleicht versöhnt dieser Rückblick zwei Realitäten, die in Wahrheit eine Differenz und sogar Opposition markieren. Wahrscheinlicher scheint mir, dass die Begegnung mit Simone de Beauvoirs Schriften ein Schlüsselmoment auf dem von Annie Ernaux damals schon beschrittenen Weg darstellte, der sie von ihrer Mutter und ihrem sozialen Milieu immer weiter entfernen sollte. Hat sie nicht immer

---

1 Annie Ernaux, »Le ›fil conducteur‹ qui me lie à Beauvoir«, a. a. O., S. 111 f.
2 Annie Ernaux, *L'Écriture comme un couteau*, a. a. O., S. 102 f.

wieder betont, wie sehr sich ihre Eltern und insbesondere ihre Mutter jenen sozialen Codes und moralisch-religiösen Werten unterwarfen, von denen sie selbst sich befreien wollte, als sie zu studieren und sich der Literatur, der Philosophie, den intellektuellen und politischen Themen zuzuwenden begann? Noch bevor sie in ihnen die Mittel zur Reinterpretation und Wiederaneignung finden konnte, sind die Schriften Beauvoirs für Annie Ernaux ein Beschleuniger der Desidentifikation gewesen, die mit jedem sozialen Aufstieg einhergeht: Wenn man solche Bücher liest, ist man eine »Studentin«. Das Glück der intellektuellen Entdeckung zieht das Gefühl der Selbstverwandlung, der Loslösung von der eigenen Familie nach sich. Annie Ernaux wurde zu einem Menschen, der sie in ihrem Milieu nicht gewesen ist und zu dem sie dort auch nicht geworden wäre (vielleicht geschah dies, ohne dass sie es merkte, wahrscheinlicher aber, ohne dass sie es thematisierte, denn ganz ohne eigenes Bewusstsein geht so etwas nicht ab, selbst wenn man es für sich nicht in diesen Worten formuliert). Beauvoir zu lesen, vom Appell dieser Texte transformiert zu werden, das hieß zugleich – selbst wenn man sich dieses Ziel gar nicht gesetzt hatte –, etwas anderes zu werden als das, was die Mutter war. Ich habe solche zwiespältigen Rauschzustände ebenfalls erlebt: den Genuss, sich einer bis dahin ungekannten, den Umständen des Alltags abgerungenen Begeisterung hinzugeben. Das Studium und alles, was man dadurch erreichen kann, trennen einen von der Herkunftswelt ab – sofern diese Welt von der legitimen Kultur abgetrennt ist. Für alle, die nicht von Kindesbeinen an mit Bildung und Kultur vertraut sind, ist diese Entdeckung viel mehr als nur eine Hinführung zu neuem Wissen. Es handelt sich um eine Konversion zu einer säkularen Religion, der man sich mit Begeisterung anschließt. Der Weltbezug ändert sich, die Beziehung zu den anderen, zur Zeit, zum sozialen Leben. Man nimmt seine Umgebung anders wahr, man denkt anders über sich selbst und entwickelt eine neue Art, man selbst zu sein.

*

Nicht wenige Autoren haben über solche kulturellen Erweckungserlebnisse geschrieben, die eine Verwandlung des Selbst vorbereiten. In ihrem autobiografischen Roman *Nirgendwo im Haus meines Vaters* lässt Assia Djebar die wundersamen Initiationsmomente, die man in der Literatur erleben kann, geradezu physisch auferstehen. Sie bringt die Wortfolge zum Klingen, die sie eines Tages hörte: »Beau de l'air« …

Die Erzählung ihrer poetischen Initiation löst schwer beschreibbare Gefühle in mir aus: Sie ist ein junges Mädchen, als ihre Französischlehrerin Beaudelaires »Einladung zur Reise« vorliest (»Mein Kind, meine Schwester, denk doch, wie köstlich es wäre, aufzubrechen in die Ferne …«). Die Schönheit dieser Verse und des Namens ihres Urhebers (»Beau de l'air«[1]) kündet von einer anderen als der für sie vorgesehenen Zukunft, oder besser: Sie entfacht den Wunsch in ihr, sich eine solche Zukunft zu erfinden. Das Geheimnis der bis dahin ungekannten Klänge, die Neuheit der Sprache, die so plötzlich in ihr geistiges Universum einbricht, in alldem scheint sich das Versprechen auf ein freies Leben zu verbergen, das vielleicht schon dadurch Wirklichkeit werden kann, dass man es sich aufs Innigste wünscht.

Genau diese Gefühle habe ich selbst gekannt! Sie zu

---

1 Assia Djebar, *Nirgendwo im Haus meines Vaters*, aus dem Französischen von Marlene Frucht, Frankfurt am Main: Fischer 2009 [2007], S. 112-119.

beschreiben ist allerdings nicht gerade einfach. Wie soll ich heute all dem gerecht werden, was der Name eines Autors oder einer Autorin zu einem Zeitpunkt für mich dargestellt hat, als ich deren Werk noch gar nicht kannte? Wie die helle, zauberhafte Aura beschreiben, die diese Namen einmal umgab? Mit welcher Faszination und vor allem: warum begann ich, sie zu lesen? Was gab den Ausschlag? Darin liegt das größte Geheimnis, das sich jeder Analyse entzieht: dass ich mich zu diesem Kontinent, der meiner Familie und meinem Umfeld völlig unbekannt war, überhaupt hingezogen fühlte, zu diesem Ort, den man, wenn man ihn bewohnt, immer nur mit Großbuchstaben ausspricht: »La Culture«. In seinem Essay über die »Schwellen« der Literatur hat Gérard Genette all die Bedeutungsschichten, die einen Text umgeben und den Blick der Leser auf ihn rahmen – »Paratexte« nennt er sie –, präzise untersucht. Er beschäftigt sich als Erstes mit den Institutionen des »Autorennamens« und des »Buchtitels«. Er zeichnet ihre Geschichte nach, er beschreibt ihre Funktionen, er referiert, auf welche Weisen Autor und Titel einem Werk zugeschrieben werden können, usw. Genette betrachtet dabei allerdings nur solche Paratexte, die dem materiellen Gegenstand Buch eingeschrieben sind.[1] Es gibt aber noch ganz andere »Schwellen«, die zu überqueren sind, bevor man vor den Einbänden und Verzierungen der Bücher steht. Auch dem »Paratext« geht ein Text voraus: Nennen wir ihn den »Vor-Text«. Wenn man in einem sozialen Umfeld aufgewachsen ist, in dem Bücher keinen natürlichen Platz haben, dann sind Autorennamen und Buchtitel etwas, dem man zufällig begegnet, weil es in der Öffentlich-

---

[1] Gérard Genette, *Paratexte*, Frankfurt/New York: Campus Verlag, 1989 [1987], S. 39-97.

keit zirkuliert, weil man es nicht auf einem Buchdeckel, sondern beim Durchblättern einer Zeitschrift liest, weil man es im Fernsehen aufschnappt, weil ein Lehrer es erwähnt oder ein Klassenkamerad …

Ich weiß noch genau, welchen Effekt solche Namen und Titel auf mich haben konnten. Sie schillerten magisch vor meinen Augen wie geheime Vokabeln, sie klangen wie Passwörter zu einer fremden Welt, die hinter einer unsichtbaren, unüberwindbaren Grenze lag. Hatte ich sie erst einmal wahrgenommen, dann blieben sie in meinem Geist haften: »Claude Lévi-Strauss«. Ich muss vierzehn oder fünfzehn Jahre alt gewesen sein, als irgendwo in der Regionalzeitung von *Traurige Tropen* die Rede war: »Das Buch, das bei den Studenten im Quartier Latin gerade angesagt ist«, lautete die ziemlich sinnlose Beschreibung, die mich perplex und doch auch sehnsüchtig machte. Ich fühlte mich von diesen mythischen Wesen, von den »Studenten im Quartier Latin«, die »angesagte« Bücher lasen, ausgeschlossen, verspürte aber auch eine entfernte, vage, noch nicht formulierte Lust, einer von ihnen zu werden. Der Prozess ist kumulativ: Wie ging es weiter, wie habe ich diesen oder jenen Autor entdeckt? Ich weiß es nicht mehr, denn wenn man mit der Philosophie und der Literatur erst einmal angefangen hat, dann ergibt ein Name den nächsten. Man beginnt, Duras zu lesen, weil man ihren Namen unter einer Petition gelesen hat (ich war sechzehn, als ich mir *Zerstören, sagt sie* kaufte und mich anschließend auf alles stürzte, was ich von Duras bekommen konnte). Man liest ein Nachwort über den Nouveau Roman und brennt darauf, Sarraute, Beckett und so viele andere zu entdecken … Internet gab es damals nicht, man war bei der Entdeckung unbekannter Dinge ganz auf sich allein gestellt.

Bald begeisterte ich mich auch für die Texte von Marx und Trotzki, dessen Autobiografie, *Mein Leben*, mich fesselte und dessen Idee einer »permanenten Revolution« ich heute noch liebe, selbst wenn ich inzwischen erfahren habe, was für eine finstere Gestalt er war. (Noch eine dämliche Formulierung des Lokalblatts faszinierte mich: die Rede von »trotzkistischen Krawallmachern«, die irgendeine offizielle Veranstaltung gestört hatten. Ich identifizierte mich mit ihnen, ohne zu ahnen – aber mit dem starken, wahrscheinlich aus diesem Satz geborenen Wunsch –, dass ich einmal, für eine gewisse Zeit, einer von ihnen werden würde). Die Politik – und konkret hieß das für mich, nach achtundsechzig, die Mitgliedschaft in einer trotzkistischen Gruppe, der ich mit sechzehn beitrat und die ich mit neunzehn wieder verließ – lieferte mir all die Namen, die ich an mich reißen wollte. Die politischen Wallungen dieser Zeit und die mit ihnen verbundene immense Bedeutung politischer Debatten und intellektueller Persönlichkeiten hatten entscheidenden Einfluss auf die damals schon einsetzende und sich immer weiter intensivierende Abweichung von dem Weg, der mir durch Schule und Familie vorgeschrieben war.

Die »Namen« der Literatur, der Philosophie und des politischen Denkens traten in Verbindungen zueinander (»Duras und Lenin?«), sie bildeten ein Pantheon mit Haupt- und Nebengöttern. Ich war wie behext. Vor meinen faszinierten Augen schillerte also mehr als nur ein Netz von Namen. Eher hatte ich es mit esoterischen, hypnotisierenden Symbolen zu tun. Sie riefen mich dazu auf, an Festen teilzunehmen, von denen ich in der Zeit des Stammelns und Zögerns noch kaum einen Schimmer hatte und in die ich mich nach und nach immer lustvoller begeben sollte. Ich war beeindruckt, auch beunruhigt (wo sollte ich anfangen? Wie sollte man das alles lesen?), aber mein Wille und meine Begeisterung waren durch nichts zu bremsen: Ich wollte diesen Raum erobern, und ich gebe zu, dass mir dieser Wille, lange bevor er Wirklichkeit wurde, das Schwindelgefühl einer Überlegenheit mitgab. Ich erlebte das Glück einer »Distinktion«, die mich natürlich nicht nur von meinen Klassenkameraden abhob – daher eine Überheblichkeit, von der ich mich bis heute kaum befreien konnte –, sondern auch und vor allem von meinem Herkunftsmilieu und von meiner Familie. Es war das Glück einer Unterscheidung und Abspaltung, in dem die Voraussetzungen und Versprechungen des sozialen Aufstiegs schon sichtbar wurden. All das ist nicht besonders ruhmreich, das gebe ich gerne zu. Aber vielleicht war es notwendig. Und es ist die Wahrheit. Ich muss sie aussprechen.

Das Licht, das die Kultur für alle darstellt, die einen Zugang zu ihr und in ihr die Mittel zu einer Emanzipation finden, hat allerdings eine dunkle Kehrseite: die Gewalt einer Trennung, durch die so viele Menschen von dem ausgeschlossen werden, was die Gesellschaft in den allgemeinsten Diskursen über sich selbst – besonders in ihren institutionellen Dispositiven, aber auch in der Selbstdarstellung ihrer »Eliten« – als die edelsten Errungenschaften bezeichnet, als das Erstrebenswerte schlechthin. Erst viel später wurde es mir möglich, diese Funktion der Kultur zu begreifen, ihren durch das Schulsystem vermittelten Beitrag zur Legitimation und Verstetigung sozialer Ungleichheit. Mit Blick auf die vehementen Attacken aus dem Lager der französischen Rechtsextremen auf André Gide, der sich Anfang der dreißiger Jahre zum Kommunismus und zur Verteidigung der ausgebeuteten Massen bekehrte, spricht Walter Benjamin ohne große Umschweife von einer substanziellen Relation zwischen Kultur und Faschismus: »Die Ausbildung des Kulturbegriffs scheint einem Frühstadium des Faschismus anzugehören.«[1] Gesellschaftlicher Dünkel und die nacktesten Formen von Herrschaft werden mit dem Argument gerechtfertigt, dass zum Bereich der »geistigen Werke« nur ausgesuchte Menschen Zugang haben sollten. Dass dieser kulturelle Elitismus, dieser »Kulturfaschismus« heute bei bester Gesundheit ist, davon kann man sich fast täglich überzeugen (der Hass, der Bourdieu heute wie seinerzeit Gide entgegenschlägt, ist dafür ein sicheres Zeichen). Man ist immer versucht, solche ekelhaften Äußerungen als etwas Punktuelles und Isoliertes anzusehen, als die Aufwallungen von einigen verbitterten Ideologen, die es für einen Ausweis ihrer »Kultiviertheit« halten, wenn sie »die Kultur« gegen »das banausische Volk« verteidigen (und natürlich gegen die Immigranten, die noch nicht einmal die Sprache beherrschen!). Man vergisst dabei allzu leicht, dass solche pathologischen Extreme nur die politische Kehrseite der fast schon banalen, normalen, rituellen Feiergesänge auf die »Größe« und »Höhe« der Kultur sind. Deshalb stellt sich nach dem Schwindelgefühl und der Begeisterung, die man als Jugendlicher für kulturelle Dinge empfunden hat, nicht selten eine Ernüchterung ein. Man möchte den Klassendünkel nicht mitmachen, der viel zu oft mit einer naiven, unhinterfragten Zustimmung zur ästhetischen Hierarchie (und zum Ästhetizismus) begründet und legitimiert wird.

Auf einer noch tieferen Ebene der Analyse muss man allerdings auch feststellen, dass man all die sanften Zwänge und Unterwerfungen, all das, was zum Einstieg ins kulturelle und intellektuelle Milieu (wenn man beispielsweise beginnt, Artikel oder Bücher zu veröffentlichen) notwen-

---

1 Walter Benjamin, »André Gide und seine neuen Gegner«, in: *Gesammelte Schriften III. Kritiken und Rezensionen 1932-1940*, herausgegeben von Hella Tiedemann-Bartels, Frankfurt am Main: Suhrkamp, 1972, S. 485.

dig ist, nicht nur erleidet, sondern dass man sich ihm auch bereitwillig unterwirft. Man sucht nach den Zwängen, man verlangt nach ihnen. Auch die widerspenstigsten und scheusten Menschen sind vom Urteil der anderen abhängig und begeben sich willentlich in das System der wechselseitigen Anerkennung und Überwachung. In ihrem Roman *Zwischen Leben und Tod* hat Nathalie Sarraute diese »freiwillige Knechtschaft« und den »Gehorsam«, ohne die man dem literarischen Kosmos gar nicht angehören könnte, meisterhaft dargestellt. Es geht in dem Buch um einen Autor, der in die Fänge der Worte geraten ist, die an ihn gerichtet oder in seinem Namen gesprochen werden. Sein Leben und Sterben hängt davon ab, und Sarrautes Stil ist kompromisslos und ikonoklastisch wie immer. Schicht für Schicht legt sie die gesellschaftliche Realität einer Tätigkeit frei, die sich selbst für einen Ort bedingungsloser Freiheit hält, wenngleich jede einzelne Geste, die man in ihr ausführt, sich einpasst in ein enges, gewachsenes Netz aus Zwängen und Fremdbestimmungen, das einen, sollte man es einmal ignorieren, sofort aus dem legitimen Kreis der Profession entfernt und, mehr noch, das einen in diesem Fall gar nicht erst in diesen Kreis eingelassen hätte. Sarrautes soziologische Relevanz ist nicht zu unterschätzen. Ihre Schriften analysieren die sozialen Strukturen und Systeme, deren Macht sich bis in die banalsten Alltagsgespräche bemerkbar macht. Die Welt der Freiheit, nach der man strebte, erscheint schließlich als ein Ort einer allgemeinen, als Lebensmodus mehr oder weniger akzeptierten und verinnerlichten Quasi-Knechtschaft. (Die Welt des Journalismus und der Wissenschaften liefern andere erbauliche Beispiele, denn auch hier verbringt man seine Zeit damit, den An- und Aufforderungen zu entsprechen und die »Spielregeln« einzuhalten.) Um Teil einer »Profession« oder eines Milieus zu sein, muss man seinen Körper und seinen Geist unweigerlich den expliziten oder impliziten Voraussetzungen einer Welt unterwerfen, die existierte, lange bevor man in ihr nach einem Platz zu suchen begann, und die uns diesen Platz nur zu dieser Bedingung anbietet. Sie zwingt uns, den ausgewiesenen Weg Schritt für Schritt zu gehen, Riten und Rituale zu durchlaufen, Gepflogenheiten aufzusaugen und uns allmählich in die Gruppe derjenigen hineinzuarbeiten, die von den Neuankömmlingen all die Dinge einfordern, die man zuvor selbst erfüllen musste.

Auch diejenigen, die sich den Normen eines professionellen Milieus, eines Metiers, eines Berufsstandes und so weiter so gut es geht widersetzen, müssen diese Normen immer schon bis zu einem gewissen Punkt respektiert haben, denn sonst hätten sie zu den Ausdrucksmitteln, die sie jetzt für sich nutzen können, gar keinen Zugang bekommen. Man kann nicht in einem Milieu leben, ohne sich dessen Funktionsweisen – und seien es nur die Abläufe der täglichen Existenz – zu eigen zu machen. Man wird von jedem Milieu unweigerlich vereinnahmt. Dieser primäre Gehorsam ist die unverzichtbare Grundlage für jeden Ungehorsam. Zumindest von denen, die sich selbst als Teil des »kulturellen« oder »intellektuellen Milieus« betrachten, sollte man allerdings erwarten können, dass sie sich eine gewisse Widerspenstigkeit, einen gewissen Respekt vor dem, was ihre gesellschaftliche Funktion ist oder sein sollte, erhalten. Stattdessen dominieren Anbiederung, Opportunismus, Machtgier und Eitelkeit, Konservatismus und Prinzipienlosigkeit, das Nachbeten von Glaubenssätzen, denen garantiert applaudiert wird ... Alle diese Haltungen machen das exakte Gegenteil von dem aus, was der Stolz eines Intellektuellen sein sollte. Viel zu oft sind die Menschen, denen man in diesen Sphären tatsächlich begegnet, himmelweit von dem idealisierten Bild entfernt, das man sich zu Studienzeiten von ihnen gemacht hat, als man ihnen begegnen und einer von ihnen werden wollte. Es gibt wunderbare Intellektuelle, keine Frage. Und es gibt solche, die, gelinde gesagt, abscheulich sind. Nicht selten ist die Enttäuschung brutal und hinterlässt einen bitteren Nachgeschmack.

*

Trotz alledem sollte die Faszination, die ich für diese Namen empfand, für ihre philosophischen und literarischen Werke und für die ganze Welt, die sie repräsentierten, meinen Werdegang entscheidend beeinflussen. Sie leitete mich bei folgenreichen Entscheidungen für meine persönliche und professionelle Entwicklung, sie brachte mich schließlich mit einigen der Autoren, die meine jugendlichen Augen wie durch einen Schleier aus Mysterium und Magie gesehen hatten, in Kontakt: Simone de Beauvoir traf ich zweimal bei ihr zu Hause in Montparnasse (und habe starke Erinnerungen daran), Duras besuchte ich in ihrer Pariser Wohnung und in ihrem Haus in Neauphle-le-Château, auch Claude Lévi-Strauss sollte ich ganz gut kennenlernen, als ich mit ihm einen Gesprächsband über sein Leben und Werk erarbeitete. Anderthalb Jahre lang traf ich ihn einmal pro Woche. Manchmal lud mich seine Frau Monique nach unseren vormittäglichen Sitzungen ein, zum Mittagessen zu bleiben, manchmal fuhr ich am Ende des Sommers für eine Woche zu ihnen aufs Land. Als ich Lévi-Strauss zum ersten Mal begegnete, war ich vor Schüchternheit fast gelähmt. Wegen all dem, was er gewesen war und verkörperte, aber auch, weil ich den ersten Kontakt mit seinem Namen in meinem tiefsten, lebendigsten Gedächtnis aufbewahrt hatte. Selbst wenn ich ihn danach über einen Zeitraum von zwanzig Jahre immer wieder sah: Diese erste Wahrnehmung von ihm verschwand nie wieder aus meinem Bewusstsein. Für mich bleibt er bis heute diese mythische Figur, die er vor vierzig

Jahren war, als ich mir in den Kopf setzte, ihn zu verehren, ohne noch ein einziges Wort von ihm gelesen zu haben. *Traurige Tropen* ... niemals werde ich diesen Titel hören oder lesen können, ohne zugleich die Anziehung nachzuempfinden, die er von dem Tag an, als ich ihn erstmalig hörte, auf mich ausübte, als ich anfing, mir auszumalen, was sich hinter diesem Titel verbarg, von dem die Zeitung meiner Eltern so unbeholfen sprach.

Natürlich verursachten der nur allmähliche Zugang zur Kultur und die Unsicherheit des Neulings, der sich in ihr nicht auskennt, weil er nicht in sie hineingeboren wurde, bei dem Heranwachsenden, der ich war, einige Wahrnehmungsfehler. Ich interessierte mich für alles, was mit dem literarischen und geistigen Leben zu tun hatte. In der ersten Zeit hing ich dabei aber völlig von dieser Regionalzeitung oder vom Fernsehen ab. Wie es der Zufall (oder die redaktionelle Auswahl, deren Logik nur die Medien selbst kennen) wollte, las ich neben dem Wichtigsten auch das Belangloseste. Meine Entdeckungslust, die sich in alle Richtungen ausbreitete, ließ mich die krudesten Vorlieben entwickeln. Mit ungefähr fünfzehn Jahren schrieb ich mich in der Stadtbibliothek ein, die von unserer Vorstadtsiedlung aus am schnellsten zu erreichen war. Ohne sie richtig einordnen zu können, lieh ich mir hohe Literatur und Groschenromane aus, ernsthafte Philosophie und Aufsätze, die für eine Fernsehzeitung verfasst worden waren.

Aber dieser Punkt ist mir wichtig: Wenn das Herkunftsmilieu Teil der sogenannten »populären Klassen« ist, dann sind die Hochkultur und die große Literatur mächtige Triebfedern einer Desidentifikation. Ich benutze den Begriff der populären Klassen, weil er üblich ist, ich weiß aber auch, dass Wörter niemals unschuldig sind. Der ganz zu Recht verwendete Plural kaschiert die Gewalt, die diese inferiorisierende Bezeichnung in sich trägt. Der Zugang zur »legitimen« Kultur markiert den Anfang einer aufsteigenden Bahn und somit auch des »Klassenverrats«. Dieser lässt sich, in gewisser Weise, nicht vermeiden. Er ist nicht wirklich das Resultat einer bewussten Entscheidung, sondern eher die Folge einer langsamen, tiefen, irreversiblen Verwandlung, die den Körper nicht weniger als den Geist erfasst (die Härte »manueller« Berufe bleibt einem erspart, man hat keine »subalternen« Arbeitsrollen mehr auszuführen usw.). Mit jeder neuen Stufe dieser Verwandlung vertieft sich der Graben zum Herkunftsmilieu.

Bei Assia Djebar materialisierte sich diese Kluft in der Zurückweisung des Kopftuchs, die für sie den Eintritt ins Erwachsenenleben markierte. Dieses schmerzvolle Motiv durchzieht ihr gesamtes Werk (denn die Entscheidung, keine eingesperrte Frau zu sein, ist Möglichkeitsbedingung des Schreibens). Ein anderer autobiografischer Text, *Fantasia*, enthält diesen Dialog:

> »Sie verschleiert sich also nicht, deine Tochter?« fragt die eine oder andere Matrone mit kholgeschminkten Augen und mißtrauischem Blick meine Mutter auf irgendeiner der Hochzeiten im Sommer. Ich bin dreizehn, vielleicht schon vierzehn.
> »Sie liest!« antwortet meine Mutter schroff.
> Verlegenes Schweigen breitet sich aus, in dem die ganze Welt untergeht. Und mein eigenes Schweigen.
> »Sie liest«, das bedeutet in arabischer Sprache »sie studiert«.[1]

*

1 Assia Djebar, *Fantasia*, aus dem Französischen von Inge M. Artl, Zürich: Unionsverlag 1990 [1985], S. 264.

Indem sie die Figur ihrer Mutter mit der Simone de Beauvoirs verbindet, kann Annie Ernaux zwei Identitäten für sich behaupten: eine soziale, die geerbt und zugleich eingefordert wird, und eine intellektuelle sowie politische, die gewählt und in Verbindung mit ersterer behauptet wird. Das feministische Engagement und der Wille, die eigene »Rasse«, das heißt die Gruppe der wirtschaftlich und sozial Beherrschten, im Schreiben zu »rächen«, sind zwei Weisen des Kampfes gegen die Herrschaft. All das ist nicht selbstverständlich, denn eine Identität ist nicht automatisch ein Mittel der politischen Selbstbehauptung (man wird als Frau geboren, zu einer Feministin muss man erst werden). Eine doppelte Identität – beispielsweise weiblich zu sein und den populären Klassen zu entstammen – ist nicht automatisch eine doppelte Affirmation des politischen Selbst. Die Intersektion mag von vorneherein gegeben sein, eine »Intersektionalität« muss erst konstruiert werden. Das heißt, man muss die Kombination und das Zusammenspiel der verschiedenen Definitionskategorien des sozialen Seins willentlich herbeiführen, man muss sie einsetzen wollen. Genau das will Ernaux ganz offenbar, wenn sie ihre Mutter mit Beauvoir in Verbindung bringt. Es handelt sich da allerdings um keine leichte Operation, denn trotz aller Anstrengungen merkt man sofort, dass die beiden Register, die sie zu verbinden sucht, nicht nur weit auseinanderliegen, sondern oft gegensätzlich verwendet oder zumindest als gegensätzliche konstruiert werden. Gut möglich, dass es sich hier um eine ewige, sich immer weiter fortsetzende Divergenz handelt, die von keiner Idee und keinem Wunsch nach Konvergenz überwunden werden kann. Eigentlich bezeugen Ernaux' Texte unablässig genau das: Weil sie niemals erreicht werden wird, muss sie diese gewünschte, immer unsichere Konvergenz unablässig behaupten.

Auch ich habe Simone de Beauvoirs Bücher leidenschaftlich geliebt, obwohl mir ihr Name erst langsam vertraut wurde, nachdem er mich, als ich ihre Bücher als Jugendlicher entdeckte, eingeschüchtert und verschreckt hatte, ganz ähnlich wie Annie Ernaux das beschreibt. Einerseits war da das Prestige ihrer Person und ihrer Bücher sowie die politische Nähe, die ich mir umso deutlicher ausmalte, als ich mich selbst als einen jungen Intellektuellen erfand. Andererseits gab es aber auch dieses aristokratische Prädikat in ihrem Namen, das eine riesige Distanz zwischen ihr und mir markierte und das sie in einer entrückten, unzugänglichen Welt verortete. (Die einzige Person mit Adelsprädikat, die ich damals kannte, war der Sohn irgendeines Provinzadeligen, der in meine Klasse ging. Er gab sich offen monarchistisch und schimpfte mich einen »dreckigen Roten«. »Faschistenratte«, gab ich ihm zurück.) Weil aber immerzu von »Sartre und Beauvoir« die Rede war, überwand ich mein Unbehagen und stürzte mich in ihre Texte. Es waren politische Zeiten, und Politik bedeutete für mich damals, wie für viele andere auch, Sartre-und-Beauvoir. Politik, und von ihnen untrennbar, die Philosophie, das Denken, die Literatur, das geistige Leben, das Pariser Leben … Mich mit ihren Namen, mit ihren Büchern identifizieren zu können, die in meinen Augen zu einem gemeinsamen Werk verschmolzen, das war aufregend, faszinierend. Sollte ich zugeben, dass es mich noch heute aufregt und fasziniert, trotz allem, was ich weiter oben geschrieben habe?

Aus Gründen, die verständlich sind (zumindest, wenn man mein damaliges Alter berücksichtigt), war ich zunächst nicht von *Das andere Geschlecht* angezogen – das ich erst viel später lesen sollte, getrieben weniger von einer existenziellen Not als von einem politischen und intellektuellen Interesse –, sondern von ihren *Memoiren* (die ich kürzlich wieder las und noch immer faszinierend finde, auch wenn die mythische Aura, die sie damals für mich umgab, verflogen ist; sie sprachen von einer Welt, zu der ich naiv und fiebrig dazugehören wollte, von einer Welt, in der man dachte und schrieb). Auch ihre Romane gefielen mir. (Heute halte ich sie, vielleicht mit Ausnahme von *Die Mandarins von Paris*, für einigermaßen missraten, damals verschlang ich sie: *Sie kam und blieb, Das Blut der Anderen, Alle Menschen sind sterblich* und sogar das schreckliche *Die Welt der schönen Bilder* von 1966, in dem sie Foucault auf so plumpe Weise attackiert, was in mir damals, Ende der sechziger Jahre, als ich mich für den Existenzialismus begeisterte, arge Vorbehalte gegen diesen Autor und sein Werk auslöste, dem vorgeworfen wurde, »den Menschen« und »die Geschichte« zu leugnen.) Für mich war das ebenfalls ein »Leseerlebnis« und eine »Offenbarung«. Ich verehrte Sartre und Beauvoir. Sie halfen mir, mich zu befreien, ja sie haben mich befreit. Wie können wir vergessen, was wir ihnen verdanken? Wie unsere Dankbarkeit ausdrücken? Genau wie Annie Ernaux und mit ihr bin ich darüber erbost, wenn sie von irgendwelchen Dummköpfen attackiert werden. Man stelle sich einmal vor, was die Lektüre von *Saint Genet* damals für jemanden wie mich bedeutete (und heute noch bedeuten kann)! Jedes Mal, wenn ich das alte Exemplar in die Hand nehme, das ich vor bald vierzig Jahren gekauft und in dem ich damals so viele Passagen unterstrichen, aus dem ich so viele Sätze herausgeschrieben habe, erinnere ich mich an die unglaubliche Begeisterung, die dieses dicke Buch, das mein Leben für immer prägen sollte, beim ersten Lesen in mir entfachte ... – und werde wieder zu diesem jungen Mann, der seinen Weg zu finden versucht. So viel verdanke ich diesem Buch, alles verdanke ich ihm! In seinem offenen Brief *De Profundis* spricht Oscar Wilde von Walter Paters *Studien zur Geschichte der Renaissance*, die er in seinem ersten Studienjahr in Oxford las und von denen er sagt, dass sie »eine so seltsame Auswirkung auf mein gesamtes Leben« haben sollten. Er hatte die Studien »dechiffriert« – was zugegebenermaßen nicht schwer ist – und die maßgebliche Lehre aus ihnen gezogen, die Pater all denen mitgeben wollte, die bereit für sie waren: dass man sich gegen die rigide Dominanz konservativer Moral und Philosophie einen Drang nach Freiheit aufbauen und erhalten muss. In meinen ersten Studienjahren ist Sartres *Saint Genet* ein solches Buch für mich gewesen: Dieses Buch, das die Homosexualität mit einem Donnerschlag in die Philosophie einführte, hat den Lauf meines Lebens maßgeblich beeinflusst (und beeinflusst ihn bis heute). Es war mir ein Überlebensratgeber, ein Handbuch, mich selbst zu erfinden. (Sartre vergleicht Genet denn auch mit Wilde und zieht damit eine durch André Gide vermittelte historische Linie vom Milieu der Oxforder Gräzisten des späten 19. Jahrhunderts – und damit auch von Walter Prater – zur Ästhetik und Existenz des Autors von *Tagebuch eines Diebes*.) Mein Exemplar von *Saint Genet* hatte ich im roten Stoffeinband der Reihe »Soleil« von Gallimard gekauft. Jahre später sollten meine eigenen Bücher die Spuren dieser Studienliebe tragen: Der erste Satz meiner *Réflexions sur la question gay* – »Im Anfang war die Beleidigung« –, die ersten Seiten dieses dem Beschimpftwerden gewidmeten Buches, all dies hat seinen Ursprung in der Lektüre von *Saint Genet*, die mir so viel gegeben hat. Die theoretische Stärke dieses Buches ist unbestreitbar. Besonders prägend waren für mich Sartres Analysen der konstitutiven Rolle von Ansprache und Zuschreibung. Jemand sagt zu Genet: »Du bist ein Dieb«, und Genet nimmt diesen Namen, der wie ein Netz nach ihm geworfen wird, um ihn sich zu eigen zu machen: »Ein Dieb werde ich sein.«

Die Größe Sartres und Beauvoirs, ihre »ewige Neuheit«, von der Deleuze so eloquent gesprochen hat, kann man nie genug preisen. Ihre Bücher waren die Eckpfeiler der »Sentimenthek«, die ich mir damals aufbaute. Mein Blick auf die Welt wurde nun von all dem geprägt, was sie mir in ihrer Großzügigkeit gaben. Großzügige Autoren und Bücher sind rar. Was ich geworden bin, ist zu großen Teilen dem zu verdanken, was diese Autoren und Bücher mir gegeben haben – weil sie etwas hatten, das sie ihren Lesern geben wollten. Ich kenne alle Einwände gegen sie. Manche sind berechtigt, die meisten nicht. (Wir müssen uns gegen das falsche Bild verwahren, das der Neokonservatismus von den kritischen Intellektuellen, von ihrem Sein, ihren Taten und Aussagen gezeichnet hat. Wir müssen diejenigen verteidigen, die nie müde wurden, etwas in Bewegung zu setzen und die Welt zu verändern. Ihre Gegner sind die Hüter der sozialen Ordnung und der intellektuellen Orthodoxie, die auf die Bewahrung des Gegenwärtigen oder schon Vergangenen hinarbeiten.) Die Irrungen und Fehler, die man Sartre und Simone de Beauvoir vorwerfen kann – Fehler hatten sie einige, was nicht zuletzt an ihrer Folgsamkeit gegenüber politischen Organisationen lag –, alle hingen sie damit zusammen, dass sie sich unablässig auf die Seite der Unterdrückten stellten. Die Dinge, die man an ihnen kritisieren oder zurückweisen sollte, hängen innerlich mit dem zusammen, was man weiterhin loben und verteidigen muss. (Klare Trennlinien sind schwierig zu ziehen. Oft muss man die Intention und die Geste eines Textes höher werten als dessen Wortlaut.) In jedem Moment meines Lebens empfinde ich die transformative Kraft, die ihre Schriften auf mich ausgeübt haben. Die Autoren, die mir am meisten bedeutet haben, waren meist auch diejenigen, die mir deshalb etwas geben konnten, weil ihr Schreiben sich auf einer

Sorge um die anderen gründete. (Für wen schreibt man und zu welchem Zweck? Sartre wurde nicht müde, diese Fragen zu stellen; in *Was ist Literatur?* adressiert er sie ganz direkt.[1]) Großzügigkeit. Wie sollte man die Bücher Sartres, Beauvoirs, Bourdieus, Foucaults und das, was sie inspiriert hat, besser beschreiben? Deshalb muss man, so scheint mir, auf diesem Punkt bestehen: Bei der Beurteilung des Werks eines Autors oder einer Autorin darf man, unabhängig von den Kritikpunkten, die man für notwendig erachtet, niemals die Frage aus den Augen verlieren, was sie im Moment des Schreibens erreichen wollten. Was wollten sie den Menschen, an die sie sich richteten, sagen? Wo wollten sie sich in den Kämpfen ihrer Zeit verorten, wenn sie sich engagierten und Bücher schrieben, die so effizient und mächtig wie Handlungen sein sollten? Welche Strategien verfolgten sie? Wem oder was wollten sie sich mit ihren Diskursen entgegenstellen? Die Umkehrung dieser Gedanken ist nicht weniger wahr: Die Autoren, die wir nicht mögen, sind solche, die nichts für uns tun und uns bei nichts behilflich sein wollen, die uns demobilisieren, paralysieren und ersticken (oder dies zumindest versuchen). In diesem Sinn sollte man die schöne, griffige Formel von Michel Leiris verstehen: »Rechte: kalt. Linke: heiß«. Wie sehr ich mich gefreut habe, als mich nach dem Erscheinen meiner *Réflexions sur la question gay* so viele Briefe erreichten, in denen Sätze standen wie »Sie haben mir das Leben gerettet« oder »Dank ihnen kann ich besser leben«, und als sich nach *Rückkehr nach Reims* etwas Ähnliches wiederholte. Ich war selbst zu einem großzügi-

---

1 Jean-Paul Sartre, *Was ist Literatur*, a. a. O. Zur entscheidenden Frage der Werkadressierung vgl. Geoffroy de Lagasnerie, *Logique de la création. Sur l'université, la vie intellectuelle et les conditions de l'innovation*, Paris: Fayard 2011.

gen Autor geworden, und diese Großzügigkeit hatte ihre Wirkung gezeigt. Meinen eigenen Ansatz habe ich einmal als eine Ethik und Politik der Großzügigkeit bezeichnet. An dieser Definition liegt mir viel.[1]

---

1 Vgl. Didier Eribon, »Politiques mineures. Pour un nouvel *Anti-Œdipe*«, in: *De la subversion. Droit, norme et politique*, Paris: Cartouche 2010, S. 84.

2. Die List des Determinismus

Ernaux' *Gesichter einer Frau* ist oft mit *Ein sanfter Tod* verglichen worden, dem Buch, in dem Simone de Beauvoir die letzten Monate im Leben ihrer Mutter beschreibt. Der Vergleich ist naheliegend, handelt es sich doch um zwei große Texte der jüngeren autobiografischen Literatur. Er ist auch lehrreich, denn zwei Töchter, die Schriftstellerinnen geworden sind, berichten vom Leiden ihrer Mütter und zeichnen deren Existenz, von der sie beide sich sehr weit entfernt haben, von deren Ende her nach. In ihrem Inneren beruhen die beiden »Erzählungen« auf einer ähnlichen Bewegung: Die beiden Töchter haben sich radikal von der Seinsweise ihrer Eltern, die jeweils ganz unterschiedliche soziale Positionen einnehmen, gelöst und als Intellektuelle neu erfunden. Obwohl sie an unterschiedlichen Punkten ihren Ausgang nehmen, gleichen sich die Wege der Autorinnen. Betrachtet man die Geburts- und Todesjahre, dann müsste man Annie Ernaux' Mutter eigentlich nicht mit der Mutter Simone de Beauvoirs vergleichen – wozu die Parallelen zwischen diesen beiden Büchern natürlich einladen –, sondern eher mit Beauvoir selbst. Ernaux' Mutter wurde 1906 geboren und starb 1989. Simone de Beauvoir kam 1908 zur Welt und starb ebenfalls im Jahr 1989, nur wenige Tage nach Ersterer.

Die beiden Frauen haben also zur selben Zeit im selben

Land gelebt – und doch auf verschiedenen Planeten. Planeten? Sie lebten in verschiedenen gesellschaftlichen Kreisen oder – man soll die Realität nicht metaphorisch beschönigen – in verschiedenen Klassen. Ich sehe die Sache so: Geografisch waren Annie Ernaux' Mutter und Simone de Beauvoir hundertfünfzig bis zweihundert Kilometer voneinander entfernt. In gesellschaftlicher Hinsicht aber lagen Lichtjahre zwischen ihnen. Man darf davon ausgehen, dass Annie Ernaux sich dieser sozialen Distanz bewusst gewesen ist, dass sie die beiden Frauen gerade deshalb im selben Satz würdigte, weil sie das »Paradox« der distanzierten Relation oder Verbindungslinie hervorheben wollte, das sich erst im Rückblick erkennen lässt und aus dem sie selbst hervorgegangen ist.

Eine weitere Parallele springt ins Auge: Die Lebensdaten von Simone de Beauvoir fallen nicht mit denen meiner Mutter, sondern mit denen meiner Großmütter zusammen. 1909 und 1913 wurden sie geboren. Die Bedeutung ihrer Lebensläufe erkennt man, wenn man sie im Kontrast zu Beauvoirs *Memoiren einer Tochter aus gutem Hause* betrachtet, das von der bürgerlichen Kindheit mit ihrer besonderen Affinität zur Kultur, zu den Büchern und zur Bildung handelt, und zu den anderen Bänden ihrer Autobiografie. (*In den besten Jahren* und *Der Lauf der Dinge* handeln von Beauvoirs Karriere als Schriftstellerin und Intellektuelle, von ihrem Verhältnis zur Politik und von der Möglichkeit, eine freie Frau zu sein.) Was weiß ich vom Lebensweg meiner Großmütter? Tatsächlich nur sehr wenig. Sie haben keine Memoiren verfasst. Nichts von dem, was ihren Alltag ausmachte, wurde konserviert. Den Satz, den Peter Handke in *Wunschloses Unglück* über seine Mutter schreibt, könnte ich auch auf meine

Großmütter anwenden: »War – wurde – wurde nichts«.[1]
Genauso ist es. Sie waren, wurden, wurden nichts – oder
jedenfalls nichts anderes als das, was der enge Rahmen ihrer Arbeiterinnenexistenz ihnen vorgab. Es blieb nur das
von ihnen, woran ihre Kinder und – auf brüchigere, un-
sicherere Weise – ihre Enkelkinder sich erinnern. Ich bin
eines dieser Enkelkinder. Und ich frage mich: Wem wird
die Chance zuerkannt (von einem »Recht« will ich gar
nicht sprechen), nicht nur als Teil eines Kollektivs, sondern auch als eine individuelle Person gesehen, für legitim
befunden und erzählt zu werden? Die Frage stellt sich
auch dann, wenn das Kollektiv in den Augen derer, die es
benennen, einen ruhmreichen Namen trägt (was manchmal, aber gewiss nicht immer der Fall ist): Volk, Arbeiterklasse … Ich denke an das Leben derjenigen, die Foucault
»die infamen Menschen« genannt hat. Er hat uns gezeigt,
dass ihre Existenz nur dann ins Licht gerät, wenn sie das
Unglück haben, der Macht ins Gehege zu kommen. Dann
bricht die Macht mit ihrer ganzen Brutalität über sie her-
ein und schreibt die Koordinaten dieser unseligen Begegnung im großen Register der sozialen Kontrolle fest, im
Buch der behördlichen Repression, in den Archiven der
»Ordnungswidrigkeit« und »Abweichung«. Schnell sind
solche biografischen Fragmente verstaubt und vergessen.
Sie werden nur zum Leben erweckt, wenn sich eines Tages ein Historiker über sie beugt. Aber was ist mit all den
anderen Menschen? In welchen Archiven findet man ihre
Spuren? Wer erinnert sich an ihre Lebenswege, die nicht
dokumentiert worden sind und deshalb gar keine Identität besitzen? Ich denke an die Masse der »Anonymen«, an

---

1 Peter Handke, *Wunschloses Unglück*, Frankfurt am Main: Suhrkamp
 1974, S. 46.

die Frauen und Männer, die keine Namen tragen – weil sie keine sozialen Eigenschaften haben. In *Das bessere Leben*, *La Honte* und *Gesichter einer Frau* erkenne ich Annie Ernaux' unerbittlichen Willen, solche Leben aufzuzeichnen und zur inoffiziellen »Archivistin« von Familientraditionen sowie eines Familienwissens zu werden, das nur zwischen den Generationen weitergetragen wird. Ich erkenne aber auch ihre Resignation, nichts weiter als diese Archivistin sein zu können. Wer die Überlieferung in einem Buch festhält, hat sich schon außerhalb dieser Tradition gestellt und gehört der überlieferten Welt nicht mehr an.[1] Ursprünglich wollte Ernaux *Das bessere Leben* anders nennen: »Elemente einer Familienethnologie«. Ähnlich wie bei Handkes *Wunschloses Unglück* bestand ihr Vorhaben darin, diesen Existenzen ihre Würde und Einzigartigkeit zurückzugeben, indem sie die Realität ihrer Arbeiten und Tage, ihrer Gedanken und Gefühle, ihres erlebten und erlittenen Glücks und Unglücks nachzeichnet. All diese Dinge schreiben sich ein in die Logik der sozialen Welt, die individuellen Bedeutungen erst ihre volle Tragweite und ihren ganzen Sinn verleiht und in der soziale Bedeutungen erst lebendig werden, wenn sie sich in den Taten und Worten einzelner Individuen manifestieren.

Natürlich haben meine Großmütter *Das andere Geschlecht* nicht gelesen. (Die eine konnte gar nicht lesen, die andere las keine Bücher: Es fehlten ihr die Zeit und die richtige Ausbildung dafür; ihr Leben lang war sie Arbeiterin.) Ich bin mir gar nicht sicher, ob sie von diesem Buch, das in anderen Kreisen ein Ereignis war, auch nur gehört haben.

---

1 Annie Ernaux, *Gesichter einer Frau*, S. 28. Zum historiografischen, archivarischen Ansatz Martine Sonnets vgl. *Atelier 62*, a. a. O.

Nichts von dem, was das Erscheinen eines Buchs verursachen kann, drang zu ihnen durch: der Lärm, der in der sogenannten kollektiven Erinnerung (die niemals für alle und schon gar nicht für alle Frauen gilt) bis heute nachhallt, der »Schockeffekt«, von dem die eifrigen Historiker uns berichten ... Nichts. Was ich mit Sicherheit sagen kann, ist, dass meine Großmütter keine Feministinnen gewesen sind. Frauen aus den unteren Klassen, und übrigens auch solche aus dem hohen Bürgertum, ließen den Feminismus meist an sich abprallen (was sie natürlich nicht daran hinderte, von den im Lauf der Jahrzehnte errungenen Frauenrechten zu profitierten: das Wahlrecht, das so lange auf sich hatte warten lassen, später das Recht auf Abtreibung und Verhütung usw.). Ich frage mich, ob sie das Wort »Feminismus« überhaupt kannten. Wenn ja, dann dürfte die eine es vehement von sich gewiesen haben. Die andere wäre von ihm wahrscheinlich eingeschüchtert gewesen, hätte es für zweifelhaft und zweideutig, für »zu gescheit« gehalten. »Nichts für mich«, hätte sie sich wohl gedacht (und, hätte ich nachgefragt, zurückgegeben: »Denkst du, für solche Sachen hatte ich damals Zeit?«). Meine Großmütter verkörperten zwei grundverschiedene, entgegengesetzte Weisen des Arbeiterinnenseins. Ihre Lebensweise, ihr Denken und Handeln waren völlig von ihrer Klassenzugehörigkeit geprägt. Doch wie so oft folgte aus einer identischen Klassenzugehörigkeit und einem analogen Platz in der sozialen Struktur nicht unbedingt dieselbe Haltung. Obwohl sie sich in Situationen herausbildeten, die von den exakt gleichen sozialen Vorgaben, von einem gemeinsamen Klassenhabitus und von einem gemeinsamen Arbeiterethos geprägt waren, lagen die Haltungen meiner Großmütter sehr weit auseinander und widersprachen sich sogar fundamental. Man muss daran erinnern: Der Umstand, dass ein identischer Determinismus bei zwei Personen unterschiedliche Wirkungen zeitigen kann, bedeutet noch lange nicht, dass er nicht existiert oder nur von sekundärer, relativer Bedeutung ist. Hier trifft die Analyse der Wirkungsweisen gesellschaftlicher Zwänge auf ihre größten Schwierigkeiten. Soziale Wirkungsweisen sind keineswegs eindeutig. Sie können ganz unterschiedliche Reaktionen hervorrufen: Unterwerfung, Widerstand etc. Auf die soziale Bestimmtheit gewisser Situationen können immer verschiedene Antworten gefunden werden. Dennoch verweisen diese Antworten und die Art, wie sie erlebt und umgesetzt werden, unvermeidlich auf die gesellschaftliche Herausbildung eines Klassenhabitus.

1929 bekam meine Großmutter väterlicherseits ihr erstes Kind: meinen Vater. Er war der Erstgeborene einer bald schon vielköpfigen Familie. Sie war noch keine zwanzig Jahre alt. Erst wenige Monate zuvor hatte sie geheiratet. Auf die Feststellung, dass ihr Sohn eine (sehr frühe) Frühgeburt gewesen sei, legte sie größten Wert. Besonders glaubwürdig war das leider nicht. Die Leute nickten und spotteten heimlich über sie. Die Wahrheit war viel einfacher: Sie hatte den jungen Mann, den sie damals »frequentierte« (so sagte man, wenn ein Mann und eine Frau sich regelmäßig trafen) und mit dem sie weiter gegangen war, als es die Regeln von Moral und Vorsicht erlaubten, eilig heiraten müssen. Liebten sie sich? Konnten sie sich vorstellen oder wünschten sie sich sogar, die vielen Jahre, die noch vor ihnen liegen sollten, gemeinsam zu verbringen, bis zum Tod des einen, fünfunddreißig Jahre später? Wer weiß das schon. Die gesellschaftlichen Regeln schrieben dem jungen Mann vor, »Verantwortung zu übernehmen«, und der jungen Frau, »ihre Ehre zu retten«. Verweigerte sich der Mann, dann musste die junge Frau das Stigma der »Tochtermutter« (*mère-fille*) und später der »ledigen Mutter« (*mère célibataire*) auf sich nehmen. Der Gedanke, eine Tochter könne schwanger werden, verfolgte die Eltern damals wie ein Spuk. Geschah dies tatsächlich, dann stand das in Schwangerschaft »gefallene« Mädchen (*tombée enceinte*) im Bann der Scham. Irgendwie musste es sein verwerfliches Benehmen vor den anderen verbergen. Und sollte ihr dies nicht gelingen, wusste sie, dass sie den Rest ihres Lebens schwer an der dann effektiven Verstoßung zu tragen hatte. Wie viele Heranwachsende haben für ein paar flüchtige Momente des Glücks einen so hohen Preis bezahlt? All das war damals ganz alltäglich, genau wie das eigentliche »Vergehen«, um das es ging, der Geschlechtsverkehr vor oder außerhalb der Ehe. Die allgemeine Verurteilung oder besser die verleumderische Anschuldigung breitete sich im Klatsch der Nachbarn aus und wurde jahrelang in bösartigen, spöttischen Gerüchten kolportiert. Das Urteil war dermaßen scharf, dass man sich fragen kann, ob seine Funktion nicht insgeheim darin bestand, diese weit verbreiteten Praktiken zu legitimieren, indem es sie, wenn auch negativ, ins Verhältnis zum normativen Gerüst der sexuellen Ordnung setzte. Man verteufelte diese Praktiken, erkannte ihre Existenz aber an. Die juristische, moralische und deshalb auch politische Fiktion, der zufolge der »Makel« von der Heirat verwischt wurde (und das Kind ein »Frühchen« war), ließ die auf diese Weise bemäntelte Episode nicht etwa verschwinden, sondern billigte, ja rechtfertigte sie. Immer wieder nimmt das Recht eine Vermittlerrolle ein zwischen im Grunde sehr liberalen Praktiken und einer äußerst rigiden Sexualmoral (wir sehen hier eine der speziellen Funktionen der »Fiktionalität« des Rechts). Dies erscheint umso notwendiger, als es jederzeit wichtiger ist, eine Moral zu predigen – und vor allem, sie vor den anderen zu predigen –, als deren Regeln auch wirklich anzuwenden. In Raymond Williams' Roman *Second Generation* gibt es beispielsweise eine weibliche Figur, die ihrer Tochter kategorisch verbietet, mit dem Mann in den Urlaub zu fahren, den sie heiraten möchte. Die Mutter, die es für unvorstellbar hält, so etwas ohne vorherige Heirat oder zumindest auf Grundlage einer Verlobung, eines offiziellen gegenseitigen Versprechens zu tun, gesteht schließlich, dass sie selbst noch vor ihrer Heirat mit ihrer Tochter schwanger geworden war.[1] Man sieht, es ist ganz leicht, die Codes und Verhaltensweisen eines sexuellen »Wohlverhaltens«, dem man selbst nicht entsprochen hat, verbreiten und bei den anderen durchsetzen zu wollen. Wenn jemand das, was der Code des Schicklichen von ihm oder ihr verlangt, nicht tut oder ist, dann bedeutet das noch lange nicht, dass er oder sie bei den anderen nicht auf ebendiese Normen und Regeln pochen wird. Man kann einer Norm zustimmen und zu ihrer Erhaltung beitragen wollen, ohne sie zugleich auch einzuhalten. Missachtet man die Norm und stimmt ihr trotzdem weiter zu (sich von ihr loszusagen hieße, sich den ungeschriebenen Gesetzen des eigenen Milieus entgegenzustellen und sich damit früher oder später aus der Gemeinschaft, in der man lebt und die von der Akzeptanz der Normen zusammengehalten wird, auszuschließen), dann steht man im Bann der Schande. Man muss ein Geheimnis verschweigen, das niemals ganz geheim sein kann. Die anderen kennen den »Makel«, der nur deshalb einer ist, weil man ihn zu verstecken versucht und dadurch konstituiert und anerkennt; sie spielen mit diesem Wissen.

Vierundzwanzig Jahre nach meinem Vater wurde ich geboren. So weit mein visuelles Gedächtnis zurückreicht, sehe ich meine Großmutter als eine vor der Zeit gealterte Frau,

---

1 Raymond Williams, *Second Generation*, London: Chatto and Windus 1978 [1964].

die auf ihr Äußeres nicht den geringsten Wert legte. In jeder Situation trug sie eine Nylonbluse, sie schien geradezu eine Arbeitsuniform für ihr Hausfrauenmetier zu sein. Der häusliche Raum, in dem sie eine mir unbegreifliche Anzahl von Tätigkeiten ausführte, schien ihren Horizont ganz und gar zu begrenzen. Sie hatte alle Attribute einer der sozialen Ordnung völlig unterworfenen Frau. Und sie verteidigte diese Ordnung, als sei sie das Selbstverständlichste von der Welt, als habe sie diese Ordnung selbst gewollt und eingesetzt. Das soziale Gesetz war für sie nicht etwa der Zwang oder die fatale Notwendigkeit einer real existierenden Ordnung, in der die Geschlechterrollen nun einmal unterschiedlich und komplementär zueinander definiert sind. Im Gegenteil, sie behauptete unablässig, dass es sich um ein logisches und moralisches (oder einfach nur normales, natürliches) Gesetz handelte (dabei war sie gar nicht christlich eingestellt und hatte von Psychoanalyse keine Ahnung): »Männer sind so und so«, »Frauen sind so und so«, »Männer tun dies und das«, »Frauen tun dies und das« und vor allem: »Es ist nicht die Rolle des Mannes …« (den Abwasch zu machen oder sich um die Kinder zu kümmern, zum Beispiel), »Es gehört sich nicht für eine Frau …« (ins Café zu gehen, abends alleine aus dem Haus zu gehen usw.). Als sie jung war (das heißt im Alter von vierzehn bis neunzehn Jahren), hatte sie, bis sie heiraten musste, in einer Fabrik gearbeitet. Dann verließ sie die Fabrik für immer und hatte ihre Arbeit darin, die Kinder großzuziehen, die sie über einen Zeitraum von fünfzehn Jahren beinahe im Jahresrhythmus gebar. Zwölf Kinder. Einen geistig behinderten Sohn, der während der Bombardements von 1940 geboren worden war, behielt sie ihr ganzes Leben lang bei sich. Pausenlos kümmerte sie sich um ihn, was den Eindruck, sie sei die Sklavin des Hauses, noch verstärkte. Bei Familienfeiern kochte sie und trug auf. Einer ihrer Söhne oder eine ihrer Töchter – Letztere halfen ihr ein wenig, wenn es ans »Abräumen« und an den Abwasch ging – riefen ihr zu: »Mama, jetzt setz dich doch mal zu uns!« »Ja, gleich«, antwortete sie oder: »Ja, später«, tat es dann aber doch nicht oder nur für wenige Augenblicke, die wie gestohlene Momente, wie ein Zugeständnis an die Hirngespinste der Familie anmuteten. Schleunigst kehrte sie wieder zu den Dingen zurück, in denen sie ihre Pflicht, aber auch ihr Vorrecht sah. Ihr Pflichtbewusstsein befahl ihr, sich nicht hinzusetzen und nichts zu essen, während die anderen sich vollstopften. (Sie gab nicht nach: »Ach, ich habe gar keinen Hunger, ich habe schon beim Kochen gegessen.«) Bei solchen Anlässen schaute sie von der Höhe ihres kleinen Körpers auf die Welt hinunter und schien ganz glücklich zu sein. War sie es wirklich? Stellte sie sich solche Fragen überhaupt? Stellte jemals jemand diese Fragen für sie?

Ich gehe davon aus, dass sie außer meinem Großvater keinen anderen Mann gekannt hat (weder vor ihm noch nach ihm, noch während ihrer Ehe). Frausein bedeutete für sie, Ehefrau und Mutter zu sein. Und später Witwe. Nichts anderes. Sah man sie, wie sie sich abmühte und beschäftigte, dann konnte man den Eindruck bekommen, sie spiele eine Rolle, die sie bis zur Perfektion treiben wollte. Sie schien auf eine Weise sie selbst sein zu wollen, wie Sartre sie in *Das Sein und das Nichts* mit Blick auf den »garçon de café« beschreibt, der die Rolle des Kellners nur für die Blicke der anderen ausfüllt. Aber es war ja kein Spiel! Ihr stand es nicht frei, einfach aufzuhören: Sie war diese Rolle, sie hatte sie zu sein. Sie nahm die Rolle an, war stolz auf ihren Opfergeist und darauf, dass sie »niemals ruhte«, wie sie selbst sagte. Darin lag ihre Würde, darin lag ihr Daseinsgrund. Sie wusste nicht und wollte auch nicht wissen, dass es andere Wege, andere Weisen des Lebens gab. Oder sagen wir: Sie wusste es sehr wohl, verurteilte aber die Frauen aus ihrem Stand, die sich mehr schlecht als recht aus ihrer Familienknechtschaft zu befreien versuchten: die »Schlampigen«, die ihren Haushalt nicht in Ordnung hielten, die »Luder«, die von einem Mann zum nächsten taumelten und dabei die Ordnung stabiler Familien zerstörten.

War sie wirklich gar nichts anderes als das, was ich in ihr sah? Hatte sie vielleicht irgendwelche heimlichen Sehnsüchte nach einem Filmstar oder nach einem Nachbarn, der ihr täglich oder seltener über den Weg lief? Davon weiß ich nichts. Was ich inzwischen weiß, ist, dass die Tage ihrer Aufopferung nicht immer reibungslos verliefen. Wenn sie mit ihrem Mann aneinandergeriet, konnte der Streit sich schnell zum Sturm auswachsen. Meine Mutter erzählte mir neulich eine verstörende Anekdote. Als ich zu ihr sagte, dass mir meine Großmutter Germaine immer wie jemand vorgekommen sei, der nicht das geringste bisschen Auflehnung in sich trug, da unterbrach sie mich energisch: »Oh, là là, da täuschst du dich! Als du klein warst, wärst du einmal fast verstümmelt worden wegen ihr ... Einmal kam ich ins Zimmer und sah, wie deine Oma ein Küchenmesser nach deinem Opa warf. Zehn Zentimeter von deinem Kopf entfernt ist es in der Tür stecken geblieben!« Ein Messer? Sie hatte mit einem Messer nach ihrem Mann geworfen?? Der angestaute Frust und der stille Kummer hatten sich auf einmal in einer so wahnsinnigen Geste entladen??? So etwas dürfte nicht oft vorgekommen sein. Eins aber ist sicher: Seit ich weiß, dass sie zu solchen Krisen fähig war, hat sich mein Bild von dieser Frau grundlegend geändert. Sie schwieg, schwieg und schwieg – bis die Wut aus ihr herausplatzte. Dann legte sich der Sturm wieder, und alles war wie zuvor. Die Ordnung hielt bis zum nächsten Ausbruch. Ich würde darin gerne etwas Theatralisches, etwas Schauspielerisches sehen, aber nein. Es war ihr Alltagsleben. Es war ihre Routine, die von kurzen Anflügen der Raserei durchbrochen wurde. In *Rückkehr nach Reims* erzähle ich einen ähnlichen Vorfall, der viele Jahre später stattgefunden hat: Meine Mutter wirft mit dem Pürierstab, mit dem sie gerade eine Suppe zubereiten will, nach meinem Vater. Die beiden Gesten sind sich ähnlich genug, dass man in ihnen ein Charakteristikum dauerhafter heterosexueller Paarbeziehungen – Beziehungen unter Arbeitern jedenfalls –, ja vielleicht sogar eine soziale Konstante sehen kann: Während die männliche Herrschaft die Beziehungsstruktur vorgibt und die männliche Brutalität geradezu als eine Institution oder allgegenwärtige Regel bezeichnet werden kann (zumindest in dem Sinn, dass sie sich in den etablierten Schemata der geschlechtlichen Rollenverteilung festgesetzt hat), muss man der plötzlichen (wenn auch seltenen) Rebellion der Frauen eine nicht minder manifeste Realität zusprechen. Sie kann für die, gegen die sie sich richtet, durchaus gefährlich werden. Vielleicht ist diese repetitive Revolte ein unverzichtbarer Bestandteil des Systems, ein für das Funktionieren des Ganzen unerlässliches Ventil. Machen wir uns trotzdem klar, wie sehr die Akzeptanz institutionalisierter Ordnungen und Selbstverständlichkeiten – denn als solche regiert die Ordnung unseren Alltag – von einer immer wieder hervorbrechenden aggressiven Ablehnung begleitet wird. Die Elemente, die zur Unterwerfung führen, enthalten bereits den Keim einer Revolte. Die Revolte stellt die Voraussetzungen der Unterwerfung aber nicht infrage. Sie koexistiert mit ihr und entfaltet sich in dem von ihr bereitgestellten Rahmen. Die Frau, die wenige Minuten lang wutschnaubend gegen all das anschrie, was ihre tägliche Existenz ausmachte, wäre die Erste gewesen, die sich einem radikalen Wandel widersetzt hätte.

Von den zu schulternden Lasten – Haushalt, Kinder, Küche – hatte sie irgendwann die Nase voll. Die Vorstellung aber, dass ihr Mann einen Teil dieser Lasten übernehmen könnte, wäre ihr völlig fremd gewesen.

In *The Uses of Literacy* bringt Richard Hoggart diese Lebenslage und den von ihr implizierten Selbstbezug auf den Punkt. Die häusliche Arbeit wird für die meisten Frauen, wie er schreibt, recht bald »zu einer beständigen, selbstvergessenen Routine, die ganz der Familie gewidmet ist und in der die eigene Person nicht mehr zählt. Daraus erwächst ein Stolz, der jeden Anflug von Selbstmitleid verblassen lässt: dass so viel von ihnen abhängt.« Mädchen der unteren Schichten können auf diese Weise »in ihren mittleren Jahren, wenn sie sich inmitten ihrer Familie und ihres Hauses befinden, auf glanzvolle Weise ›da‹ und trotz aller Sorgen zufrieden sein. Der Mann mag der ›Herr im Hause‹ sein, ein bloßer Fußabtreter ist die Frau deshalb aber noch lange nicht. Wenn sie auf ihre eigene Weise eine ›gute Mutter‹ ist, dann wissen er und sie um ihren Wert.«[1]

Meine andere Großmutter, die Mutter meiner Mutter, verkörperte einen ganz anderen Typus der »einfachen Frau«. Auch sie war Arbeiterin. Auch sie bekam ihr erstes Kind, wie ich schon erzählt habe, in sehr jungen Jahren, mit siebzehn. Aber sie heiratete ihren Liebhaber nicht. Und sie legte ihm auch keine Steine in den Weg, als er ihr Leben alsbald wieder verließ. Sie wollte frei sein. Ihr ganzes Leben lang hat sie dafür gekämpft. In den dreißiger Jahren lebte sie mit einem anderen Mann zusammen, mit dem sie weitere Kinder bekam und den sie schließlich

---

1 Richard Hoggart, *The Uses of Literacy. Aspects of Working Class Life*, London: Chatto and Windus 1957, S. 34 f.

1946 heiratete, nachdem sie ihn mehrfach und insbesondere während der Kriegsjahre verlassen hatte. (Ihre Kinder brachte sie damals bei einer Gastfamilie unter, um zu einem Arbeitseinsatz nach Deutschland gehen zu können. Deshalb wurde sie nach der Befreiung geschoren.) Nach dem Krieg trieb sie ab, weil sie sich nicht mit einem weiteren Kind herumschlagen wollte (und hatte dieses »Verbrechen« mit einer Gefängnisstrafe zu büßen). Eigentlich könnte man sie als eine emanzipierte Frau bezeichnen, die sich nur von ihren Wünschen und Lüsten leiten ließ. Die Zwänge der ungewollten Mutterschaft – der Mutterschaft als Schicksal und Last – und der Beziehungen, die sie mit ihren Lebensgefährten und ihrem Ehemann verbanden, schienen für sie nicht zu existieren und schränkten ihren Freiheitsdrang jedenfalls genauso wenig ein wie die Verpflichtungen der sozialen Welt und die Tragödien des 20. Jahrhunderts. Für eine Frau aus dem Volk war es ganz sicher nicht einfach, frei zu leben. Man weiß, welchen Beschimpfungen selbst Simone de Beauvoir ausgesetzt war, als sie *Das andere Geschlecht* veröffentlichte. In *Der Lauf der Dinge* berichtet sie davon. Sie hielt stand, mutig und entschlossen. Neben dem, was meine Großmutter zu ertragen hatte, nimmt sich der Preis, den Beauvoir für ihre Standhaftigkeit zu zahlen hatte – frauenfeindliche Ausfälle und geschmacklose Witze von Männern, die sich in ihrem Überlegenheitsgefühl angegriffen fühlten, wüste Attacken von antifeministischen Frauen –, geradezu harmlos aus (und Beauvoir verdiente sich durch ihn ein noch höheres Prestige). Eine emanzipierte Arbeiterin? Das gab es mehr als einmal, keine Frage. Die bürgerliche Vorstellung von Arbeiterinnen als »unmoralischen«, das heißt ihre Sexualität frei auslebenden Frauen, ist nicht völlig unbegründet. Meine Großmutter war eine dieser Frauen. Dieses Bild von ihr lässt sich allerdings nur von seinem Gegenbild her konstruieren. Und es ist auch nicht immer schmeichelhaft. Was der einen – der »engagierten«, »kühnen« Intellektuellen – Glanz und Ausstrahlung einbrachte, mussten die anderen, die niemals selbst das Wort ergriffen und in deren Namen Erstere sprach – die »gerissenen«, »offenherzigen« Arbeiterinnen –, mit radikaler gesellschaftlicher Entwertung bezahlen. Simone de Beauvoirs Leistung ist von immenser Wichtigkeit. Was meine Großmutter sich vorgenommen hatte, war nicht weniger wichtig, fand aber in einem Raum des Verschweigens und der Vereinsamung statt, der nur durchbrochen wurde, wenn er in den Trubel der großen Welt- oder der kleinen Polizeigeschichte geriet. Meine Großmutter hatte immer schon verloren und hob doch immer wieder den Kopf. Sie schlug sich durch, so gut sie konnte. Nie ließ sie von dem Verlangen ab, so zu leben, wie sie es wollte. Das bedeutete, dass jeder Lebensmoment ein Moment des Kampfes, des unbeugsamen Willens war. Sie dachte zuerst an sich selbst. Das ließ sie einige fragwürdige, ja hässliche Entscheidungen treffen. Diese Beauvoir der armen Viertel zahlte für ihre Widerspenstigkeit einen hohen Preis. Meine Mutter, die sehr darunter litt, das ungewollte Kind einer noch so jungen Frau und für diese immerzu eine Belastung zu sein, brachte ihr Unverständnis, ja ihre ungebrochene Enttäuschung ihr gegenüber einmal auf die folgende Formel: »Ich hatte wirklich kein Glück. Ich glaube, sie war egoistisch und böse.« Wenn man die psychologische Klaviatur wieder in den Schrank der nutzlosen Werkzeuge zurückstellt, erscheint einem das Eigentliche viel klarer: Beide Frauen, meine Großmutter und meine Mutter, wurden von der Geschichte hin und her geworfen. Gesellschaftliche und geschlechtliche Gesetze, deren Macht sie überwältigte und die ihre Leben prägten, drängten sie ins Abseits. Man verwies sie auf ein unglückliches, tragisches Leben. »Man«?

Ja. Wie soll man die Gesetze sonst beschreiben, deren Wie und Warum, deren Geltungskraft und Funktion sich gar nicht mehr erklären lassen? Obwohl sich ihre Geschichten ganz grundsätzlich unterscheiden, erkenne ich in den Büchern Violette Leducs etwas von der Not und Traurigkeit des Lebens meiner Mutter wieder. Wie schwer es damals war, ein »Bastard« zu sein, von niemandem geliebt zu werden, tagein, tagaus ein Gefühl der Ungerechtigkeit mit sich herumschleppen zu müssen und förmlich daran zu ersticken, dass die Frau, die »gesündigt« hatte, ihren »Makel« auf das Kind übertrug. »Meine Mutter hat mir niemals die Hand gegeben.« Was für ein schrecklicher Satz, um die Erzählung der eigenen Kindheit zu beginnen! Ich sehe in ihm aber auch etwas von meiner Großmutter, die selbst einen »Bastard« zur Welt gebracht hatte und die an der Enge, welche die soziale Welt für Frauen wie sie bedeutete, zu ersticken drohte. Kein Wunder, dass solche Frauen die Frucht ihres fatalen Fehlers, die sie wie ein Stigma der Niedertracht, wie eine Strafe bei sich behalten mussten, zu hassen begannen.[1]

»Es lag ein Fluch auf uns«, sagte mir meine Mutter, um zu erklären, warum sie in ihrem Leben nicht glücklich werden konnte, und erzählte mir danach die Szene, die ich schon in *Rückkehr nach Reims* wiedergegeben habe: Der Vater ihrer Mutter verjagt seine siebzehnjährige Tochter, weil sie schwanger ist: »Hau ab mit deinem Bastard! Verflucht seid ihr alle beide!« Dieser Fluch war aber nicht von einem einzelnen Menschen ausgesprochen worden, so dumm und borniert dieser auch sein mochte. Die Uner-

---

1 Violette Leduc, *L'Asphyxie*, Paris: Gallimard 1946; dies., *Die Bastardin*, aus dem Französischen von Walter Tiel, München: Piper 1990 [1964]; vgl. auch Carlos Jansiti, *Violette Leduc. Biographie*, Paris: Grasset 1999.

bittlichkeit dieses Vaters war nur das Echo von Haltungen und Aussagen, die schon lange vor ihm bestanden. Im Grunde war sein Ausruf ein Zitat. Was seine Stimme da aussprach, war so etwas wie das unsichtbare, ungreifbare Gericht, von dem Kafka spricht, das Gericht, dessen Urteilssprüche man niemals verstehen kann und doch auf sich nehmen muss. Man weiß nicht, warum und woher diese Urteile gesprochen werden. Aber man entdeckt eines Tages, dass sie uns vorangehen, uns umgeben, uns begleiten, bewerten und ohne irgendeine weitere Erklärung verurteilen. Gesellschaft als Urteil.

Was für ein eigenartiges Bild die Porträts meiner Großmütter doch abgeben. Sie waren einander so unähnlich, wie es innerhalb des sozialen, geografischen und historischen Rahmens, der ihnen gemeinsam gegeben war, nur ging. Und doch waren sie sich darin sehr nah, dass sie gegen die Gewalt der sozialen Welt, die sie umgab, ankämpften. Sie waren zum Verlieren bestimmt, denn der Gegner war zu stark für sie. Und es fehlten ihnen die richtigen Waffen.

3. Bedingungen des Erinnerns

Noch bis vor Kurzem hätte ich über Simone de Beauvoir und die entscheidende Rolle, die ihre Bücher und sie als öffentliche Person in meinem Leben gespielt haben, einen Text schreiben können, ohne dabei einen Bezug zu meiner Mutter und zu meinen Großmüttern herzustellen. Es sei denn, man geht davon aus, dass diese Frauen insgeheim zu jeder Zeit in meinem Geist präsent, dass sie eine Geisterpräsenz gewesen sind, die das Bild der seit Jugendtagen von mir verehrten weiblichen Intellektuellen – Beauvoir, Sarraute, Duras – unbemerkt und wie eine verdrängte Rückseite begleitete. Ich verehrte diese Frauen natürlich für ihr Werk, in vielen Hinsichten aber einfach auch dafür, dass sie ganz anders waren als meine Großmütter oder meine Mutter. Ich konnte damals glauben oder mich selbst glauben machen – einfach, indem ich mir die Frage nicht stellte –, dass die Faszination für die einen und die Distanzierung von den anderen rein gar nichts mit der Frage der sozialen Klassen zu tun hatte. Weil sie Schriftstellerinnen oder Philosophinnen waren und weil dies in meinen Augen eine Weise war, links zu sein, gehörten sie nicht zur verabscheuten Kaste der »Bürgerlichen«. Völlig unbedarft ging ich davon aus, dass Intellektuelle immer links sind, ja das die Kultur als solche etwas Linkes ist. Was für eine Illusion! Was für ein grober Fehler! Vielleicht haben mich meine Großmütter bei allen meinen literarischen und intellektuellen Eroberungen begleitet, ohne dass dabei irgendetwas von ihrer negierten Präsenz, von ihrer invasiven Abwesenheit durchschien. Heute weiß ich, dass der Zugang zu Kultur und Bildung, dass die Begeisterung, ja Raserei, mit der ich mich den von ihnen angebotenen Genüssen widmete, mächtige Faktoren bei meiner sozialen Desidentifikation gewesen sind. Es ist vergeblich zu glauben, das ließe sich rückgängig machen.

Ein Grund dafür liegt ganz einfach darin, dass es für mich sehr schwierig ist, etwas über meine Großmütter, meine Großeltern oder gar weiter entfernte Vorfahren (oder Vorfahrinnen) herauszufinden. Es gibt keine Orte oder überlieferten Dokumente, in denen ich den dumpfen Klang ihrer Stimmen, in denen ich ihre Schritte, ihre Leben vernehmen könnte. Anders als in bürgerlichen Familien wurden bei uns keine Häuser vererbt, und es können deshalb auch keine Archive in Schubladen und Schränken solcher Häuser gefunden werden. Solche Erbstücke sind die Voraussetzung für eine Entdeckungsarbeit, wie beispielsweise Claude Simon sie in einer Reihe autobiografischer Romane leistet: *Geschichte*, *Georgica*, *Die Akazie* ... Seine Leser werden sich erinnern. Am Anfang von *Geschichte* befindet sich der Autor (oder Erzähler) bei Nacht im Salon des Familiensitzes. Im Rauschen des alten Baumes, dessen Laub vom Wind fast durch die Fenster gedrückt wird, und im Zittern der Vögel, die sich in diesem Baum eingenistet haben, glaubt er, den schweren Atem seiner Vorfahren und das ferne, nur noch als ein Murmeln vernehmbare Echo der Gespräche zu hören, die seine Großmutter, bei der er einmal gewohnt hat, mit ihren Gäste führt, »als ob sie, geheimnisvoll und greinend, sich noch immer dort aufhielten irgendwo in dem baufälligen großen Haus mit seinen jetzt halbleeren Zimmern in denen nicht mehr die Düfte der Riechwasser alter Damen auf Besuch schwebten sondern jener scharfe modrige Geruch«. Begleitet wird die Großmutter aber auch von einer anderen, unverzichtbaren, in diesen erinnerten Szenen niemals abwesenden Figur, denn der Erzähler kann »in der Stille den hinkenden Schritt der alten Dienstmagd hören die durch das leere Haus ging anklopfte die Tür des Salons öffnete ihr Medusenhaupt vorstreckte und mit barscher wütender und ebenfalls gleichsam gekränkter Stimme die mit Titeln von Generalinnen oder Marquisen geschmückten Namen mit ihren rauhen mittelalterlichen Konsonanzen – Amalrik, Willum, Guarbia – ausstieß.«[1] Jede Einzelheit verankert die heraufbeschworene Vergangenheit in der verschwundenen Welt des Landadels und des ländlichen Großbürgertums. Ähnliches geschieht, wenn Simon in *Georgica* das Wohnzimmer mit den Wandgemälden wiederauferstehen lässt, in welchem die Großmutter ihre Diners und Soireen veranstaltete, wenn er »ihre Gäste« sieht,

> die Bridgespieler, die schweigsamen Kinder, auf die die Versammlung der in vergoldeten, geschnitzten Rahmen regungslosen Ahnherrn herabschaute, als ob, auf der anderen Seite der Wände, auf einer Art Empore oder Galerie, die zahlreiche Menge der Toten wandelte, deren lautloses Stimmengewirr, lautloses Rascheln von Satin, knitternden Röcken und von Fächern man zu vernehmen glaubte, jene unübersehbare Horde männlicher und weiblicher Erzeuger, […] für einen Abend auferweckt und geladen wie Gäste zu einem Maskenball, als kokette Frauen, Hirschjäger, hugolianische Poeten oder strenge Greise mit kaiserlichen Schnurrbärten verklei-

1 Claude Simon, *Geschichte*, aus dem Französischen von Eva Moldenhauer, Köln: Dumont 1999 [1967], S. 8-9.

det, die dann stehenblieben, um unten, leicht erstaunt, leicht entrüstet (oder nur ausdruckslos) die letzten Produkte ihrer Begattungen und Heiraten rings um die letzte Erbin des Namens zu betrachten [...].[1]

Simons Beschreibungen lassen ein ganzes soziales Milieu vor unserem geistigen Auge erstehen. Sie zeigen uns, wie die Gegenwart von der Vergangenheit überragt, verfolgt und geformt wird, wie sie nur durch ihre Verbindungen in die Tiefenzeit der Familie und des von historischen Figuren verkörperten Familienstatus lebendig wird. Es scheint, als würden die Ahnen ihren Nachfahren zusehen und sie beurteilen.

Während der Arbeit an diesem Roman lebte Simon (oder zumindest lebt der Erzähler Simons) in dem Haus, das die Bühne seiner Kindheit war. Mit der Sorgfalt eines Historikers, der die großen Linien so sehr im Blick hat wie die feinsten Details, und mit dem Feingefühl eines Soziologen, dem keine soziale oder politische Bedeutung entgeht, erweckt Simon die Szenen seiner Kindheit zum Leben. Und ich komme nicht umhin zu fragen: Wo sind in dem Moment, da der Schriftsteller diese Begebenheiten erinnert, wiederherstellt und analysiert, die Enkelkinder der alten, hinkenden Dienstmagd? Welche Erinnerungen mögen sie an diese Vergangenheit haben, die ihnen nicht weniger gehört und in der ihre Großmutter nicht weniger präsent gewesen ist (wenn wir auch von deren Freunden gar nichts und von den Ereignissen und Umständen ihrer täglichen Existenz nur das hören, was mit ihrer Dienstrolle zu tun hatte)? Würde ich meinen eigenen Stammbaum erstellen, meine Vorfahren stünden höchstwahrscheinlich

---

1 Claude Simon, *Georgica*, aus dem Französischen von Doris Butz-Striebel und Trésy Lejoly, Reinbek bei Hamburg: Rowohlt 1992 [1981], S. 194.

auf der Seite dieser alten, ermatteten Frau, die keine andere »Eigenschaft« zu haben scheint als die, Bedienstete einer Familie aus der »höheren Gesellschaft« zu sein. Man weiß und erfährt von dieser Dienstmagd so gut wie nichts.

Ich will ein Beispiel geben. Nachdem sie *Rückkehr nach Reims* gelesen hatte, schrieb mir eine Doktorandin, die über den »zivilen Arbeitseinsatz« (*travail civique*) französischer Frauen in Deutschland im Zweiten Weltkrieg forschte (so erfuhr ich, dass es diese offizielle Bezeichnung gab), ob sie die Dokumente meiner Großmutter auswerten dürfe, von deren Schicksal nach der Libération sie in meinem Buch gelesen hatte. Ich fragte meine Mutter, ob sie etwas aufgehoben hatte: »Nein. Als sie starb und ihr Zimmer im Altersheim geräumt wurde, war ich nicht da. Wahrscheinlich hat meine Schwester alles weggeworfen. Was hätten wir mit dem Zeug auch anfangen sollen?«

Dokumente gibt es also nicht. Und gäbe es welche, welcher Art wären sie? Tagebücher bestimmt nicht. Und auch keine Briefe, die über Umzüge und biografische Wirren hinweg konserviert worden wären. Ein paar Fotos? Ausgeschnittene Zeitungsartikel? Postkarten? Ich kann nur Vermutungen anstellen, sehr vage noch dazu. Auf dieses Familiengedächtnis habe ich keinen Zugriff. Die wenigen Bruchstücke, die mir überliefert wurden, habe ich aus mündlichen Berichten, die oft ungenau und nicht selten widersprüchlich waren. Auch auf der Seite meines Vaters lassen sich die Spuren der Familie nicht sonderlich weit zurückverfolgen. Meinen Urgroßvater und meine Urgroßmutter habe ich noch kennengelernt (die Großeltern meines Vaters, das heißt des Zweigs meines Stammbaums, von dem ich meinen Namen habe: Eribon). Dem Kind, das ich damals war, schienen diese Menschen unglaublich alt. Er war kriegsversehrt (während des Ersten Weltkriegs schwer verwundet, war er Invalide geblieben). Sie hatte, natürlich lange vor meiner Geburt, in den Kellereien der Champagne gearbeitet. Das ist beinahe alles, was ich weiß.

Vor einiger Zeit hat meine Mutter, nachdem sie Muizon verlassen hatte und nach Reims zurückgekehrt war (sie fürchtete sich davor, nach dem Tod meines Vaters abseits der Stadt zu vereinsamen), in irgendeiner Kiste einen alten Umschlag mit Dokumenten meines Vaters gefunden. »Ich wusste gar nicht, dass der so was aufgehoben hat … Kannst es gerne mitnehmen, wenn es dich interessiert.« Und ob mich das interessierte! Ich war extrem gespannt, was ich über die Vergangenheit meines Vaters herausfinden würde. Und bald umso enttäuschter: In dem Umschlag befanden sich die Kostenvoranschläge und Rechnungen für die Beerdigung seiner Mutter und Großmutter (als ältestes Kind hatte er sich darum gekümmert), der Invalidenausweis seines Großvaters und ein Ausweis seiner Mutter (auf dem ich ihr Geburtsdatum und damit auch ihr Sterbealter nachprüfen konnte). Sonst nichts.

Da hatte ich es wieder: In Arbeiterfamilien gibt es kein Familiengedächtnis. Richard Hoggart hat das ebenfalls betont. Was ihm von seinen Eltern überliefert worden war, beschränkte sich auf ein paar wenige Habseligkeiten. Er listet sie auf: »Ein Gebetbuch, eine verrostete, zeigerlose Taschenuhr, eine Dienstmedaille 1914-1915, eine Gedenkmedaille mit der Aufschrift ›Der große Krieg um die Zivilisation, 1914-1919‹, die Erkennungsmarke meines Vaters, zwei oder drei Fotografien von verschiedenen Leuten.«[1]

Es scheint sich wenig geändert zu haben: Wenn Martine Sonnet auf Dokumente zurückgreifen möchte, um den Bericht über das Leben ihrer Eltern anzureichern, kann sie sich auf den Arbeitsvertrag ihres Vaters in der Gießerei

---

1 Richard Hoggart, *A Local Habitation*, a. a. O., S. 64 f.

der Renault-Werke oder auf sein »Zertifikat beruflicher Erprobtheit« stützen, das man ihm nach fünf Jahren Arbeit, als er vom angelernten zum gelernten Arbeiter (zur Arbeiterelite) aufstieg, ausgehändigt hat. Die einzigen Archivalien, die Sonnet besitzt, beziehen sich auf ihren Vater und ihre Mutter, das heißt auf Menschen, die sie gekannt und mit denen sie zusammengelebt hat. Mehr gibt es nicht. Über das Leben, das vor ihrer Geburt stattgefunden hat, kann sie nur mit größter Not etwas in Erfahrung bringen. Wer waren ihre Eltern? Wo kamen sie her, und was war mit ihren Großeltern? Darüber erfahren wir nichts. Und sehr wahrscheinlich ist das so, weil Sonnet nicht mehr darüber weiß.[1] Im Grunde weiß ein Kind von seinen Eltern und seiner Familie nur sehr wenig. Nur durch geduldige, ausdauernde Recherche fördert man Dinge zutage, die nicht schon aus dem direkten, familieninternen Kontakt bekannt sind. Solche Recherchen stoßen schnell auf die große Abwesenheit von Dokumenten und Spuren. Es gibt keine Häuser oder Besitztümer, in die sie sich hätten einschreiben können, es sei denn, die eigene Familie stammt aus der herrschenden Klasse.

Auf einer jener mondänen Partys, auf denen man bisweilen landet, wenn man die sozial durchmischte schwule Welt frequentiert, wurde mir einmal eine Dame vorgestellt, deren altehrwürdiger Name angeblich in den *Memoiren* Saint-Simons vorkommt. Ich weiß noch, wie mir mein Nebenmann in beinahe ekstatischer Erregung zuflüsterte: »Ihre Familie reicht bis ins 12. Jahrhundert zurück.« Ich begriff zu dieser Zeit, wie sehr Namen, Vornamen und Abstammungen in jedem Moment und ganz unabhängig

1 Martine Sonnet, *Atelier 62*, a. a. O., S. 19 f.

von unseren Taten oder Leistungen darüber bestimmen, was wir sind. Wo wir auch hingehen, tragen wir eine soziale Identität mit uns herum, die mehrere Generationen zurückreicht. Durch die Art, wie die anderen ihre eigene Identität behaupten und darstellen, durch ihre Einordnung unseres Verhältnisses ihnen gegenüber werden wir immer wieder auf unsere Identität zurückverwiesen. Ich musste damals sehr lachen und gab meinem Nebenmann zurück: »Meine Familie auch!« Meine Replik war kaum zu widerlegen. Falsch war sie trotzdem. Weiter als zwei oder drei Generationen kann ich den Stammbaum meiner Familie nämlich nicht zurückverfolgen. Leuten, die einen »Namen« tragen, steht es frei, von ihrer Einschreibung in einen Stammbaum zu fantasieren, dessen Verzweigungen in die Tiefen der Vergangenheit zurückreichen. Wahrscheinlich gibt es Bücher, Orte, Gegenstände und Dokumente, die Alter und Ehrwürdigkeit ihrer Familien belegen. Die fast schon magisch zu nennende Begründungsfunktion, die der »Name-des-Vaters« in diesem Zusammenhang spielt, ist fundamental mit den sozialen und politischen Institutionen verbunden, die von der Geschichte, und sei es nur als Mentalität, verstetigt werden.

Claude Simons Heraufbeschwörung des Milieus seiner Kindheit (seiner Großmutter, des Onkels, der ihn großgezogen hat, des Internats im Pariser Collège Stanislas mit seinen Eleven aus dem katholischen Großbürgertum) hat eine Gegenseite. Um diese kennenzulernen, muss man sie neben die Beschreibungen stellen, mit denen Richard Hoggart seine Kindheit evoziert, die sich etwa zur gleichen Zeit, aber in einem anderen Land und vor allem in einem ganz anderen Teil der sozialen Welt abspielte: in der englischen Arbeiterklasse. Nach dem Tod seiner Mutter wurde Hoggart von seiner Großmutter aufgezogen, die von ihrem zehnten oder elften Lebensjahr bis zu ihrer Heirat als Hausmädchen »bei einer Familie von Großgrundbesitzern« in Boston Spa, einem »kleinen schicken Dörfchen unweit von Leeds«, gearbeitet hatte. Sie wohnte am Ende einer langen, eng bebauten Reihenhaussiedlung:

> Mit sieben oder acht Jahren, nicht lange nach dem Tod meiner Mutter, zog ich zu meiner Großmutter. Drei Personen wohnten in dem Haus an der Newport Street: Großmama, Annie und ihr Bruder Walter. Bald waren wir zu fünft, denn Tante Ethel hängte ihre Arbeit in Huddersfield an den Nagel, sechzehn Meilen weiter oben in Richtung der Penninen. Als wenig später noch ein Cousin aus Sheffield zu uns kam, waren wir zu sechst. Auch wenn das Erdgeschoss fast nur aus einem Wohnzimmer bestand, kann ich mich nicht erinnern, dort jemals Beengtheit gefühlt zu haben. Der Raum schien groß genug. Er lag zur Straße hin. Hinten gab es zum Hof hin noch eine schmale, schlauchförmige Küche. Auf der Etage der »33« waren zwei Zimmer: eins über dem Wohnzimmer, eins über der Küche.[1]

Manche Leser mögen sich an meinem Vergleich stören zwischen dem Werk des französischen Schriftstellers (den ich für einen der größten der zweiten Hälfte des 20. Jahrhunderts halte) und der Autobiografie des britischen Soziologen (den ich nicht ganz so vorbehaltlos verehre, wie die französische Soziologengilde es tut). Ihnen sei gesagt, dass ich das Werk Simons damit keinesfalls auf eine Anzahl historischer oder soziologischer Eigenschaften (die es zweifellos hat) »reduzieren« will. Ich merke allerdings, dass die pikierten Verweise auf die »Reinheit« des Romans

---

1 Richard Hoggart, *A Local Habitation*, a. a. O., S. 9.

und die »Autonomie« des Literarischen, die man einhalten
solle, mit viel weniger Inbrunst vorgetragen werden, wenn
die betreffenden Texte nicht von der Oberschicht, sondern
von den unteren, beherrschten Klassen handeln. Bei einem Text von Annie Ernaux oder Toni Morrison würde
vermutlich niemand mit solchen Einwänden kommen. Im
Gegenteil, bei solchen Autoren geht die Tendenz eher dahin, den Stil, die formalen Neuerungen, die Konstruktion
der Erzählung, die Details der Sprache usw. zu unterschlagen, um sich ganz auf den »dokumentarischen« Aspekt
zu konzentrieren, so als ob es sich um bloße »Zeugen-
aussagen« handelte. Wenn man auf die soziologische und
politische Kraft der Bücher pocht, die sich mit der Welt
der Beherrschten befassen, läuft man immer Gefahr, ihre
genuin literarische Bedeutung zu unterschlagen. Mit Blick
auf Ernaux (oder Morrison), aber auch auf Simon, will ich
also noch einmal betonen, dass mein Ansatz kein literatur-
kritischer ist und dass sich die Kraft eines Werks keineswegs auf den Stoff reduziert, den es formt. Natürlich ist
die Form, die dem Stoff zur Darstellung verhilft, genauso
wichtig wie dieser Stoff selbst. Ich könnte Mahmoud Darwisch zitieren, der nicht länger als »Dichter Palästinas«
definiert und »in diese Bezeichnung eingesperrt« werden
wollte. Dabei differenzierte er zwischen denen, die diese Bezeichnung »unschuldig« verwenden, »die sich dem
palästinensischen Volk gegenüber solidarisch zeigen und
meine Dichtung dadurch würdigen wollen, dass sie sie mit
der Sache dieses Volkes identifizieren«, und den »perver-
sen Literaturkritikern, die den Dichter Palästinas all seiner
poetischen Attribute berauben und ihn zu einem simplen
Zeugen degradieren wollen«. Darwisch fügt hinzu:

Tatsache ist, dass ich ein Palästinenser, dass ich ein palästi-
nensischer Dichter bin. Aber ich verwahre mich dagegen,

ausschließlich als der Dichter der palästinensischen Sache definiert zu werden. Ich will nicht, dass man meine Dichtung so behandelt, als sei ich ein in Versen schreibender Historiker Palästinas.

Bei der Beantwortung der Frage, ob und wie die israelische und palästinensische Literatur sich unterscheiden, kann Darwisch natürlich trotzdem auf die politische Dimension des Schreibens und auf den Kampf verweisen, der auch mit kulturellen und linguistischen Mitteln ausgefochten wird: »Im Grunde kämpfen wir in der Sprache um die Aneignung des Ortes.« Er geht so weit, die literarische Behauptungskraft eines Volkes mit der Legitimation seines Kampfes zu verknüpfen: »Ist ein Volk ohne Dichter dazu verdammt, ein beherrschtes Volk zu sein?«[1]

Ich bin mir der ständigen Spannung und Schwierigkeit, ja der Gefahr bewusst, die darin liegt, beide Register getrennt zu behandeln oder eines gegenüber dem anderen zu bevorzugen. Im Rahmen dieses Essays habe ich mich trotzdem dafür entschieden, das in den Mittelpunkt zu stellen, was die Bücher sagen, und nicht die Art, wie sie es sagen (oder eher: und nicht das, was in der Art, wie sie es sagen, gesagt wird, denn häufig ist es erst die Erfindung einer Form, die den Ausdruck, die Rekonstruktion, die Erfindung eines Inhalts ermöglicht). Mein Augenmerk liegt eher auf dem sozialen und politischen Inhalt als auf der ästhetischen Geste, die diesen Inhalt inszeniert und zur Geltung bringt (und die darin zweifellos ihre eigene Berechtigung hat).

Die von Hoggart beschriebene Arbeiterwohnung kann nicht der Ort sein, an dem sich die Familienmitglieder in

---

1 Mahmoud Darwisch, *Entretiens sur la poésie*, Arles: Actes Sud, 2006, S. 16 f., S. 65-68.

die Tiefenzeit eines historischen und familialen Gedächtnisses einschreiben. Sie kann dies schon deshalb nicht, weil sie nicht über Generationen hinweg in der Familie weitergegeben wurde und weil sich in ihr keine historischen Schichten angelagert haben. Das Gedächtnis beschränkt sich also auf persönliche Erfahrungen und auf das, was die Eltern und Großeltern ihren Kindern und Kindeskindern mündlich übermitteln:

> Welche Erinnerungen konnte Großmutter an ihre eigenen Familie in Boston Spa haben, an ihre Großeltern, die noch die Spätphase der Napoleonischen Kriege und die Wirren des Jahres 1830 erlebt hatten? Für historische Perspektiven hatte sie keinen Sinn, aber wie hätte sie diesen auch haben können? Das historisch Evidente bestand für sie ausschließlich aus den Dingen, die sich in den Windungen des Gedächtnisses ihrer eigenen Generation wiederfanden. Abgesehen von wenigen mündlichen Überlieferungen, die meist sehr konfus und bruchstückhaft sind und die sich mit den Jahren verlieren, haben die Menschen aus der Arbeiterklasse praktisch keine Ahnung von ihrer eigenen Geschichte. Wenn Leute wie ich also beispielsweise zum ersten Mal hören, wie die Ehefrau eines Kollegen sagt: »Aber ja, dieser Schreibtisch gehörte meiner Mutter und davor schon meiner Großmutter«, dann sehen wir die Zeit auf eine Weise zurücklaufen, wie wir es selbst nie erfahren haben. Für Arbeiter sind die drei oder vielleicht vier Generationen, die noch am Leben sind, das gelegentlich heraufbeschworene Gesicht eines Verwandten (die liebenswürdige Tante, die so jung verstarb ...), die wenigen kleinen Gegenstände und Anekdoten, die man besitzt, meistens schon alles.[1]

---

1 Richard Hoggart, *A Local Habitation*, a. a. O., S. 10 f.

In aristokratischen oder bürgerlichen Familien ist das völlig anders. Davon kann man sich in jenen Passagen von Simons *Georgica* überzeugen, in denen der Autor oder Erzähler (das Double Simons) die Archive eines Vorfahren auswertet, die er in einem Wandfach jenes Familiensitzes gefunden hat, den er selbst als Kind und später, nach dem Zweiten Weltkrieg, auch als Erwachsener bewohnte. Besagter Vorfahre war ein Offizier aus dem niederen Landadel, bevor er Abgeordneter im Nationalkonvent wurde und schließlich zum General der französischen Revolutionsarmee aufstieg. Unter Napoleon kämpfte er auf den nordfranzösischen Schlachtfeldern, die Simon selbst im Jahr 1940, etwa hundertfünfzig Jahre später, überquerte, um der Eiseskälte und dem Feind entgegenzureiten – einem Feind, der Simons Vater 1914, als der Schriftsteller gerade ein Jahr alt war, an der gleichen Front durch einen Kopfschuss getötet hatte. In der zyklischen Wiederkehr der Generationen, der Schlachten und Jahreszeiten vermischt sich die Familiengeschichte mit der Geschichte schlechthin. Der Erzähler empfindet ein fast schon biologisch zu nennendes Gefühl von Kontinuität – der ewige Neuanfang des pflanzlichen, tierischen, menschlichen Lebens –, und zwar gerade deshalb, weil das Haus der Familie eine fast schon überzeitliche Dauer besitzt. Das Haus ist der Zeuge der Abstammung und des Stammbaums, der materielle und symbolische Träger einer Genealogie.[1]

Annie Ernaux findet harte Worte für Claude Simon. Ich kann sie verstehen. Sosehr ich den Autor von *Die Straße in*

---

[1] In der bäuerlichen Welt ließe sich für den Familiensitz, der über Generationen erhalten wird, vielleicht eine Entsprechung finden. Allerdings würde man dort wohl kaum auf die verschollenen Archive eines Generals stoßen.

Flandern und *Der Palast* bewundert habe und noch immer bewundere (Jahr für Jahr lese ich seine Bücher, die mich so sehr geprägt haben, ja von denen ich regelrecht besessen war, mit ungebrochener Begeisterung), kann ich doch auch nachvollziehen, warum Ernaux sich von dem unpolitischen Begriff von Literatur und Geschichte, den Simon vertrat, beinahe persönlich angegriffen fühlte. Simon hat sein literarisches Projekt gegen den Realismus und gegen den Naturalismus, vor allem aber gegen die Vorstellung einer »engagierten« Literatur entwickelt. »Nicht nachweisen, sondern zeigen«, sagte er 1985 in seiner Nobelpreisrede, »nicht wiedergeben, sondern hervorbringen, nicht ausdrücken, sondern entdecken.«[1] Daher auch seine wiederholten, bissigen und intelligenten Attacken gegen Sartre und dessen Vorstellungen vom literarischen Beruf, von der Pflicht und Verantwortung des Schriftstellers.

Ernaux ärgert sich vor allem über Simons *Die Einladung*, den Reisebericht, den er über seinen Aufenthalt in der Sowjetunion nach dem Nobelpreis verfasst hat. Sie will gegen die Auffassung einer Literatur protestieren, »die sich selbst spiegelt, die zu historischen und gesellschaftlichen Phänomenen Abstand hält oder diese auf eine Weise ›entwirklicht‹, dass sie nichts Störendes oder Berührendes mehr an sich haben.«

Ich verstehe diese Literatur nicht, ja sie bereitet mir beinahe Schmerzen. Das mag auch daran liegen, dass die Literatur in meinen Jugendjahren nicht nur dazu beigetragen hat, mich von meinem Herkunftsmilieu, in dem niemand las, zu entfernen, sondern auch dazu, dass sie mir vieles bewusst machte, dass sie mich ungeahnte Probleme erkennen ließ [...]. Na-

---

1 Claude Simon, *Discours de Stockholm*, Paris: Les Éditions de Minuit 1986.

menlose, schwer erträgliche Dinge, nicht nur aus dem sozialen Bereich, wurden leichter, wenn sie jemand benannte und beschrieb. Die Literatur hat mich verändert.[1]

Es ist seltsam: Als ich Student war, hatten Claude Simons Bücher genau die Wirkung auf mich, die Ernaux hier beschreibt (von meiner Begeisterung für alles Moderne, mit der ich meinen Drang nach »Distinktion« zufriedenstellte, einmal abgesehen). Simons Ansatz des »Zeigens« und »Hervorbringens« kann durchaus lehrreich und berührend sein. Anders, als von ihm selbst behauptet, ist sein Werk – ähnlich wie dasjenige Prousts, den er sehr bewunderte – mit theoretischen Überlegungen, gesellschaftlichen Charakteristiken, politischen Bewertungen gesättigt. Seine Exegeten mögen noch so lange wiederholen, dass er eher an der Harmonie der Romankonstruktion als an irgendwelchen Botschaften interessiert und dass sein Schreiben nicht wirklich autobiografisch gewesen sei, weil die von der Schrift geformte Erinnerung dieser nicht vorherging, sondern erst in ihrer Bewegung entstand, usw. (Ist das nicht ein Charakteristikum allen autobiografischen Schreibens? Sagt Christa Wolf in *Kindheitsmuster* nicht, es sei viel leichter, eine Vergangenheit zu erfinden, als sich an sie zu erinnern?) Trotz alledem formt das Schreiben Simons einen Blick auf die Welt. Die Realität, die es darstellt, mag »produziert« und »hervorgebracht« (und nicht bloß »wiedergegeben«) sein. Ganz und gar »fiktiv«, »fiktional« oder »romanesk« ist sie natürlich trotzdem nicht.

Seine soziologische Schärfe und Klarsichtigkeit erkennt man beispielsweise in *Die Akazie*, wo er zwei Familien aus diametral entgegengesetzten Milieus darstellt:

1 Annie Ernaux, »Littérature et politique«, in: *Nouvelles Nouvelles* 15 (Sommer 1989), S. 100-103, nachgedruckt in *Tra-Jectoires* 3 (2006), S. 124 f.

die Familie seines Vaters und die seiner Mutter. In den Porträts verschiedener Personen, in den minutiösen Beschreibungen ihres Kleidungsstils, ihrer Verhaltensweisen, ihrer Wertvorstellungen und ihres Weltbezugs lässt Simon eine fast schon manichäische Szenerie entstehen, in der zwei Klassen, die sich in jeder Hinsicht antagonistisch gegenüberstehen, über die Frage debattieren, ob ein junger Mann aus der einen und eine junge Frau aus der anderen Klasse einander heiraten dürfen. Mit größter Ausdauer setzen sich die jungen Leute endlich durch, heiraten und werden die Eltern des Schriftstellers – oder des Erzählers –, der uns diese Begebenheiten aus der Zeit vor seiner Geburt erzählt. Der Bräutigam ist der Sohn eines Bauern, »der kaum lesen und schreiben konnte« und der beschlossen hatte, dass seine Kinder es einmal besser haben sollten als er. Seine beiden Töchter werden Volksschullehrerinnen. Ihr deutlich jüngerer Bruder schlägt eine Laufbahn ein, zu der ihn nichts prädestiniert: »in seinen abgewetzten Stipendiatenkleidern« besucht er eine Vorbereitungsklasse und wird schließlich an der Offiziersschule von Saint-Cyr aufgenommen, wo er lernt, »den Kränkungen seiner Mitschüler, die den Titel eines Marquis oder eines Barons trugen [...] (jenen, für die das Tragen eines Käppis mit Federn, weißer Handschuhe und eines Degens keinen gesellschaftlichen Aufstieg bedeutete, sondern ein Recht, etwas Geschuldetes, einfache Requisiten, die ihnen schon in die Wiege gelegt worden waren)«, das Lächeln einer »nachsichtigen Gutmütigkeit« entgegenzuhalten. Mit demselben Lächeln begegnet er den hartnäckigen Einwänden seiner Schwestern, die ihn von seinem Heiratsprojekt abbringen wollen. Während der junge Mann gewillt ist, seinen langen Kampf gegen die »strenge, abergläubische Voreingenommenheit« dieser Frauen »in kartonähnlichen Kleidern« bis zum Ende durchzustehen, kommt es einige

hundert Kilometer weiter zu der analogen Auseinandersetzung zwischen einer alten, in den Vorurteilen und der
Arroganz ihrer Kaste gefangenen Frau und ihrer Tochter,
die sich in den jungen Soldaten aus bäuerlichen, verarm-
ten Verhältnissen, in diesen jungen Atheisten, Republika-
ner und Sozialisten verliebt hat und die ihn um jeden Preis
heiraten will.

Mit fotografischer Präzision stellt Simon den Antago-
nismus der Klassen dar, in den Feinheiten der Kleider, der
Gesten und Gesichter lässt er ihn plastisch werden. Über
eine Distanz von mehreren hundert Kilometern hinweg
liefern sich zwei Klassen einen Kampf und kommen nur
deshalb zueinander, weil die beiden unnachgiebig ineinander verliebten Menschen sie dazu zwingen. Man muss diese Seiten lesen, um den borniierten Widerstand der bigot-
ten Aristokratin gegen den Wunsch ihrer Tochter und die
nicht weniger sture Ablehnung der Volksschullehrerinnen
vom Lande gegen das Projekt ihres jüngeren Bruders zu
verstehen. Beide versteifen sich auf das identische Argument: »Sie ist nicht aus unserem Milieu!«, »bis schließlich, siebenhundert Kilometer voneinander entfernt, die
beiden Laienschwestern mit den sparsamen Kleidern und
die Viktorianische alte Dame, deren Zimmer ein Kruzifix
zierte, aufgaben, sich fügten, sich geschlagen erklärten«.[1]

Wie kann man da annehmen, dass allein literarische Leidenschaften in die Gewalt der Bücher Simons eingeflos-
sen sind, in seinen hartnäckigen Willen, immer wieder auf
bestimmte Elemente seines Lebens zurückzukommen, in
seine beinahe monomanischen Geduld, das Trauma des

---

1 Claude Simon, *Die Akazie*, aus dem Französischen von Eva Moldenhauer, Frankfurt am Main: Suhrkamp 1991 [1989], S. 254-265.

Krieges zu sagen und zu wiederholen, es in seine persönliche und in die Geschichte seiner Familie einzuschreiben? Man sollte seine antitheoretischen, antipolitischen Theorien nicht allzu wörtlich nehmen. In diesem Bereich hat er seine Schwächen, sein *Discours de Stockholm* fällt hinter die Qualität seiner Romane weit zurück. Die Politik ist in seinen Büchern omnipräsent: Zum Beispiel, wenn er in *Georgica* Kriege und Massaker als Konsequenz von Entscheidungen beschreibt, die Politiker in ihren vergoldeten Palästen gefällt haben und die von Generälen durchgesetzt werden, denen Kanonen, Kälte, Schlamm, Angst und Tod nur als bunte Stecknadeln bekannt sind, die sie auf den Karten des Generalstabs hin und her bewegen. Und auch in den Passagen, in denen der persönliche und historische Stoff, den diese Bücher zu einer abersinnigen Welt aus Schall und Wahn verdichten, sich in ein zeitliches Kontinuum, in eine Art »unbewegliche Zeit« im braudelschen Sinne verwandelt, über der die immer gleichen Schlachtenstürme mit den immer gleichen, für die gleichen Kämpfe und Gefühle geborenen Protagonisten toben, selbst dort kann man nicht behaupten, dass das geduldig zusammengesetzte Erzählgebäude sich den sozialen und politischen Realitäten entzieht. Im Gegenteil, es scheint mir ein Charakteristikum dieser Erzählweise zu sein, dass sie die große, kollektiv erlebte Geschichte mit den Regungen und Gefühlen der Menschen, die von ihr erfasst und herumgewirbelt werden, auf virtuose Weise verknüpft.

*

Zweifellos fußt der Begriff der Geschichte, den Simons *Georgica* ins Werk setzen, auf der sozialen Geologie seines Familiengedächtnisses. Ich hingegen weiß nicht, was meine Vorfahren während der Französischen Revolution oder zu Zeiten Napoleons gemacht haben. Waren sie Bauern? Waren sie Arbeiter in jenen Manufakturen, aus denen die industrielle Revolution hervorgegangen ist? Waren sie »Bedienstete« in Adelshäusern oder im Bürgertum, das sich damals so spektakulär entwickelte? Ich kann nur versuchen, mir ihren Alltag vorzustellen: harte Arbeit, tagein, tagaus, und eine miserable Bezahlung, von der sie kaum überleben konnten. Die Männer waren arme Teufel, die vom Lauf der Geschichte, das heißt von den politischen Entscheidungen anderer, in Schlachten geschickt wurden, von denen viele nicht mehr oder nur verstümmelt wiederkehrten. Die Frauen arbeiteten sich krumm, um ihre Kinder durchzubringen. Meine »Genealogie« ist grau, sie ist anonym und stumm ... Vielleicht war sie aber auch aufgebracht, revolutionär, vom Willen beseelt, große Geschichte zu schreiben, bevor sie sich, bis zum nächsten kollektiven Wutausbruch, wieder der Härte der täglichen Arbeiten unterwarf. Meine Genealogie ist die Genealogie der Unterdrückten. Vielleicht ähnelten meine weiblichen Vorfahren der hinkenden Dienstmagd aus *Die Akazie*, vielleicht trugen sie über Generationen, Jahrzehnte und Jahrhunderte hinweg das traurige Lichtlein, das 1944 in die Hände einer jungen Frau fiel, die mit vierzehn Jahren zum »Mädchen für alles« wurde und als deren zweiter Sohn ich wenige Jahre später geboren wurde. Wenn ich etwas über die Vergangenheit erfahren möchte, verfüge ich, abgesehen von kollektiven Abstammungskategorien (das »Volk«, die »einfachen Leute«), über keine Informationen, die meine Großeltern und Urgroßeltern betreffen. Meine Familie reicht tatsächlich nicht bis ins 12. Jahrhundert zurück. Sie beginnt mit der Geburt meiner Großeltern im zweiten Jahrzehnt des 20. Jahrhunderts. Dem mondänen Trottel, der sich an dem Adelstitel dieser armseligen, ansonsten ganz eigenschaftslosen Alten ergötzte, hätte ich spitz zurückgeben sollen: »Meine Familie reicht nur bis zum Anfang des 20. Jahrhunderts zurück.« Meine Vorfahren dienten den Reichen und Mächtigen, beziehungsweise ihre Arbeit diente den Reichen und Mächtigen dabei, sich weiter zu bereichern. Ihre Vergangenheit verliert sich im Dunkel der Zeiten weit vor dem Mittelalter – in einer Welt allerdings, in der das Recht auf eine Geschichte, auf das jahrhundertelange »Zurückreichen« nicht existiert: in der Welt der Ausgebeuteten.

Deshalb brauche ich Geschichtsbücher, brauche ich die Literatur, um auf die Welt meiner Vorfahren zugreifen und erfahren zu können, woher ich komme, von wem ich abstamme. Sogar Proust spricht von meinen Vorfahren. Aber wer liest schon Proust, um in der Figur der Haushälterin Françoise eine Antwort auf die Frage zu finden, wer seine Vorfahren waren? Wie gerne sich viele Leser von *Auf der Suche nach der verlorenen Zeit* zur gesellschaftlichen Selbstmythologisierung verleiten lassen. Ehrfürchtig wiederholen sie die Worte der Herzogin von Guermantes (die sie »Oriane« nennen, als wären sie mit ihr verwandt) oder des Baron de Charlus. Auf die Idee, sich die volkstümlichen Redeweisen und grammatikalischen Fehler jener Figur zu eigen zu machen, die der Erzähler (und der Autor) als sozialen Kontrapunkt zu der für ihn so faszinierenden hohen Gesellschaft einführt, kommen sie allerdings nicht (oder nur, um sich über sie lustig zu machen). Viele Leser (und besonders viele schwule Leser, denn der Homophobe Paul Morand hatte ganz recht, als er sagte, die Schwulen hätten dem Autor von *Sodom und Gomorrha* den Nachruhm gesichert) fantasieren sich in dieses Universum hinein, in dem für ihre Eltern oder Großeltern gewiss kein Platz gewesen wäre. (Eine solche Identifikation bildet oft die Grundlage für eine »rechte« politische Positionierung: Man glaubt, einem Milieu schon dadurch anzugehören, dass man seine

Weltanschauung und sein Wertesystem übernimmt.) Ich weiß, dass die Familien meiner Großmütter eher auf der Seite von Françoise zu finden waren. Nicht in den *Hôtels particuliers* und mondänen Salons (höchstens vielleicht, um dort zu bedienen), sondern in Bauernhöfen und Fabriken.

Es gibt nicht viele Bücher, die vom Standpunkt der »Bediensteten« aus geschrieben wurden. Meistens hat das Dienstpersonal nur eine Nebenrolle, es huscht vorbei, hat vielleicht eine Silhouette, aber keine Persönlichkeit und kein Gesicht. Nicht nur in Romanen, auch in vielen Autobiografien werden die Bediensteten von den Taten und Worten der anderen Protagonisten in den Hintergrund gedrängt. Nathalie Sarrautes *Kindheit* beginnt zum Beispiel mit solchen Szenen:

> Ich darf laufen, umherspringen, mich im Kreise drehen, ich habe viel Zeit … Unser Weg führt an der endlosen Mauer des Boulevard Port-Royal entlang … Erst wenn ich an der Querstraße ankomme, muß ich anhalten und die Hand reichen, um auf die andere Seite zu gehen … Ich verschaffe mir einen Vorsprung vor dem Kindermädchen […]. Da kommt sie an, eine unförmige Masse, mit einem gräulichen Tuch auf dem Kopf, sie erreicht mich, sie streckt ihre Hand aus und ich lege meine Hand in ihre …[1]

Den Kindheitsbericht des Kindermädchens, von dem dieses bürgerliche Mädchen in den Jardin du Luxembourg begleitet wird, werden wir niemals lesen, genauso wenig wie die Erzählung ihres Erwachsenenlebens im Dienst der anderen oder die Autobiografien ihrer Kinder, die diese höchstwahrscheinlich niemals verfasst haben.

---

1 Nathalie Sarraute, *Kindheit*, aus dem Französischen von Elmar Tophoven, Köln: Kiepenheuer und Witsch 1984 [1983], S. 26-27.

Bei Proust mag das ein klein wenig anders sein, denn Françoise spielt im Roman tatsächlich eine wichtige Rolle. Dennoch wird ihr Blick auf die Welt vom Blick des Erzählers gefiltert: Er sagt uns, wer sie ist, was sie macht und was sie denkt. Sie ist übergriffig, neugierig, ungeschickt. Das Bild, das er von Françoise zeichnet, verortet sie in der Welt der Subalternen, wie ein wohlmeinender Vorgesetzter sie sich vorstellt (und wie er sie seinen Lesern vorstellen möchte, die gesellschaftlich mehr mit ihm als mit Françoise gemein haben – oder gerne gemein hätten). Durch die Verteilung der gesellschaftlichen Rollen, Funktionen und Aussagen fängt der Roman die spontane, präreflexive Komplizenschaft seiner Leser ein, die ohne großes Nachdenken eine bestimmte Relation mit dem Gelesenen eingehen. Die im Leseakt auf Basis reiner Projektion entstehenden Identifikationen, die in der Konstruktion des Romans bereits angelegt sind, schreiben den Figuren sehr verschiedene, positiv oder negativ markierte Rollen zu. Auf der einen Seite Oriane (de Guermantes), auf der anderen Françoise (die überhaupt keinen Nachnamen hat?). Trotz Françoises unleugbarer Präsenz – manchmal taucht sogar ihre Tochter auf und spricht mit der Mutter Dialekt – sollten wir nicht vergessen, dass die anderen Bediensteten völlig anonym bleiben. Sie verschwinden wie Möbelstücke im Dekor der Erzählung.

Einige literaturgeschichtliche Ausnahmen mag es geben. In Robert Pingets *Inquisitorium* zum Beispiel wird die Welt der Reichen aus Sicht eines Dieners beschrieben (oder eher: Pinget transkribiert die Sprache und die Sicht des Dieners). Ich denke auch an Monique Truongs *Das Buch vom Salz*, das die künstlerischen und literarischen Avantgarden des Paris der dreißiger Jahre aus Sicht von Gertrude Steins und Alice Toklas' vietnamesischem Koch schildert (oder eher: in dem die Schriftstellerin die Sicht des vietnamesischen Kochs auf diese Dinge schildert). Bemerkenswert an diesen – jeweils außerordentlich gelungenen – Beispielen ist, dass beide die alltägliche und mondäne Existenz von gleichgeschlechtlichen Paaren aus der Oberschicht beschreiben. Es scheint, als seien die Bediensteten, egal ob selbst homosexuell oder nicht, privilegierte Beobachter dieser besonderen Paare von Männern und Frauen, die zugleich eine soziale Klasse und eine bestimmte Lebensweise repräsentieren.[1]

Bedienstete treten oft auch als peinliche Figuren in Erscheinung, die geheim gehalten und aus dem eigenen Stammbaum gelöscht werden sollen. Im Salon der Verdurins fleht der junge Musiker Morel, ein Protegé des Baron de Charlus, den Erzähler an zu verschweigen, dass sein Vater ein Kammerdiener war (der Erzähler weiß dies, weil Morels Vater für seinen Großonkel gearbeitet hat). Er bittet ihn darum, Madame Verdurin zu erzählen, er sei der Sohn des Verwalters von Familienländereien, die so ausgedehnt gewesen seien, »daß er damit Ihren Eltern geradezu gleichgestellt war«. In diesen Szenen, die zugleich vom sexuellen wie vom sozialen Versteck handeln (Charlus versteckt seine Homosexualität, Morel erfindet sich eine alternative Familiengeschichte), hat der Erzähler eine

---

1 Robert Pinget, *Inquisitorium*, aus dem Französischen von Gerda Scheffel, Berlin: Claassen 1964 [1962]; Monique Truong, *Das Buch vom Salz*, aus dem Amerikanischen von Barbara Rojahn-Deyk, München: C. H. Beck 2005 [2003]. Man könnte auch Kazuo Ishiguros Roman *Was vom Tage übrigblieb* aus dem Jahr 1989 nennen, in dem ein Butler seine Vergangenheit im England der zwanziger und dreißiger Jahre Revue passieren lässt. Zu den Werken, die vom Standpunkt der Bediensteten aus geschrieben wurden oder in denen die Bediensteten eine wichtige Rolle einnehmen, gehört natürlich auch Jean Genets *Die Zofen*. Auch Mirabeaus *Tagebuch einer Kammerzofe* und sogar Diderots *Jacques le Fataliste* wären weitere Beispiele.

absolute »epistemologische Überlegenheit« inne, denn er weiß um den wirklichen Beruf des Vaters Morels und erkennt in Charlus, über dessen maskuline Angebereien hinweg, eine Figur, die »das Attribut *ladylike*« verdient hätte und die sich bewegt, als hemme »ein – wenn auch nur eingebildetes – Frauenkleid« ihre Schritte.[1] Die beiden Register des Verstecks fallen zusammen, als Morel den Baron de Charlus zurückweist, nachdem er von Monsieur Verdurin erfahren hat, dass Letzterer sich seiner Verbindung zu ihm, und insbesondere der Art dieser Verbindung, gebrüstet hat. Der spektakuläre soziale Aufstieg des Violinisten wird erst durch die Unterstützung Charlus' (der ihn auf einem Bahnsteig unter den Augen des Erzählers angemacht hat) und also durch jene Klassendurchlässigkeit möglich, welche in der schwulen Welt zu einem gewissen Grad herrscht. Dieser Aufstieg hat aber auch zur Folge (wenn nicht zur Bedingung), dass Morel in dem Moment, wo er sich in andere Sphären der Gesellschaft begibt, seine soziale Herkunft verschleiert. Sehr charakteristisch für die Realität des sozialen Verstecks mit all seinen Facetten ist übrigens – Prousts Genie besteht darin, solche Besonderheiten nicht zu übersehen –, dass sowohl der Erzähler als auch Madame Verdurin felsenfest behaupten, die soziale Herkunft spiele überhaupt keine Rolle und es zähle allein die persönliche Leistung (in diesem Fall das musikalische Talent). Das Herkunftsmilieu, das dem Aufsteiger solches Unbehagen bereitet, scheint für diesen selbst von viel größerer, durch Scham und Geheimnistuerei aufgeblähter Bedeutung als für diejenigen, die großzügig erklä-

---

1 Marcel Proust, *Sodom und Gomorrha*, a. a. O., S. 452 f. Vgl. zum Begriff der »epistemologischen Überlegenheit« Eve Kosofsky Sedgwick, *Epistemology of the Closet*, Berkeley/Los Angeles: California University Press 1990.

ren können, auf so etwas komme es doch überhaupt nicht an. Man kann sich allerdings auch vorstellen, dass sie sich außerhalb der erzählten Szenen nicht verkneifen konnten, diese Informationen weiterzugeben – und sei es nur, um den jungen Mann, der seine Stellung allein sich selbst und seinem Können zu verdanken habe, noch höher zu loben. Das geht so lange gut, bis sie sich mit ihm überwerfen, ihre früheren Aussagen vergessen und gegenüber jedem, der es hören will, behaupten, »von dem Sohn eines Kammerdieners« sei ja nichts Besseres zu erwarten gewesen.

Dieselbe Struktur, diesmal allerdings in Bezug auf die sexuelle Scham, findet man in Sartres Roman *Die Zeit der Reife*: Der heterosexuelle Mathieu ist ehrlich erstaunt über die Schwierigkeiten, die der schwule Daniel damit hat, ihm seine Homosexualität »zu gestehen«. Er versteht nicht, warum sich Daniel für das, was er ist, so sehr schämt, denn in seinen Augen gibt es gar nichts, wofür er sich zu schämen braucht. Für diejenigen, die in einer gegebenen Interaktion die beherrschende Position einnehmen, ist es immer recht einfach, die unscheinbaren und doch massiven Wirkungen der Herrschaft und die Art, wie diese sich langsam und unerbittlich in den Körper und den Geist der anderen eingeprägt, zu übersehen oder übersehen zu wollen. Für die Herrschenden ist es sogar sehr wichtig, diese Wirkungen zu bestreiten oder zu unterschätzen, denn andernfalls müssten sie sich fragen, warum sie in ihrem Alltagsleben an dieser Herrschaft und ihrer Verstetigung teilnehmen.

Würde meine Mutter sich mit Françoise identifizieren, wenn sie einen der Bände der *Recherche* aufschlüge? Wie könnte ich das wissen? Sie hat Proust, den sie nicht mal vom Namen her kennt, nie gelesen. Mein Vater natürlich auch nicht. Er liebte die Lieder Jean Ferrats (jenes berühmten Parteimitglieds der Kommunisten, das sich immer als ein großer Verteidiger der Arbeiter gab). Wenn die Gelegenheit sich bot – Familienfeiern, Betriebsreisen der Fabrik, kommunale Liederabende in dem Dorf, in das sie gezogen waren –, stimmte mein Vater »Que la montagne est belle« und »Ma France« an. Er tat es, weil er genau wusste, dass das von Ferrat besungene auch sein Frankreich war, »das seine Fabriken mit eigenen Händen baut und von dem Herr Thiers gesagt hat: ›Schießt es nieder!‹«

Sicher waren diese Lieder für ihn ein Mittel, sich in eine lange Geschichte, in eine Tradition einzuschreiben. Keine Tradition, die man als »natürlich« wahrnehmen würde, sondern eine, die als soziale und vor allem politische behauptet wird: die Geschichte und die Tradition der Beherrschten, die auch eine Geschichte der Aufbegehrenden ist, der immer wieder Zurückgedrängten, die doch stets aufs Neue zu kämpfen bereit sind. Man muss es klar sagen: Mehr als ein paar Lieder war ihm von dieser Tradition nicht geblieben. In ihnen erklang das nostalgische Echo dessen, was er, was die Arbeiterklasse in seiner Jugend gewesen war, oder besser: was seine Jugend gewesen war, als er ein Arbeiter war.

III. Gedächtnispolitik

1. Klassenkampf

Das Gefühl der Kontinuität und sogar Fatalität, das Claude Simons *Georgica* durchzieht – oft scheint die Geschichte selbst die Hauptfigur zu sein, eine personifizierte Wesenheit oder ein mystischer Gott, der bald zornig, bald milde über Kriege und Revolutionen entscheidet und menschliche Akteure und Ereignisse wie Spielfiguren über die große Bühne der Welt bewegt –, verweist uns, wenn auch im Modus des Paradoxen, auf die Evidenz einer Familienzugehörigkeit, einer Zugehörigkeit zu Klasse und Nation, die sich in die materielle Dauer der Orte (des Hauses) und Dokumente (der Archive) einschreibt. Man könnte hier tatsächlich auf das Privileg einer Klasse schließen, die über eine Vergangenheit verfügt, an die sie dank dieser bleibenden Spuren durch alle Stürme der Geschichte hindurch naht- und reibungslos anschließen kann. Die Gegenwart, die wir erleben, ist von dem, was ihr voranging, nicht abgeschnitten, sondern bildet die natürliche Verlängerung des Gewesenen, insbesondere der Familiengeschichte. Die Erinnerung ist dann so etwas wie eine patrimoniale, ebenso psychische wie physische Sekretion des Zeitenlaufs, dieser immer wieder neu ansetzenden Abfolge von Turbulenzen, die vom Band der biologischen (oder standesamtlichen) Filiation zu einer einzigen langen Sequenz verbunden wird.

Kann man sagen, dass den populären Klassen die Selbstverständlichkeit eines solchen Gedächtnisses abgeht? Dass beherrschte Gruppen über eine solche Erinnerung nicht verfügen? Dass sie ihr Gedächtnis erst geduldig erkunden oder gar von Grund auf herausbilden müssen, weil sich in bewohnten Orten (Häusern, Wohnungen, Grundstücken) oder geerbten Gegenständen (Möbeln, Gemälden, Ahnenporträts, Schmuck, Bibliotheken, Dokumenten …) gar nicht oder nur sehr wenig angelagert hat, weil es nicht in Institutionen und Denkmäler eingraviert ist, sondern nur in den Körpern und Seelen, in den Schichten des sozialen Seins und der individuellen Subjektivität besteht – oder sogar erst von politischen Bewegungen eingefordert, formuliert und reformuliert werden muss?

In dem Text »Familiengeheimnisse« von 1931, der die groben Linien seines zwei Jahre später erschienenen Romans *Das Leben des Antoine B.* vorwegnimmt, stellt Paul Nizan diese beiden sozialen Modalitäten des Geschichts- und Vergangenheitsbezugs einander gegenüber: »Ein echter Bürgerlicher ist ein Mann mit einer Geschichte, die er kennt und liebt. Er gefällt sich selbst in den Windungen dieser Geschichte, in denen er den Beitrag seiner Väter zur allgemeinen Geschichte der Gesellschaft erkennt.« Denn, fährt Nizan fort,

ein waschechter Bourgeois aus dem Großbürgertum findet in seinem Familiengedächtnis die Spur von Großvätern, die Generalräte, Offiziere, Amtsleiter, Ingenieure, Juristen, Kaufleute, Notare und Professoren gewesen sind. Er weiß, dass diese Ahnen über Generationen hinweg in die gesellschaftlichen Rituale initiiert gewesen sind, dass sie Positionen bekleideten, die ihnen das Kommando sicherten, und dass diejenigen, die sie kommandierten, ihnen gehorchten.

Die gesamte städtische Topografie steht bereit, um das Alter und die Wichtigkeit der bürgerlichen Familien zu bezeugen, vor allem ihre Rolle in der »allgemeinen« oder »offiziellen«, von den Mächtigen erzählten Geschichte:

Es gibt Menschen, die können nicht am Institut, am Senat, an den Ministerien, an der Börse, am Handelsgericht, an der Getreidebörse oder einfach nur an ihrem Provinzrathaus vorbeigehen, ohne dabei zugleich an ihre Familie zu denken. Diese Monumente bürgerlicher Ordnung und Alteingesessenheit sind für sie die Möbelstücke oder Mausoleen der eigenen Familie. Welches Selbstvertrauen die Menschen aus dem Wissen beziehen, dass ihre Vorfahren Ärzte oder Industrielle gewesen sind, dass sie Männer kommandiert, Ländereien und Besitzurkunden besessen, dass sie andere Leute beraten haben. Wenn sich Bürgerliche in die Heimatstadt ihrer Familie begeben, dann erblicken sie dort Häuser mit langen Fensterreihen, Ringmauern und Bäumen oder Wohnungen in soliden Stadthäusern, die manchmal das Wappen eines Adelsgeschlechts tragen, das von den Bürgerlichen verjagt wurde. [...] Sie können ihr eigenes Leben auf Jahre der Ruhe, auf gesicherte und gewichtige Existenzen gründen. Sich der Stabilität zu verschreiben, ist für sie ganz natürlich. Sie schließen von der Vergangenheit auf ihre Zukunft.[1]

Wer städtische Bürgerfamilien kennt oder gekannt hat, der wird wissen, wie präzise dieses Porträt getroffen ist. Sie kennen sich aus in der Welt und geben dies in den typischen eloquenten Sätzen, die sie in ihre Alltagsgespräche einzustreuen pflegen, zu erkennen: »Eine Cousine mei-

---

1 Paul Nizan, »Secrets de famille«, in: *Le Monde* (14. März 1931), nachgedruckt in: *Articles littéraires et politiques*, Bd. 1, 1923-1935, herausgegeben von Anne Mathieu, Nantes: Éditions Joseph K. 2005, S. 131-135.

ner Mutter wohnte in ...«, »Ein Studienkollege meines Vaters war ...« Überall sind sie in ihrem Element, denn sie sind überall zu Hause (sogar bei den Armen). Das ist kein persönlicher Vorwurf. Politisch können sie – das ist selten, kommt aber vor – durchaus links sein, sie können Ungerechtigkeit und Unterdrückung hassen und gegen die Verheerungen des Kapitalismus kämpfen. Trotzdem tragen sie tief in ihrem Inneren ein bürgerliches Ethos, das gewisse Reaktionen und Aussagen hervorbringt. Wenn man als Kind seine Ferien im Landbesitz der Großeltern verbringt, wenn man übers Wochenende ins Landhaus der Eltern oder Geschwister fährt, resultiert daraus ein anderer Selbstbezug, ein anderer Bezug zur Welt und zu den anderen, als wenn man eine Kindheit ohne Ferien erlebt oder wenn man die Ferien im Ferienlager, mit den Eltern auf dem Campingplatz oder in einem Wohnmobil verbracht hat. Ein berühmtes Gymnasium, eine Grande École besucht zu haben, von jeder Person, die einen Namen hat oder in irgendeinem Bereich eine wichtige Rolle ausfüllt, sagen zu können, man sei mit ihr auf dem Gymnasium, in einer *classe préparatoire*, an Sciences Po, an der ENA, ENS oder einer ähnlichen Kaderschmiede gewesen: der Korpsgeist, den all das mit sich bringt und der eine Art berufs- und lagerübergreifende Klassensolidarität begründet, ein Geist, der umso effizienter ist, als er gar nicht eigens formuliert und ausgedrückt werden muss, weil er für die Bürgerlichen so etwas wie eine zweite (oder eigentlich ihre erste) Haut darstellt – unbestreitbar, dass all das eine tiefe, definitive Kluft zwischen denen herstellt, die diese Privilegien genießen, und denen, die irgendwo anders, an anderen Orten der sozialen Welt geboren wurden. Für alle, die in dieser beherrschten Welt geblieben sind, existiert diese Kluft zweifellos. Sie existiert aber auch für diejenigen, die es – mehr oder weniger – in Berufe geschafft haben, in denen sie den Sphären der Herrschenden etwas näher sind (oder zumindest von den Sphären der Beherrschten etwas weiter entfernt). Sie verfügen nicht über das soziale Kapital der Privilegierten, sie beherrschen nicht die notwendigen Codes. Dieser Unterschied spielt in den Details des beruflichen und privaten Lebens eine wichtige Rolle. Man fühlt sich unwohl, wenn man in einem bürgerlichen Haus zu Gast ist, man weiß nicht, wie man im Restaurant mit dem Besteck umzugehen hat, man ignoriert die passenden Redeweisen in bestimmten Situationen usw.

Arbeitern und Arbeiterkindern fehlt diese Vertrautheit mit der urbanen und gesellschaftlichen Geografie vollkommen. Wie sollte ich beispielsweise in der Sozialwohnung am Stadtrand, die kaum fertiggestellt war, als wir dort einzogen, in die Tiefen eines Familiengedächtnisses hinabsteigen können, in dieser Wohnsiedlung am Stadtrand, die beinahe physisch von der Stadt, der Kathedrale und den Monumenten getrennt ist, aus denen eine lange, ruhmreiche Geschichte spricht, und die so gar keine Verbindung aufweist zu den Namen der renommierten Champagner-Kellereien, die einen Reichtum ausstrahlen, der von einigen wenigen auf Kosten vieler anderer angehäuft und verstetigt wurde. Das kumulierte, sedimentierte kulturelle Kapital enthält und produziert natürlich nicht weniger Gewalt als das ökonomische und die von diesem etablierte und immer weiter gefestigte Klassenteilung. Die Straßen sind nach Schriftstellern, Dichtern, Musikern benannt, von denen man noch nie gehört hat. Dies setzt in jedem Moment einen ungleichen Bezug zu dem ins Werk, was manche allen Ernstes die »gemeinsame Welt« (*le monde commun*) nennen. Ich erinnere mich an einen Vorfall aus meiner Jugend, der gewiss nicht bloß eine Anekdote, sondern eine jener »bedeutsamen Tatsachen« war, die man, wie Richard Hoggart mit Blick auf seine eigene

Methode schreibt, durch eine »psychische Höhlenkunde« (»soziale Höhlenkunde« fände ich treffender) aus dem Fluss der Erinnerungen extrahieren muss, um ihre ganze soziale und politische Tragweite zu erkennen: Ein Bruder meines Vaters teilte diesem nach seinem Umzug in ein Neubauviertel in einer normannischen Stadt, in der er Arbeit gefunden hatte, seine Adresse mit. »Nummer so und so, Rue Saint Honoré de Balzac.« Wer Balzac war, wusste er so wenig wie mein Vater.

Es geht hier nicht nur um die Frage, ob man irgendetwas weiß oder nicht. Es geht um die unsichtbare, übermächtige Kraft einer Beraubung. Mein Vater und mein Onkel hatten beide mit jeweils vierzehn Jahren (mein Vater sogar schon kurz vor seinem vierzehnten Geburtstag) die Schule verlassen, um in einer Fabrik zu arbeiten. Man hatte sie ihrer weiteren Schulzeit, einer Zeit, in der man lernt, sich mit den Worten und Dingen der Kultur vertraut zu machen, beraubt. Man hatte ihnen die Möglichkeit genommen, diese spezielle Art der Beziehung zu den anderen, zur eigenen Umwelt, zur Vergangenheit und Gegenwart aufzubauen, die in der Lebensphase entsteht, in der man sich um seine »Bildung« kümmert. Das Schulsystem nimmt solche Enteignungen vor. Wenn es eine Institution gibt, welche die Existenz der sozialen Klassen anerkennt, registriert, absegnet und verstetigt, dann ist es das Schulsystem. Die Klassenteilung, die ich meine, wird nicht nur durch ökonomische Ungleichheiten definiert. In ihr sind noch viel tiefere Differenzierungsmechanismen am Werk, die zwischen verschiedenen Kategorien von Individuen unterscheiden, die durch sehr früh, schon in der Kindheit einsetzende Prozesse selektiert und in der sozialen Welt verteilt werden. Diese Mechanismen sind für alle erkennbar, sie sind sogar so offensichtlich, dass es mir unbegreiflich scheint, wenn gewisse »Soziologen« sie nicht nur nicht sehen, sondern sogar ihre Existenz bezweifeln wollen. Die Funktion des Schulsystems scheint darin zu liegen, die Klassen so zu erhalten, wie sie sind, oder genauer: den Abstand zwischen den Klassen über alle Veränderungen hinweg konstant zu halten. Mir fällt es sehr schwer zu glauben, dass diese Maschinerie sich immer weiter fortsetzen kann, ohne dass in ihr eine gewisse Intention (das heißt eine Anzahl höchst selbstbewusster, von den herrschenden Klassen eingesetzter Strategien) am Werk ist. Die Art, wie die herrschenden Klassen ihr Territorium und ihre Privilegien verteidigen, kann nicht einfach nur das Ergebnis einer reproduktiven Eigenlogik sein, die von niemandem orchestriert wird. Ich denke dabei vor allem an den Zugang zu den Elitezweigen des Bildungssystems, zunächst auf Ebene der Schulen, dann der Universitäten: Nie war die Kluft zwischen Grandes Écoles sowie bürgerlichen Privatschulen auf der einen und den Massenuniversitäten auf der anderen Seite größer als heute. In Letzteren finden sich all diejenigen wieder, denen der Zutritt zu den »gehobenen« Bildungsanstalten de facto verweigert bzw. geradezu verboten wird. Dieser Zustand scheint mir das Ergebnis einer aktiven, selbstbewussten Mobilisierung der herrschenden Klassen zu sein, die sich zum Nachteil der anderen Klassen auswirkt.[1] Es stimmt allerdings auch, dass die Kraft des Habitus, das heißt des habituellen Bezugs, der die benachteiligten sozialen Milieus schon immer vom Zugang zur Bildung fernhält, einen Selbstausschluss, ja eine Selbstelimination zur Folge hat. Die automatische,

---

[1] Zu diesen Punkten verweise ich auf die Arbeiten von Michel Pinçon und Monique Pinçon-Charlot, die nicht nur die Logik der sozialen Reproduktion unwiderlegbar nachweisen, sondern auch zeigen, wie diese Logik von den herrschenden Klassen ganz bewusst ins Werk gesetzt wird.

unvermeidliche Elimination, die von ihren Opfern als eine freie Wahl begriffen und erlebt wird, zeugt von einer Macht des Habitus, die für die Verstetigung der hierarchischen sozialen Ordnung genauso wirkungsvoll und effizient ist wie die bewussten oder unbewussten Strategien der Herrschenden. Beide Aspekte sind miteinander verbunden und formen ein System.

Ich konnte mir Nizans Feststellung zu eigen machen:

> Die Menschen, von denen ich abstamme, waren keine Kommandanten: Sie waren diejenigen, die herumkommandiert, von ihren Bossen, den Priestern, Stadträten und Offizieren immerzu korrigiert, ermahnt und gelenkt wurden. Anders als ihr fühle ich mich nicht stark, wenn ich an meinen Großvater denke. Zu einer Zeit, als Louis-Philippe den Aufstieg des Bürgertums beaufsichtigte, war er Arbeiter in der Waffengießerei von Lorient.

Tatsächlich hätte Nizan um ein Haar vergessen, woher er kam: Er wollte Philosoph und Lehrer werden, was in den zwanziger Jahren natürlich eine ganz andere Bedeutung hatte als heute. Noch heute bedeutet der Wunsch eines Arbeitersohns, Gymnasial- oder sogar Hochschullehrer zu werden, aus der Sicht dieses Aspiranten und derer, die er hinter sich lässt, einen gewaltigen Bruch. Es ist bekannt, dass das Lehramt und andere pädagogische Berufe für die Kinder der unteren Schichten einen der Hauptwege zu einem gewissen sozialen Aufstieg darstellen. Berufsschullehrer zu werden (für die Jungen), Grundschullehrerin (für die Mädchen) oder Gymnasiallehrer (für beide Geschlechter), das ist das Berufsziel vieler Kinder aus den populären Klassen, die an die Universität gehen. Obwohl in dieser sehr klar begrenzten Zielsetzung auch eine Art Selbstbeschränkung, ja eine Eliminierung anderer möglicher Perspektiven liegt, muss man festhalten, dass ihr Erreichen für die betreffenden Studenten und ihre Eltern einen spürbaren »sozialen Aufstieg« enthält. (Ihre Selbstbeschränkung passt sich auch recht gut dem objektiv Realisierbaren an, dessen Realisierbarkeit umso größer wird, je mehr diese Berufe, wie seit vielen Jahren schon, an Wert verlieren.) Sie erhalten zwar keinen Zutritt zu den dominierenden Klassen, lassen aber zumindest die Welt der manuellen Arbeit hinter sich.

Nizan fand sich bald auf der anderen Seite des Grabens wieder. Er wurde, wie er es selbst treffend sagte, ein »Bürgertumskandidat«. Seinem Vater war ein gewisser sozialer Aufstieg geglückt: Vom Arbeiter hatte er es schrittweise zum Ingenieur gebracht und dadurch Zugang zu den bürgerlichen Kreisen der Stadt bekommen, in der er mit seiner Frau lebte. Er schuf damit auch die Voraussetzungen dafür, dass sein Sohn eine weiterführende Schule und sogar die Vorbereitungsklasse eines der großen Pariser Gymnasien (Henri IV und Louis-le-Grand) sowie später die École normale supérieure besuchen konnte (an der Seite Sartres und Arons, die beide aus dem Bürgertum stammten). Für Kinder aus armen Verhältnissen stellte das Erreichen dieser Spähren trotz aller mystifizierenden Reden von der »Meritokratie« und der »republikanischen Gleichheit« geradezu ein Wunder dar. (Seit einem Jahrhundert hat sich in dieser Hinsicht wenig verändert, außer vielleicht, dass die soziale Exklusivität noch brutaler geworden ist und von den Legitimationsdiskursen der institutionellen Ideologen noch heftiger negiert wird.) Zu den Voraussetzungen für Nizans unwahrscheinlichen Erfolg gehörte, dass sein Vater nicht mehr der Arbeiter war, der als junger Mann seine Kameraden im Hof der Fabrik dazu aufwiegelte, in den Streik zu treten, sondern dass er sich nun in der Position befand, über solche Arbeiter zu bestimmen. Der junge Nizan schickte sich also an, einen weiteren Schritt auf dem Weg zu gehen, den der Vater vor ihm eingeschlagen hatte. Indem er die elitären Orte betrat, in denen die hohe Kultur gelehrt wird, vervollständigte er, was dem Vater wegen fehlender Bildung nicht gelungen war: mit dem Milieu übereinzustimmen, in das er erst spät eingetreten war und in dem er immer ein Zuspätgekommener blieb. Nizan stand aber auch kurz davor – als logische, unvermeidliche Konsequenz aus seinem noch »höher« reichenden sozialen Aufstieg –, die Geschichte seiner Familie und der Seinen zu leugnen. Als er sich anschickte, den entscheidenden Schritt zu tun, hielt er ein und gedachte seiner Herkunft: »Als mein Vater fünfzehn Jahre alt war, machte er nicht, wie ich später mit seinem Geld, Sommerurlaub am Meer. In dem Alter, in dem ich mir über Bergson den Kopf zerbrach, sprach er auf dem Fabrikhof von der Notwendigkeit des Streiks.« (Diese Zeilen wecken eine ferne Erinnerung in mir: Meine Mutter sagt zwar, sie könne sich daran nicht erinnern, ich bin mir aber ziemlich sicher, dass mein Vater mit etwa dreißig Jahren aus seiner Fabrik entlassen wurde, weil man ihm vorwarf, ein »Streikführer« gewesen zu sein. Diese Erfahrung ließ ihn vorsichtig werden. Ich kann verstehen, dass ihn das revolutionäre Linkssein, das ich mit sechzehn oder siebzehn vor mir hertrug, erboste. Als Gymnasiast schwadronierte ich von »Aufstand durch Generalstreik«, während er dem Streik und den gewerkschaftlichen Kämpfen vor allem deshalb abgeschworen hatte, damit ich auf eine höhere Schule gehen und, mehr noch, damit er uns überhaupt ernähren konnte.) Nizan ereifert sich gegen all die »Professoren falscher Wissenschaft«, die ihn dazu verleiten wollten, mit der Annahme der legitimen Kultur zugleich die eigenen Vorfahren und die eigene Herkunft zu verleugnen: »Warum wollt ihr, dass ich die verleugne, von denen ich komme? Sie sind nicht alle tot, und ich habe sie geliebt. Warum wollt ihr, dass ich nicht meines Großvaters gedenken kann, ohne zugleich denken zu müssen, er wäre heute, wenn er noch lebte, ein Feind?« Weil das Bürgertum nicht seine Familie war und die bürgerliche Gesellschaft keine Vergangenheit bereitstellte, die er als seine eigene ansehen konnte (»[I]ch kenne ihre Anekdoten nicht und ich frage euch: Als die Bürgerlichen Renan lasen, wo versteckte sich mein Großvater da?«), war Nizan in der Lage, einen einfachen, imaginären »Schritt zurück« zu tun und in eine Reihe mit seinen Vorfahren zu treten: »Ich marschiere mit ihnen, ich stehe in der strengen Tradition des Proletariats.«

Man sieht, Nizan ist hier mit einer Entscheidung konfrontiert, die sowohl existenziell und moralisch als auch sozial und politisch ist. Die bürgerliche Versuchung lockt mit all den Reizen der »Selbstverwirklichung« durch die Kultur. Ihnen nicht erlegen zu sein, der Falle zu entgehen, die darin besteht, dass man mit dem Eintritt in Kultur und Bildung gleichzeitig auch der bürgerlichen Welt beitritt, bedarf einer ganz bewussten Anstrengung. Bildung, Kultur und Bürgertum scheinen unauflöslich miteinander verschränkt: »Die große List der Bourgeoisie liegt darin, dass sie uns glauben macht, man müsse die Arbeiterväter verraten, um in sie einzutreten. Sie behauptet, unser ganzes Leben würde von der Kultur erfüllt.« Der Zugang zur Kultur, der Glaube an sie und der Hang all derer, die sich ihr wie einer Religion anschließen, zugleich ihre Klassenherkunft zu leugnen – weil sich die Herkunftsklasse, so heißt es, gerade dadurch auszeichnet, dass Kunst, Literatur, Musik in ihr abwesend, ja das Vorrecht der anderen Klasse sind –, ist eine Triebfeder des »Klassenverrats«. Dieser schier unbezwingbaren List, die auf die begeisterte Komplizenschaft der Neuankömmlinge, der »Kooptierten« mit ihrem Kooptierungsprozess (das heißt mit dem Prozess ihrer Beherrschung) bauen kann, entgegnet Nizan mit einer Verweigerungsgeste, die einem Bruch gleichkommt: »Vergeblich habt ihr versucht, mich glauben zu machen, dass alle Menschen Bürgerliche und nur ein Bürgerlicher ein Mensch ist.« Im Grunde behauptet er, dass man gegen die systematische Herabwertung und Verachtung, die von den herrschenden Klassen ausgeht, eine andere Art des Mensch-Werdens, eine andere, nicht minder »menschliche« »Atmosphäre der Kultur« vertreten muss. So hofft er, die Erbfolge der bürgerlichen Kultur und die Assimilation der Neuankömmlinge in diese zu durchbrechen. Es geht hier also nicht so sehr um ein Familiengedächtnis oder um eine »universelle« Kultur, sondern um ein Klassengedächtnis oder mehr noch: um das Gedächtnis einer Klasse, die kämpft. Wird bei Claude Simon das Individuum von der Erkundung seiner persönlichen Erfahrungen auf seine soziale und historische Verankerung in der Tiefenzeit der Gebäude und Dokumente verwiesen, so möchte Nizan seine individuelle und kollektive Vergangenheit zurückgewinnen, indem er über den »Verrat« des Vaters hinweg durch den marxistischen Klassenbegriff und die Zugehörigkeit zur Kommunistischen Partei eine politische und kulturelle Kontinuität restauriert (oder besser: diese Kontinuität überhaupt erst herstellt).

Nizans soziale Identität wird von der beruflichen Laufbahn seines Vaters verwirrt. Er ist ein Bourgeois, aber kein richtiger, denn er ist es erst seit Kurzem: »Die Geschichte meiner Bürgerlichkeit ist nicht lang. Sie beginnt bei meinem Vater, der zu einem fähigen Ingenieur, dabei aber zu einem unfähigen Bürgerlichen geworden war.« Das Bürgerlich-Sein lernt sich nicht so leicht. Der Vater hat Schwierigkeiten damit, er leidet, so Nizans These, weil er nicht länger das sein kann, was er war, und vor allem: weil er nicht ganz das sein kann, was er geworden ist (die Permanenz des Arbeiterhabitus erschwert es ihm, sich in seinem neuen Milieu, wo er sich »deplatziert« vorkommt, zurechtzufinden). Aber auch der Sohn hat Schwierigkeiten. Er stellt sich Fragen über das Leiden des Vaters und das Unbehagen, das er gegenüber diesem Leiden empfindet. Er weiß nur zu gut, dass seine »Vorfahren, geht man fünfzig Jahre zurück, so unbekannt, ja so namenlos wie Tiere sind: Weiß man denn, wie der Großvater des Pferdes heißt, das soeben den Grand Prix gewonnen hat?«

Es versteht sich von selbst, dass eine aufsteigende soziale Bahn den Aufsteiger nicht zum exakt gleichen Status oder zur exakten Position derjenigen führt, die schon lange oben sind. Füllen zwei Menschen die gleiche Position oder Profession aus, dann unterscheiden sie sich durch die Dauer ihrer Klassenzugehörigkeit. Kumuliertes ökonomische Kapital (Eigentumswohnungen, Häuser, ererbte Güter usw.) und ein seit der Kindheit verfügbares kulturelles Kapital (mobilisierbare Beziehungen innerhalb des eigenen Milieus, der eigenen Familie und über diese hinaus) können bei einem nominell identischen Status zu großen Wertunterschieden führen. Auch die scheinbar vollständige Gleichheit wird von einer Ungleichheit der Herkunft durchzogen.

Indem er die »Anonymität« seiner Vorfahren für sich reklamiert, will Nizan sich, wie er sagt, in eine andere Tradition einschreiben, die er aus seiner Kindheit mitbringt: in die Tradition der Revolte. Er will diese Tradition wiederfinden und in ihr seinen eigenen Platz.

Betrachten wir den ersten und mit Abstand besten Roman Nizans: *Das Leben des Antoine B.* Er zeichnet in diesem Text die Laufbahn seines Vaters nach und untersucht die tiefe Wunde, die dieser in sich trug. Weil sein Marxismus ihm eine solche Deutung nahelegt, findet Nizan die Ursache für diese Wunde im »Klassenverrat«.[1] In seinem zu Recht sehr bekannt gewordenen Vorwort zu *Aden Arabie* von 1960 kommentiert Sartre Nizans ersten Roman relativ ausführlich. Er deutet Nizans Verhältnis zu seinem Vater, dem die Figur des Antoine Bloyé nachempfunden ist, anhand des Begriffs der »Identifikation mit dem Vater«. Das scheint mir besonders fragwürdig, denn Nizan ist ja gerade darum bemüht, das Schicksal des Mannes, mit dem er sich nicht zu identifizieren vermag, als ein soziales und historisches aufzufassen. Viel relevanter scheint mir die politische und soziologische Frage, inwiefern der Marxismus für Nizan ein Mittel war, den von ihm so empfundenen »Klassenverrat« des Vaters rückgängig und die Leiden wiedergutzumachen, die dieser Verrat, wie wir im Roman an vielen Stellen beobachten können, im »Verräter« ausgelöst hat. Um einen Verrat handelt es sich freilich nur in der marxistischen Perspektive des Sohns, der den Weg des Vaters mit seinen Begriffen politisch und ideologisch einordnet. Der Vater selbst erlebt den Vorgang eher als eine fehlende Passung zwischen Vergangenheit und Gegenwart. Seinen beruflichen Aufstieg wird er wohl kaum bereut haben. Probleme hat er allerdings damit, einen Platz in der Gegenwart seiner sozialen Welt zu finden. Er schleppt die Vergangenheit mit sich herum, sie hindert ihn, ganz in der Gegenwart präsent zu sein. Die politische Analyse des Sohnes hängt von dessen Position als Intellektueller ab. Sartre weiß das nur zu gut. Er beschreibt Nizan wie folgt:

---

[1] Paul Nizan, *Das Leben des Antoine B.*, aus dem Französischen von Gerda Scheffel, Frankfurt am Main: Suhrkamp 1974 [1933]. Zum »Klassenverrat« Antoine Bloyés vgl. insbesondere S. 115 und 157; zum Prozess, der ihn dorthin führt, S. 80.

Aber als Sohn eines Bourgeois gewordenen Arbeiters fragte er sich, was er wohl sein könne: ein Bourgeois oder ein
Arbeiter? Seine Hauptsorge war ohne jeden Zweifel dieser
Bürgerkrieg in ihm; Monsieur Nizan, der Verräter am Proletariat, hatte seinen Sohn zu einem verräterischen Bourgeois
gemacht; dieser Bourgeois wider Willen würde die Linie in
umgekehrter Richtung überschreiten: aber das ist gar nicht so
leicht [...].[1]

Nein, leicht ist das bestimmt nicht! Vor allem, weil »Bourgeois wider Willen« nicht die zutreffende Beschreibung
sein dürfte. Denn geschah all dies wirklich gegen seinen
Willen? Wollte er es nicht doch? Hat er sich nicht intensiv gewünscht, ein Teil des Bürgertums zu werden? Hat
er nicht all die Rituale und Bedingungen respektiert, die
man ihm auferlegte, um zu einem brillanten Philosophen
zu werden, der die Fetische und Codes der Hochkultur
perfekt beherrschte (auch wenn Sartre in einem späten Interview sagen konnte, Nizan habe die École normale supérieure so sehr gehasst, dass er nach seinem dritten Jahr
nach Aden »geflohen« sei, weil er in ihr eine »Klassenin-
stitution« gesehen habe, »deren Ziel die Erschaffung einer privilegierten Elite« ist und in deren »System« er sich
trotz seines akademischen Erfolgs nie habe »integrieren«
können[2]).

In einem Punkt hat Sartre sicher recht, und seine Formulierung ist sehr stark: Es läuft ein »Bürgerkrieg« zwischen zwei antagonistischen Klassen, und Nizan wird von
diesem innerlich zerrissen. Eine der konfligierenden Klas-

---

1 Jean-Paul Sartre, »Vorwort« (1960) in: Paul Nizan, *Aden, Die Wachhunde. Zwei Pamphlete*, herausgegeben und aus dem Französischen
übertragen von Traugott König, Reinbek bei Hamburg: Rowohlt
1969, S. 5-44, hier und im Folgenden S. 37 f.

2 Jean-Paul Sartre, *Situations*, IX, Paris: Gallimard 1972, S. 131.

sen bindet ihn an seine Vergangenheit (genauer gesagt an die Jugend seines Vaters), die andere zieht ihn zur Zukunft und zu all den Möglichkeiten hin, die ihm sein Studium eröffnet. (Sie will, dass er die Sprosse der Gesellschaftsleiter, die sein Vater erklommen hatte, noch übersteigt.) Ich sehe hier gar keine Identifikation mit dem Vater (weder psychologisch noch sozial, noch politisch). Nizans Bemühungen werden ganz im Gegenteil in eine Desidentifikation mit der Entwicklung des Vaters münden. Er wird versuchen, im Geiste, aber auch in seiner konkreten Existenz, zu dem zurückzukehren, wovon der Vater sich mehr oder weniger erfolgreich losgerissen hat. Der Sohn lehnt die väterliche Zustimmung zu den Gesetzen der sozialen Ordnung ab, er weigert sich, die Leiden zu akzeptieren, die der Klassenwechsler auf sich nehmen muss und bereitwillig auf sich nimmt, wenn er sein altes »Ich« in eine neue Klasse mitbringt. Mir scheint, Nizan identifiziert sich nicht mit dem Vater, sondern er revoltiert gegen ihn. Er lehnt sich gegen den »erniedrigten Vater« auf, der nicht im lacanschen Sinne erniedrigt wurde (Lacan hatte diesen Begriff geprägt, um den Verlust der väterlichen Vorrechte zu beschreiben, der aus der Gleichstellung der Geschlechter und aus den feministischen Kämpfen resultierte), sondern der besiegt wurde oder eher: der sich bereitwillig hat besiegen lassen, weil er sich der etablierten Ordnung mit ihren Regeln, ihren Hierarchien und ihrer Gewalt unterwarf. Man könnte sagen, Nizans Vater sei aus dem »Konditionselend« eines armen Arbeiters in das »Positionselend« eines Neubürgerlichen eingetreten, dem in seinem neuen Umfeld nicht wohl ist. Man erkennt vor allem auch, dass es der Marxismus ist, der Nizan die Möglichkeit gibt, dem »innerlichen Elend« seines Vaters einen Sinn zu verleihen. Sartre unterstreicht dies: »Der Marxismus enthüllte ihm das Geheimnis seines Vaters: die Einsamkeit Antoine

Bloyés beruhte auf seinem Verrat.« Der Sohn steht somit vor einer Wahl: Soll er den Weg des sozialen Aufstiegs weitergehen und vollenden, was er als den »Verrat« des Vaters an der Herkunftsklasse begreift? Oder soll er, indem er sich für die Verteidigung des Proletariats einsetzt, die »Ankunftsklasse« verraten, die ihm Tür und Tor geöffnet hat? Er zögerte, das ist sicher. Und er entschied sich letztlich für die zweite Option. Er wurde Kommunist.

Nizan ist ein sozialer Aufsteiger der zweiten Generation. Für ihn war nicht schon immer klar, was aus ihm – in politischer und sozialer Hinsicht – einmal werden würde. Wie soll man das im Moment des Losreißens, der so kritisch, so schwindelerregend ist, auch wissen? Eine kurze Zeit lang schloss er sich den Rechtsextremen an. Sicher sah er darin ein Mittel, um alles, was der Vater einmal gewesen war (ein Arbeiter, ein Streikführer, eine »Kanaille mit Mütze«, wie die Rechtsextremen damals sagten), radikal zurückzuweisen. Auf einer höheren Ebene wiederholte und variierte er den »Verrat« des Vaters, der es durch seinen Verrat gar nicht allzu weit gebracht hatte, weil die Spuren dessen, was er einmal gewesen war, noch immer an ihm hafteten.

Sartres Beschreibung des jungen Nizan an der École normale supérieure – als junger Mann in Golfhosen mit Monokel und Gehstock – spricht Bände über die Anziehungskraft, die der faschistische und faschisierende Elitismus auf ihn ausgeübt haben muss (vorübergehend schloss Nizan sich der präfaschistischen Partei von Georges Valois an und arbeitete bei der einzigen Nummer der Zeitschrift *Les Faisceaux* mit, die je erschien). Doch Nizan löste sich bald von diesen Anziehungen und engagierte sich bei den Kommunisten. (Im Jahr 1939 verließ er die Partei wegen des Hitler-Stalin-Paktes; 1940 fiel er in der Nähe von Dünkirchen an der Front.)¹ Nizan brauchte Zeit, um seinen Weg zu finden. Ich frage mich, ob die »rechte Versuchung«, der er eine Weile erlegen war, für die Position des Klassenflüchtigen nicht charakteristisch ist: Will man die Zustimmung zu den bürgerlichen Werten, die für eine harmonische Integration in bürgerliche Kreise unerlässlich ist, und die Distanzierung vom Herkunftsmilieu zementieren, dann ist eine offene politische Positionierung auf der Rechten, das heißt auf der Seite der herrschenden Klassen (die sicher nicht ganz ohne innere Skrupel vonstattengeht, selbst wenn man hart arbeitet, um diese zu unterdrücken), eine verlockende Möglichkeit. Und doch kam für Nizan die Zeit, das zurückzuholen, wovon sein Vater sich losgesagt hatte, um zu dem werden zu können, der er war. Wir haben es also mit einer »Wiederaneignung« im bourdieuschen Sinne zu tun, die in diesem Fall um eine Generation verzögert ist. Erst der Umweg über die marxistische Theorie ermöglicht dem Sohn diese Wiederaneignung. Der soziale Aufstieg ist über zwei Generationen verlaufen, und deshalb muss der Sohn die Vergangenheit gleich doppelt einholen: einmal den Werdegang seines Vaters, einmal seinen eigenen. Das Unglück des Vaters, so versucht er es sich und uns klarzumachen, bestand darin, dass er die Welt seiner Jugend, die von Solidarität und brüderlichem Kampf geprägt war, verlassen hatte. Doch der Wunsch des Sohnes, in die Welt zurückzukehren, die der Vater ganz bewusst hinter sich gelassen hat, beruht auf einer Illusion: Er glaubt, die Arbeiterklasse sei eine Gruppe, die nicht nur soziologisch, sondern auch politisch konstituiert ist. Und er glaubt, ein Intellektuel-

---

1 Die biografischen Informationen entnehme ich Anne Mathieus und François Ouellets Vorwort zu Paul Nizan, *Essais à la troisième personne*, Paris: Le Temps des cerises 2012.

ler, der in den Eliteschulen das Landes ausgebildet wurde, könne sich mit dieser Gruppe durch seinen politischen und philosophischen Aktivismus verbinden. Sartre, der es 1960 selbst am besten wissen musste, hebt es hervor: In seinem Kampf standen Nizan nur jene Waffen zur Verfügung, die er selbst als die Waffen des Feindes beschrieben hatte: die Schrift, die Literatur, die Kultur.

*

Bei mir war das alles anders. Aus meinem Vater war kein Ingenieur geworden. Ein wenig hatte er seinen Status verbessern können, als er vom Hilfsarbeiter zum Vorarbeiter aufstieg. Für ihn selbst war das ein großer Unterschied, für die Gesellschaft ein geringfügiger. Er war den »Kerlen«, die er nun anleitete (seinem »Arbeitstrupp«), auch weiterhin viel näher als seinen eigenen Vorgesetzten. Wir traten nicht in eine andere »Welt« ein. (In keiner Hinsicht: Wir blieben im selben Viertel wohnen, behielten dieselben Lebensgewohnheiten, dieselben Vorlieben, dieselbe Sprache.) Meine Mutter war weiterhin eine einfache Arbeiterin, oder besser gesagt, sie war zu einer einfachen Arbeiterin geworden, nachdem sie sich zunächst als Putzfrau und dann als Hausfrau – das heißt als Putzfrau im eigenen Haus mit der gleichen, allerdings unbezahlten Arbeit – verdingt hatte. Als mein Vater längere Zeit arbeitslos war, suchte sie sich eine Stelle in einer Fabrik. Es war nicht leicht, über die Runden zu kommen, und ein »zusätzliches« Gehalt – denn das Gehalt meiner Mutter wurde als ein Zusatz zu dem hauptsächlichen, normalen Gehalt meines Vaters angesehen – war hoch willkommen.

Da mein Startpunkt viel niedriger gewesen war als der Paul Nizans, hatte ich nicht die Möglichkeit, in eine Vorbereitungsklasse zu gehen (von der École normale supérieure ganz zu schweigen). Ich bin ein Produkt der Massenuniversität (die keine »Demokratisierung« bedeutete, sondern eine strukturelle Verlagerung von Ungleichheit). Ich besuchte die philosophische Fakultät einer Provinzuniversität und hielt dieses akademische Abstellgleis durch eine charakteristische perspektivische Verzerrung für den goldenen Weg. In *Rückkehr nach Reims* erzähle ich davon, wie und mit welchen Schwierigkeiten ich nach dieser ersten Abweichung von meiner vorherbestimmten Bahn – als Erster aus meiner Familie ging ich studieren, was in meinem Milieu damals unerhört war, bald darauf aber etwas häufiger vorkam – noch eine zweite Abweichung vollzog: meinen Umzug nach Paris mit all den Konsequenzen und Möglichkeiten, die sich aus dem Umgang mit der dortigen »schwulen Welt« ergaben (und die sich heute durch das Internet und die »sozialen Netzwerke« noch vervielfältigt haben dürften). Ich war zum Scheitern verurteilt und begann, es zu begreifen: Meine Chancen, die Auswahlprüfungen für das Lehramt in der Mittelstufe zu bestehen, waren äußerst gering, denn diese Stellen schienen für die *normaliens* reserviert, für die Stipendiaten der École normale supérieure, die sie häufig als Sprungbrett für eine spätere Universitätskarriere nutzten. Neulich las ich, dass die »IPES«, die »Instituts de préparation à l'enseignement secondaire«, die ihre Stipendiaten aus den Massenuniversitäten drei Jahre lang bei der Prüfungsvorbereitung finanzierten, wegen einer zu geringen Prüfungsquote wieder abgeschafft wurden. Das ist kaum verwunderlich. Die wenigen Studenten, die in den Genuss dieser Stipendien kamen, stammten aus den populären oder mittleren Klassen. Sie hatten die elitären Vorbereitungsklassen zu den Grandes Écoles nicht absolviert und gelangten also nicht in diese Eliteschulen. (Das Ziel des IPES lag ja gerade darin, denjenigen, die diesen – den einzig wahren – goldenen

Weg nicht beschritten, trotzdem die Gelegenheit zu geben, sich unter annehmbaren Bedingungen auf die Lehramtsprüfungen vorzubereiten.) Die Rechnung ging nicht auf, die Stipendiaten hatten kaum eine Chance, einen der viel zu raren Lehramtsplätze zu ergattern. Trotzdem war dieses dreijährige Stipendium für mich selbst und wohl auch für einige andere der entscheidende Faktor, um das Studium fortsetzen zu können (das schließe ich zumindest aus den Briefen, die ich nach der Veröffentlichung von *Rückkehr nach Reims* von ehemaligen Stipendiaten bekam). Wie kann es sein, dass man dieses Fördermittel für die unteren Klassen einfach so gestrichen hat?

Ich sagte es bereits: Auch ich warf meinen Eltern damals vor, dass sie ihre Klasse verraten hätten – und zwar just in dem Moment, da ich alles in Bewegung setzte, um mich selbst von dieser Klasse zu entfernen. Mein jugendlicher Marxismus hatte zwei Funktionen. Einerseits ermöglichte er mir, eine starke Verbindung zu der Welt aufrechtzuerhalten, aus der ich kam, ja er nährte sogar die Vorstellung, ich könne den »Verrat« meiner Eltern wiedergutmachen, indem ich wiedereinholte und fortsetzte, was sie meiner Ansicht nach viel zu früh aufgegeben hatten: den Kampf für das Proletariat. Andererseits ermöglichte er mir, Distanz zur »Verbürgerlichung« meiner Eltern zu halten, die sich für mich darin äußerte, dass sie all die Konsumgüter kaufen wollten, die ihnen durch kostspieligen Kredite zugänglich wurden.

Auf diese Kredite muss ich näher eingehen. Als ich Schüler war, lieh sich meine Mutter zu jedem Schuljahr Geld, um meinem großen Bruder und mir neue Klamotten zu kaufen. Ich weiß noch, wie wir am Ende des Sommers zu einem Kreditbüro im Stadtzentrum fuhren, wo meine Mutter die notwendigen Papiere unterzeichnete. In den Folgejahren sollten solche Darlehen für die populären Klassen zum Mittel der Wahl werden, um all die Dinge zu erwerben, die man haben wollte und zu deren Besitz man sich auch berechtigt fühlte, weil man ja hart arbeitete. Neben Arbeitslosigkeit und Prekarität dürften diese Kredite einer der wichtigsten Faktoren dafür gewesen sein, dass den Arbeiterkämpfen die Schärfe abhandenkam. Wer über viele Jahre und Monate eine hohe Summe aufbringen muss, um seinen Fernseher, seine Möbel, sein Auto usw. abzubezahlen, der kann sich einen langen Arbeitskampf schlicht nicht leisten. Das Phänomen verschärfte sich noch, als es wenig später auf den Erwerb von Wohneigentum ausgedehnt wurde. Ich weiß noch, wie in den Gesprächen meiner Eltern und ihrer Bekannten in den siebziger Jahren immer häufiger Sätze fielen, die vom »Bauen« oder vom »Bauen-Lassen« handelten. Ein ganzes System war geschaffen worden, damit Arbeiterfamilien sich auf fünfundzwanzig oder dreißig Jahre verschuldeten, um sich in ausgewiesenen Stadtgegenden oder neu geschaffenen Vorstadtvierteln ihre *pavillons* bauen zu lassen, das heißt kleine Einfamilienhäuser von bescheidener baulicher Qualität. Wie viel Selbstzufriedenheit in diesen Sätzen mitschwang: »Wir lassen jetzt bauen« oder »Wir bauen gerade«. Die Aussicht, endlich Eigentümer zu sein, schien unwiderstehlich. Nicht unwesentlich war dabei auch, dass man hoffte, das Bild der unterdrückten Klassen hinter sich lassen zu können, das die »Arbeiterbewegung« weiterhin aufrechterhielt. Mächtige Kräfte der sozialen Desidentifikation und damit auch der Depolitisierung wurden in Gang gesetzt. Das Wort vom »Klassenverrat« wird ihrer Komplexität natürlich nicht gerecht. Der Kategorie »Arbeiterklasse« wollte man nicht länger angehören, weil sie traditionell auf die Mittellosen, auf die »Habenichtse« bezogen war. Im Wunsch nach Wohneigentum schwang also auch die Absicht mit, die organisierte Arbeiterbewegung und manchmal sogar jegliche politische Verankerung auf der Linken hinter sich zu lassen. Und nicht zuletzt versuchte man, die Mietskasernen der Vorstädte zu verlassen, in die nach und nach immer mehr Einwanderer zogen. Die Verwandlung der Wohnverhältnisse teilte die populären Klassen in zwei Lager: hier die Ärmsten von gestern, die mithilfe einer schier unbegrenzten Kreditaufnahme die Sozialbaublöcke verlassen wollten, dort die Ärmsten von heute, die in diese Blöcke einzogen.

Meine Mutter erzählte mir, dass viele Frauen in ihrer Fabrik in den Siebzigern systematisch für konservative Kandidaten stimmten, weil sie fürchteten, dass Mitterrand, sollte er einmal Präsident werden, ihnen »das Häuschen wegnehmen« würde. Die Arbeiter (in diesem Fall die Arbeiterinnen, bei den Männern dürfte es aber ähnlich gewesen sein, selbst wenn der Anteil der männlichen Gewerkschaftsmitglieder höher blieb) hatten also die Mentalität kleiner Wohnungseigentümer entwickelt, die sie für die Propaganda der Rechten empfänglich machte, obwohl sie zu Eigentümern erst noch werden mussten, indem sie ihre Kredite zurückzahlten. Es ist nicht unwahrscheinlich, dass die verlorene Illusionen eines sozialen Aufstiegs, der sich als Stagnation entpuppte (die Schwierigkeiten, neben den allgemeinen Lebenskosten auch noch eine hohe Kreditrate aufzubringen, die eines Tages einsetzende Arbeitslosigkeit, die diese Schwierigkeit zur Unmöglichkeit machte, usw.), ganz wesentlich zu den Ressentiments beitrug, die weite Teile der damals noch linken Wählerschaft irgendwann in die Arme der Rechtsradikalen trieb oder für die Diskurse der traditionellen Rechten empfänglich machte, die eine Ausweitung der Arbeitszeiten mit dem Argument durchsetzen wollten, dass der, der länger arbeitet, auch mehr verdient. Die Reduzierung der gesetzlichen

Arbeitszeit wurde wie das Fatum einer Lohnkürzung oder -stagnation erlebt und damit wie eine Verschärfung der Schwierigkeiten bei der Rückzahlung des Kredits.

Und was tat ich in allen diesen Jahren? Ich hing einer politischen Lehre an, die mich überzeugt sein ließ, dass die Mitglieder der »Arbeiterklasse« etwas anderes sein und auf eine andere Weisen leben sollten, als sie dies (in Kontinuität mit dem, was sie selbst und ihre Vorfahren schon immer gewesen waren) taten, dass sie andere Wünsche hegen und anderen Träumen nachjagen sollten als denen, die sie durch ihre tägliche Plackerei, durch eine immer weitere Steigerung des sowieso schon unerträglichen Akkords, durch Zuschläge, Überstunden und so weiter zu realisieren versuchten. Ich musste es einsehen: Sie arbeiteten nicht, um »Revolution« zu machen, sondern um »ihr Häuschen« bauen zu lassen.

Wenn Nizan vom »Verrat« seines Vaters spricht, dann lässt er eine umgekehrte Erklärung (die mit seiner eigenen aber gar nicht unvereinbar sein muss) bewusst außer Acht: Möglicherweise speiste sich das Unglück seines Vaters weniger aus der melancholischen Nostalgie über die unvergessene Herkunft als vielmehr aus den kleinen Verletzungen des Alltags und den Schwierigkeiten, welche die Integration und Anpassung an das neue Milieu mit sich bringen. Der Sohn hat mit diesen Verletzungen viel weniger zu kämpfen, denn die zweite Generation zahlt für den sozialen Aufstieg einen deutlich geringeren Preis. Nizan kann sich den Luxus leisten zu glauben, seine politische Einstellung versetze ihn in die Lage, die verlorene Welt seiner Eltern wiederzufinden. Doch diese Wiederaneignung findet nur in einer ideellen Sphäre statt. Nizan wird nicht wieder zum Arbeiter, er geht nicht jeden Morgen in die Fabrik. Er ist und bleibt ein Intellektueller. Ein kommunistischer Intellektueller vielleicht, der sich der Sache des Proletariats verschrieben hat und im großen Klassenkampf auf der Seite der Arbeiter stehen will, ein Arbeiter im Geiste. Aber eben doch ein Intellektueller von Beruf. Das ist ein himmelweiter Unterschied. Nizan konnte sich nicht vorstellen, dass die realen Arbeiter, die er seiner eigenen politischen Seite zurechnete, etwas anderes wollen konnten, als dem treu zu bleiben, was sie waren oder sein sollten. Dass sie sich wünschten und sich immer wünschen würden, ihre Lebensumstände auch nur ein Stück weit hinter sich zu lassen – und zwar nicht, indem sie einen proletarischen Aufstand anzettelten und die Weltrevolution ausriefen, sondern indem sie ihre Lebensweise – auf eine Weise, die nicht minder kollektiv ist – allmählich veränderten.

Einen wichtigen Punkt aus Nizans Texten möchte ich dennoch festhalten. Der Marxismus mit seiner mystifizierenden Vorstellung einer sozialen Klasse, die nicht nur durch objektive Merkmale, sondern auch durch die organisierte Subjektivität des »Proletariats« bestimmt ist, lehrt uns zumindest, dass wir gegen die Idee einer die ganze Gesellschaft umfassenden Welt denken müssen, die auf einer gemeinsamen Tradition, auf einer gemeinsamen Geschichte und auf gemeinsamen Werten beruhen soll. Die Vorstellung einer nationalen Gemeinschaft ist ein Irrtum, die des planetarischen »Gemeinsamen« eine depolitisierende Utopie. Die soziale Welt besteht immer aus heterogenen, divergierenden, widerstreitenden Geschichten und Traditionen. Die beherrschende Tradition überdeckt all die anderen, die man deshalb zurückerobern muss. Jedenfalls muss man zeigen, welche Gewalt die legitime Kultur gegenüber all den Kulturen ausübt, die nicht legitim sind.

Nizan sucht seine Geschichte in der Geschichte des pro-

letarischen Widerstandes, im Aufstand der Arbeiter gegen
ihre Unterdrückung. Natürlich wird er der Verlogenheit
der bürgerlichen Kultur ein Paradigma entgegenhalten, das
der Marxismus erfunden oder zumindest am effektivsten
verbreitet hat, das Paradigma der »sozialen Klasse« und des
»Klassenkampfes«. (Wir sprechen von einer Zeit, in der die
Linke noch vom »Kampf« gegen die Unterdrückung sprach
und nicht von einer »Gesellschaft«, die von einem »sozialen
Band« und einem gesellschaftlichen »Zusammenhalt« geprägt sein sollte, der aus gegenseitigem »Respekt« und ganz
allgemein aus dem Prinzip der »Gegenseitigkeit« entsteht.
All diese Begriffe lassen sich direkt aus dem bürgerlichen,
katholischen Paternalismus des 19. Jahrhunderts ableiten.
Sie entfernen die Idee der Antagonismen aus dem politischen Leben. Aus der gesellschaftlichen Realität verschwunden sind sie deshalb natürlich nicht. Sie haben nun keine
andere Ausdrucksmöglichkeit mehr als die individuelle
Wut, die sich in regelmäßigen Abständen in der Zustimmung zum Front National zusammenballt oder in dieser
anderen Form des kollektiven, selbstbewussten Protests
gegen das Joch der »legitimen Politik«: in der Wahlenthal-
tung.) Am Ende von »Familiengeheimnisse« schreibt Nizan,
dass die Bürgerlichen, wenn sie von Elend und Mensch-
lichkeit sprechen, immer nur ein »entferntes Elend« vor
Augen haben, eigentlich nur »eine abstrakte Vorstellung von
Elend«, während es auch ein Elend gibt, dass »ein Teil der
intimsten Gewohnheiten, der geerbten und Substanz gewordenen Geschichten« sein kann. Gegen den bürgerlichen
Blick und die bürgerliche Kultur will er sich fortan auf der
Seite dieses intimen, aus der Innenperspektive gelebten und
wiederbelebten Erbes verorten: auf der Seite seiner sozialen Vergangenheit. Seine brutalen Attacken gegen Prousts
Romane oder gegen die Dichtung Paul Valérys, »die wir
niemals ganz begreifen werden«, bringt seinen Willen zum

Ausdruck, sich von der hohen Kultur, die ihm nichts weiter als ein Herrschaftsinstrument zu sein scheint, wieder abzulösen. Die Bürgerlichen mögen die Dichtung begreifen, »die hundertjährige Armut und die hundertjährige Revolte« begreifen sie nicht.[1]

Man sollte dieses »Wir«, in das Nizan sich hier einzuschreiben, ja geradezu einzuschneiden versucht, genau befragen. Es ist sicherlich richtig, dass ein Sohn oder Enkel eines Arbeiters Valéry und Proust nicht auf die gleiche Weise liest und versteht wie der Sohn eines Bürgerlichen oder Aristokraten. Wir haben ja gesehen, dass der Bezug zu den literarisch dargestellten Situationen, Figuren und Handlungen oder auch zu den Orten, den Stadtvierteln, Straßen und Wohnungen bei Lesern aus verschiedenen Milieus kein identischer sein kann. Trotzdem verfügt Nizan, anders als seine Eltern, über die Zeit und die Fähigkeit, Proust und Valéry zu lesen. Man kann schon fragen, ob ein ehemaliger Student der École normale supérieure, aus dem ein Philosophielehrer, Schriftsteller, Journalist geworden ist, sich so einfach auf eine fundamentale Distanz berufen kann, die zwischen ihm und den literarischen Werken liegen soll, an denen er sich lange Jahre genährt hat und deren Kenntnis für seine Berufe und die soziale Identität, an der er teilhat, ja für seine ganze Persönlichkeit konstitutiv ist. Leute aus dem Besitzbürgertum haben gewiss weniger Romane und weniger Dichtung gelesen als ein Intellektueller, der im Alter von sechsundzwanzig Jahren *Aden Arabie* schreiben konnte, der in Literaturzeitschriften veröffentlichte und der sich eine Zukunft als der Schriftsteller ausmalen durfte, zu dem er schließlich auch wurde (tatsächlich wäre den Besitzbürgern jemand, der so viel Literatur gelesen hat, eher suspekt).

1 Paul Nizan, »Secrets de famille«, a. a. O.

Nizan bewegte sich in der Kultur sicherlich mit größerer Leichtigkeit als die Waffenhändler und Industriellen, die er in *Die Wachhunde* attackiert. Allein dadurch gehörte er einem gewissen Bürgertum an: dem Bildungsbürgertum, das die Arbeiten des Geistes goutiert. Ich will bestimmt nicht von Unaufrichtigkeit oder Blindheit gegenüber sich selbst sprechen, aber doch von einem tiefen Widerspruch, der sein soziales und politisches Wesen durchzog. Er wollte mit der institutionellen, wirklichkeitsfernen Philosophie brechen, die man ihn an der Sorbonne gelehrt hatte, und sein Schreiben in den Dienst der wirklichen Menschen, der leidenden Menschheit stellen. Er wurde zu einem »engagierten Intellektuellen«. Aber die Erzählung des Elends wird nicht auf die gleiche Weise überliefert wie die der hohen Kultur, für die »Proust« und »Valéry« paradigmatisch stehen. Der Schriftsteller muss diese Erzählung entdecken, indem er mit der Welt der Gebildeten, der er angehört, bricht und sich eine Vergangenheit wieder aneignet, die er selbst nicht erlebt hat. Er steht vor der schwierigen Frage, wie er über dieses »andere« Erbe schreiben soll. Nizan muss auf die Formen der legitimen Kultur zurückgreifen: der Roman, das Feuilleton, den politischen Journalismus. Mit dem »Wir«, das er benutzt, mag Nizan sich politisch in die historische Wirklichkeit der unteren Schichten und in die Kämpfe der Arbeiter einschreiben. Dennoch bleibt er ein Intellektueller und kann hinter die Unmöglichkeit, das zu sein, was seine Vorfahren waren – er sagt, er wolle sie nicht nur biologisch, sondern auch politisch beerben, um sein soziales Sein neu zu bestimmen –, auch durch seinen Marxismus und seinen Beitritt zur »Arbeiterpartei« nicht zurück. Er muss also mit der inneren Spannung leben, von der er weiß – wie könnte es anders sein? –, dass sie ihn ewig begleiten wird.

2. Populäre Kultur und soziale Reproduktion

Oft habe ich mich gefragt, was meine beiden Großmütter wohl für eine Jugend gehabt haben. Herausfinden konnte ich, wie schon gesagt, nur die groben Linien: Mit vierzehn Jahren oder noch jünger begannen sie zu arbeiten, mit siebzehn oder neunzehn wurden sie schwanger, mit achtzehn oder zwanzig bekamen sie ihre ersten Kinder. Was dachten sie? Worüber sprachen sie, und wovon träumten sie? All das wird mir für immer verborgen bleiben. Hatten sie überhaupt so etwas wie eine Jugend? Ist diese Lebensphase nicht das Privileg bürgerlicher Kinder? Für die, die Zugang zu ihm haben, verlängert das Studium die Adoleszenz. Der Eintritt ins Erwachsenenalter verzögert sich. Wie war es aber bei den Jugendlichen, die mit dreizehn oder vierzehn in die Fabrik gingen, die noch vor ihrem zwanzigsten Geburtstag Kinder bekamen oder heirateten? Wie erlebten sie die Zeit zwischen ihrem Eintritt ins Arbeitsleben und dem Moment, als sie, wie man sagt, »eine Familie gründeten«? Die Existenz meiner Großmutter väterlicherseits bestand zum größten Teil aus ihrer häuslichen Pflicht, der sie regelrecht unterworfen war. Ich weiß, dass sie keine Zeit hatte, »alt« zu sein: Sie starb mit vierundsechzig Jahren. Nach dem Tod ihres Mannes und dem Auszug ihrer Kinder hatte sie für sich und ihren geistig behinderten Sohn eine Zweizimmerwohnung gemietet. Ihren Lebensunterhalt verdient, indem sie Büros putzte. Eines Abends auf dem Nachhauseweg rutschte sie auf einer Eisplatte aus und schlug mit dem Kopf auf dem Bordstein auf. Ein paar Tage später war sie tot. Hatte sie wenigstens ein Recht darauf gehabt, jung zu sein? Oder anders gefragt: Wer war sie, bevor sie zur Frau ihres Mannes und zur Mutter ihrer zwölf Kinder wurde, das heißt zu der Haussklavin, die ich als Kind in all ihrer Geschäftigkeit erlebte?

Weiter oben habe ich einen Abschnitt aus Richard Hoggarts oft und einhellig gelobtem Buch *The Uses of Literacy* zitiert. Hoggart beschreibt dort die Figur der »Familienmutter« in den unteren Schichten. Leider legt er sein Porträt, das so genau beobachtet zu sein scheint, als die Beschreibung eines »Rollenideals« an, das in der modernen »Massenkultur« und einer immer intensiveren »Freizeitindustrie« unter Druck gerät. Hoggart formuliert seine Sorgen wie folgt:

> Inwiefern wird all dies den jungen Mädchen von heute, die man abends auf den Straßen sieht, noch vermittelt? Die Lebensphase zwischen ihrem Schulabgang und ihrer Heirat scheinen sie mit regelmäßigen Besuchen von »Musicals« oder melodramatischen Filmen, mit schwärmerischen Liebesromanzen und mit Tanzbällen im »Palais«, im »Mecca«, im »Locarno« auszufüllen.

Hoggart beobachtet, dass diese jungen Frauen – die Rede ist von Textilarbeiterinnen im Raum Leeds – ihrem Beruf nur einen geringen Teil ihrer Aufmerksamkeit schenken, so als stünde er außerhalb ihres Lebens. Wirklich zu interessieren scheint er sie nicht, und schon gar nicht interessieren sie sich für gewerkschaftliche Aktivitäten in ihrer Fabrik oder für politische Fragen. Auch die Aufgaben des häuslichen Lebens sind ihnen gleichgültig. Sind sie leicht-sinnig und frivol? Natürlich! Aber, beeilt sich Hoggart hinzuzufügen, »die Lage ist nicht ganz so schlecht, wie sie auf den ersten Blick erscheint«, denn »in den seltensten Fällen handelt es sich [dabei] um einen Aufstand gegen das Heim«. Die jungen Frauen durchleben letztlich nur eine kurze Phase der Freiheit von Pflicht und Verantwortung. Wenn diese Phase sich nach wenigen Jahren ihrem Ende zuneigt, wenn sie einen Mann zum Heiraten gefunden ha-ben, dann wenden sie sich den Realitäten zu, die sie aus der Zeit vor den Tanzbällen und Filmromanzen kennen. Sie versuchen, es ihren Müttern und Großmüttern gleich-zutun, und finden intuitiv die Gesten wieder, die sie in ihrer Kindheit beobachtet oder schon selbst ausgeführt haben (etwa wie man einen Säugling hält). Das Erlernen dieser »Rolle« ist natürlich nicht frei von Rückschlägen. Aber sie lernen ihre Rolle. Mit Ausnahme einiger weniger »ganz besonders sorgloser« Frauen, die sich »dem Lernen verweigern« und die stattdessen lieber »weiter rauchen und ins Kino gehen, während ihre Kinder verlottert durch die Straßen ziehen«.[1]

Ich habe wirklich keine Ahnung, was meine beiden Großmütter in dieser kurzen Phase ihres Lebens gemacht haben. Die eine dürfte für die Freiheiten und Genüsse, von denen Hoggart so verächtlich spricht, nur wenig Zeit gehabt haben. Sie muss sich den Anforderungen von Ehe und Mutterschaft recht bald und ohne großes Murren un-terworfen haben, muss gelernt haben, die Frau zu sein, die sie sein sollte, mit all den Zwängen und Entbehrungen, die dies mit sich brachte. Meine andere Großmutter hingegen könnte die Freiheiten der Jugend so sehr genossen haben,

---

1 Richard Hoggart, *The Uses of Literacy*, a. a. O., S. 35-36.

dass sie am liebsten zu einer der »besonders Sorglosen«
geworden wäre, die der Soziologe so scharf verurteilt. Ich
bin mir ziemlich sicher, dass sie sich nie ganz damit abfin-
den konnte, nicht oder nicht mehr das zu sein, was sie sein
wollte.

Für diese Großmutter gibt es in Hoggarts Beschreibungen keinen Platz. Dasselbe gilt für die Mutter Carolyn Kay Steedmans, deren Wünsche und Ziele himmelweit
von den kulturellen und sozialen Verpflichtungen entfernt
waren, die der moralisierende Soziologe beschreibt. Sie
träumte davon, die modischen Klamotten zu besitzen,
die sie in den Zeitschriften sah. Vielleicht erklärt sich aus
diesem Wunsch nach Abgrenzung auch, weshalb sie gegen ihr Umfeld, das von der Radikalität der Arbeiterbewegung geprägt war, für die konservative Partei stimmte.
Für Steedmans Mutter und für meine Großmutter waren
die eigenen Kinder eine Last, die ihnen das Leben verbau-
te, das sie sich gewünscht hatten. Sie wollten anders sein
als das, was man von ihnen verlangte, anders als das, was
ihnen sozial, ökonomisch und kulturell erlaubt und zugänglich war. Steedman geht mit Hoggarts Buch und mit
dem Autor hart ins Gericht. All das, was zu seiner nost-
algischen Vision einer psychologisch einfältigen und einheitlichen Welt – einer Welt, die er zuvor unbedingt hatte
verlassen wollen – nicht passen will, wird vom Soziologen
ausgeblendet.[1] Dies ist umso problematischer, als wir es
hier mit einem der Grundpfeiler seiner gesamten Interpretation zu tun haben. Denn was er vorschlägt, ist ja tatsächlich eine Interpretation oder eher noch: Es ist der Versuch
der Durchsetzung einer gewissen, sehr restriktiven Frage-

---

[1] Vgl. Carolyn Kay Steedman, *Landscape for a Good Woman. A Story
of Two Lives*, New Brunswick, NJ: Rutgers University Press 2006.

stellung. Sein ganzes Buch zielt darauf ab, zu zeigen, dass sich die Arbeiterklasse den Prozessen der gesellschaftlichen Vereinheitlichung, die von der Massenkultur und der Kommerzialisierung des Freizeitlebens ausgehen, kraft ihrer Tradition widersetzt. Frauen spielen in diesem Vorgang eine entscheidende Rolle. Hoggart beschreibt die Welt größtenteils aus ihrer Perspektive oder genauer gesagt: aus der Perspektive, die er selbst ihnen zuschreibt. Wenn sie die für sie vorgesehenen Rollen akzeptieren, dann sieht Hoggart in den Frauen das Paradebeispiel für die kulturelle Resilienz der unteren Schichten. Für die zur Ausnahme deklarierten »besonders Sorglosen«, die den Verlockungen der Magazine und Kinofilme erlegen sind, hat er in seinem Argument keine Verwendung. Aus dem ideologischen Bedeutungsrahmen, der sich über die scheinbar so einfühlsame Beschreibung legt, muss er sie brutal herausdrängen. Die diffamierten und stigmatisierten Frauen haben in Hoggarts Szenerie, die viel unrealistischer ist, als es der Soziologe zugeben möchte (und gewiss nicht so empirisch-bescheiden, wie uns seine französischen Verehrer glauben machen wollen), nur einen Kurzauftritt. Sie verkörpern genau jene Bedrohung, die das gesamte Buch zu bannen versucht, sie sind die Trägerinnen der Veränderung und Zerstörung, die es so sehr zu fürchten scheint. Der uralte Mythos der amoralischen, korrumpierenden Frau kehrt in diesem soziologischen Diskurs, dem man mindestens einen Mangel an Reflexivität und eine Blindheit für die eigenen Voraussetzungen vorwerfen muss, auf eine sehr verquere Weise zurück.

Über Inhalt und Tonfall von Hoggarts Text kann man sich nur wundern. Wer würde schon bestreiten wollen, dass die Tradierung gewisser Rollenbilder und Tätigkeitsprofile sich fortsetzt? Das gesellschaftliche Urteil, das den Individuen eine Position, eine Rolle, einen Platz zuweist, bleibt über Generationen hinweg konstant und unbestritten. Es wird akzeptiert, ja sogar als eine jener Selbstverständlichkeiten eingefordert, die man nicht anzweifeln darf, weil es sich nicht gehört, sie anzuzweifeln. Vielleicht geht der gesellschaftliche Wandel in den populären Klassen langsamer vonstatten als in anderen Teilen der Gesellschaft. (Vieles deutet darauf hin, dass die soziale Zeit an den beiden Enden des Klassenspektrums, im Großbürgertum und bei den Arbeitern, deutlich langsamer vergeht als in den mittleren Schichten, so dass man dort von einer sozialen Trägheit sprechen kann.[1]) Eine der wichtigsten Aufgaben des Soziologen liegt deshalb darin, diese Verstetigung, die durch Tradierung und Nachahmung entsteht und die sich sowohl auf der Ebene der objektiven Mechanismen als auch auf jener der subjektiven Wahrnehmungen zeigt, so minutiös wie möglich nachzuzeichnen.

Hoggarts Argument bekommt etwas Albernes – oder eigentlich Empörendes –, wo er uns davon überzeugen möchte, dass diese Prozesse und die soziale Unbeweglichkeit, die aus ihnen folgt, etwas Wundervolles sind. Er betreibt dann keine Soziologie der unteren Klassen mehr, sondern einen konservativen politischen Diskurs, der im speziellen Fall auch noch sehr antifeministisch ist. Seine männliche, maskulinistische Voreingenommenheit ist derart auffällig, dass man sich fragt, warum sich seine vielen Anhänger von gestern und heute nie daran gestört haben.

---

1 Zur Beständigkeit der Familienstrukturen und der durch sie bedingten sozialen Rollen in aristokratischen und großbürgerlichen Milieus vgl. Michel Pinçon und Monique Pinçon-Charlot, *Les Ghettos du Gotha. Au cœur de la grande bourgeoisie*, Paris: Seuil 2010, und *Grandes Fortunes. Dynasties familiales et formes de richesse en France*, Paris: Petite bibliothèque Payot 2006.

Natürlich kann man seine Absicht begrüßen, das Werte-system der unteren Klassen abbilden und die aus ihm her-vorgehenden Haltungen, Denk- und Lebensweisen gegen das gnadenlose Urteil und die Verachtung der Klassen ver-teidigen zu wollen, die von oben auf sie herabblicken und die von den Notwendigkeiten ihres alltäglichen Lebens keine Ahnung haben. Das heißt aber noch lange nicht, dass man dieses Wertesystem, diese Lebens- und Denk-weisen auch glorifizieren und ihren Wandel bedauern muss, die für die ihm unterworfenen Subjekte neue Frei-heiten mit sich bringen (oder von diesen Subjekten zumin-dest als Befreiung empfunden werden). Die von Hoggart so emotional gewürdigte Figur der »Familienmutter« hat ihr Gegenbild in der freien, freiheitssüchtigen und deshalb verrufenen Frau, die vor den Augen aller anderen ihren Wunsch bekräftigt, sich den sozialen Anordnungen nicht zu beugen und weiter so zu leben, wie sie will. Dem He-rold der populären Tradition erscheint diese Frau als eine Verräterin der klassenspezifischen Werte, als der Schand-fleck in einer heilen Welt. Hoggarts Position ist in diesem Punkt gar nicht originell. Sie findet sich in den nostalgi-schen Klageliedern wieder, die seit Jahr und Tag vor den Gefahren einer Zersetzung der gesellschaftlichen Struktu-ren durch »individualistische« Emanzipationsansprüche gegenüber den tradierten Modellen warnen (das »eman-zipierte Individuum«, Schreckgespenst der Konservativen des rechten, aber auch des linken Lagers). Seit je wollen diese Stimmen den vermeintlichen Gefahren eine Lebens-weise entgegensetzen, in der die Rollen und Beziehungen von der traditionellen Familienstruktur bestimmt werden. Von der Beschreibung einer Welt, in der sich die Kräfte der Trägheit und des Wandels unvermeidlich gegenüber-stehen, gehen diese Autoren zu einer vehementen Verur-teilung all derer über, die den Wandel verkörpern, weil sie die ausgetretenen Pfade verlassen oder die ihnen vorgeschriebenen Rollen nur missmutig akzeptieren. Man kann den Eindruck gewinnen, dass derartige Urteile nicht die Schlussfolgerung aus solchen Studien sind, sondern deren Auslöser und normativer Ausgangspunkt.

Hoggarts Ansatz, der scheinbar darin besteht, die Autonomie und Beharrungskraft der populären Klassen und ihre Fähigkeit darzustellen, das Neue, das an sie herangetragen wird, mittels angestammter kultureller Konzepte zu adaptieren, zu übersetzen und zu reformulieren, fußt auf einer selbstgefälligen, unkritischen, ja sogar populistischen Vision der unteren Klassen: Ein Soziologe, der die Arbeiterklasse hinter sich gelassen hat, verteidigt eine Vorstellung von ihr, die, wie er selbst feststellt, von vielen ihrer Mitglieder, das heißt von Menschen, die anders als er selbst diesem sozialen Raum noch immer angehören und die den Zwang der Normen und Regeln, der in ihm herrscht, unerträglich finden, infrage gestellt wird.

Ein solcher Ansatz attestiert der Arbeiterklasse eine völlig unbewegliche Moral (vor allem in Fragen, die das Sexual- und Familienleben betreffen). Mit ihrer Hilfe soll es den traditionellen Strukturen gelingen, allen Umbrüchen zu trotzen, die von außen an sie herangetragen werden. Im Grunde zelebriert Hoggart die Trägheit des Habitus, das heißt der Art, wie man lebt, wie man die Welt sieht und seinen Platz in ihr findet. Bekanntermaßen ist die Arbeitsteilung zwischen den Geschlechtern in den populären Klassen auch dort, wo diese sich politisch »links« verorten, deutlich starrer und für kulturelle Veränderungen weniger empfänglich als in intellektuellen oder mittelständisch-bürgerlichen (oder auch nur kleinbürgerlichen) Milieus. Besonders gilt das im Hinblick auf die Aufgaben, die den Frauen im Haushalt und in der Familie zukommen. Wer sich davon überzeugen möchte, dass ich Hoggarts

Auffassungen hier keinesfalls verkürze oder tendenziös wiedergebe, der braucht in seiner Autobiografie nur das ziemlich verblüffende Kapitel über das Familienleben zu lesen oder die Passagen, in denen er die Frauen, denen die Haushaltsführung und das Kochen für die Familie auch unter den schwierigsten Umständen gelingen, denjenigen gegenüberstellt, die dies angeblich niemals hinbekommen. Seine ganz persönlichen Phantasmen über das Familienleben und die Beziehungen zwischen Männern und Frauen, die er schon in seinem Buch von 1957 ausbreitete, stellt Hoggart als eine objektive Rekonstruktion der Lebensweisen der Arbeiterklasse dar.[1]

Hoggart wiederholt, was viele vor ihm (und nicht wenige nach ihm) gesagt haben. Er transportiert ein Bild, eine Vorstellung und mithin eine Definition der Arbeiterklasse und der populären Klassen, das bestimmte Personen, die diesen Klassen nicht weniger angehören als die anderen, ausschließt oder ausgrenzt. Innerhalb eines Milieus, einer sozialen Gruppe und erst recht einer sozialen Klasse gibt es immer interne Differenzierungen. Meine beiden Großmütter liefern dafür das beste Beispiel. Die eine wird durch Hoggarts Beschreibung verurteilt, die andere verherrlicht. Beide sind sie Mitglieder der populären Klassen. Die Arbeiterin, die gegen alle Widerstände für ihre Freiheit kämpft, hat natürlich nicht erst auf die Umwälzungen des 20. Jahrhunderts gewartet, um die Bühne der sozialen Welt zu betreten! Ihr Auftreten ist nicht das Produkt einer

---

1 Richard Hoggart, »›There is no vocabulary‹: on family life«, in: *A Sort of Clowning, 1940-1959*, nachgedruckt in *A Measured Life: The Times and Places of an Orphaned Intellectual*, New Brunswick/London: Transaction Publisher 1994, dort S. 175 (dieser Band enthält – mit jeweils eigener Paginierung – die drei Bände von Hoggarts Autobiografie).

sich entwickelnden Massenkultur oder einer Kommerzialisierung der Freizeit (Kino, Diskotheken, Klatschpres-
se ...). Es hat sie schon vorher gegeben, und es wird sie
immer geben. Sie ist eine nicht minder traditionelle Figur
der unteren Klassen als die »gute Familienmutter«. Anders
als diese wurde sie von den bürgerlichen Wohlfahrtsdis-
kursen des 19. Jahrhunderts (und vom männlichen Blick
innerhalb der Arbeiterklasse selbst) nicht glorifiziert,
sondern stigmatisiert. So sehr, dass die einfache Berufs-
bezeichnung der »Arbeiterin«, wie Joan W. Scott gezeigt
hat, nicht selten ein Synonym für »verlottertes Weibsbild«
war.[1]

Joan W. Scott hat meisterhaft herausgearbeitet, wie sich
auch Edward P. Thompson in seinem Buch *Die Entstehung der englischen Arbeiterklasse* auf einen Klassenbegriff stützt, der fast ausschließlich auf einer männlichen
Definition von Arbeit und Klassenmobilisierung basiert.
Frauen ordnet er Mustern des Lebens und der Vergemein-
schaftung zu, die mit denen einer selbstbewussten Arbeiterbewegung angeblich gar nichts zu tun haben.[2] Unter
ähnlichen Prämissen, aber aus einem ganz anderen Blick-
winkel betrachtet Hoggart die Arbeiterklasse. Er geht
vom Familienheim aus und ignoriert oder vernachlässigt
die Geschehnisse am Arbeitsplatz, in den Gewerkschaften, in den Arbeitskämpfen usw., ja er verurteilt die Frau-

---

1   Joan W. Scott, »›L'Ouvrière! Mot Impie, Sordide ...‹. Women Work-
    ers in the Discourse of French Political Economy (1840-1860)«, in:
    Patrick Joyce (Hg.), *The Historical Meanings of Work*, Cambridge:
    Cambridge University Press 1987, S. 119-142.

2   Joan W. Scott, »Women in *The Making of the English Working Class*«,
    in: *Gender and the Politics of History*, New York: Columbia Univer-
    sity Press 1988, S. 68-90.

en, die ein Leben außerhalb des Heims führen oder führen wollen. Da seiner eigenen Beschreibung zufolge jeder einzelne Wohnraum von vielen Menschen bewohnt wurde, dürften intime Lebensmomente nur dort ihren Platz gehabt haben, wo ein rechtlicher Rahmen oder zumindest eine dauerhafte Beziehung sie legitimierte. Sein Lob der häuslichen Einheit enthält somit ganz zwangsläufig einen Ausschluss der sexuellen Freiheit und zweifellos auch der Homosexualität. Eine Passage aus *A Local Habitation* illustriert, wie unfähig er gewesen sein muss, eine sexuelle oder amouröse Beziehung zwischen zwei Frauen anzuerkennen. Er windet sich, die Art der Beziehung zu benennen, die seine Tante mit ihrer Gefährtin verband, und kommt letztlich zu dem Schluss, dass es sich nur um eine enge Freundschaftsbeziehung handeln konnte und dass die beiden Frauen niemals miteinander schliefen. Als ob es in den populären Klassen der dreißiger Jahre keine lesbischen und schwulen Paare, keine lesbische und schwule Kultur gegeben hätte!

Seine Positionierung gegen die »freie Frau« ist umso brutaler, als sie im Brustton der Selbstverständlichkeit vorgetragen wird. Was Hoggart da ausspricht, ist aber keineswegs evident. Er gibt das Urteil der »guten Familienmutter« über ihre »sorglosen« Geschlechtsgenossinnen wieder (und natürlich nicht die Meinung der emanzipierten Frau über die geknechtete Hausfrau). Die von Hoggart definierte »Kultur« und Tradition der populären Klassen ist in Wahrheit nur ein willkürlicher Ausschnitt aus dieser. Auch andere Teile seines Buches sind von ideologischen Verzerrungen und massiven Vorurteilen geprägt. Genau besehen ist seine »ethnografische Studie« nichts anderes als ein ideologisches Artefakt. Betrachtungen, die auf einem selektiven persönlichen Gedächtnis beruhen (ohne dabei durch den Filter einer Autoanalyse gegangen zu sein), können sich nicht zu einer Gesamtdarstellung der Kultur und Gesellschaft einer bestimmten sozialen Welt zusammenfügen. Schon gar nicht können sie von Lesern, die diese Welt nie erlebt haben – Hoggart selbst betont die Grenzen seines Buches –, als eine solche gelesen werden.

*

Als sein Buch 1957 erschien, wollte Hoggart die in England (und natürlich auch anderswo) virulenten Diskurse widerlegen, die das Ende der sozialen Klassenteilung ausriefen. Eine dominante Ideologie behauptete, seit dem Zweiten Weltkrieg habe eine friedliche Revolution stattgefunden, die fast alle soziale Schichten – mit Ausnahme des höchsten Bürgertums und des elendsten Proletariats – in einer großen gesellschaftlichen »Mittelklasse« (oder »Mittelschicht«) aufgelöst habe. Das Ziel dieser Diskurse war natürlich, dem linken Denken den Boden unter den Füßen wegzuziehen. Indem man das Ende der Arbeiterklasse verkündete, glaubte man, auch die sozialistischen und radikalen Stränge der englischen Arbeitertradition (oder die sozialistische und kommunistische Tradition in Frankreich) beenden zu können. Die These von der Auflösung der sozialen Klassen wird stets von dem Argument begleitet, die Konzepte der Arbeiterklasse und des auf Klassenantagonismen beruhenden gesellschaftlichen Konflikts seien das Relikt einer archaischen Ideologie, die so schnell wie möglich begraben werden müsse. Trotz aller Kritik, die ich gerade an ihm geäußert habe, war Hoggarts Geste deshalb eine wichtige.

Über die ersten Kritiken von *The Uses of Literacy* konnte Hoggart nur müde lächeln. Sie unterstellten ihm eine Obsession mit der Klassenteilung in der englischen Gesellschaft. Dass diese nicht mehr existiere, das könne doch jeder vernünftige Mensch mit bloßem Auge erkennen. Hoggart konnte darauf verweisen, dass dieselben Einwände schon George Orwells zwanzig Jahre zuvor erschienenem Buch *Der Weg nach Wigan Pier* entgegengehalten worden waren. Und dreißig Jahre später, Ende der achtziger Jahre, war Hoggart von der Existenz und Evidenz einer rigiden Klassenteilung nicht minder überzeugt. Das wirklich Verstörende und Überraschende, schreibt er Anfang der Neunziger, sei eigentlich nicht die Permanenz und tiefe Verwurzelung der Klassenspaltung in der Gesellschaft, sondern viel eher der Umstand, dass diese Realitäten über all die Jahrzehnte mit gleichbleibender Hartnäckigkeit geleugnet worden seien.[1] Als Bourdieu 1979 *Die feinen Unterschiede* veröffentlichte, reagierten die Neokonservativen in der französischen Linken nach einem ähnlichen Muster (das Werk des »letzten Marxisten«, hieß es damals vorwurfsvoll). Und haben die Vertreter der akademischen Soziologie, die in den Schulen der Macht lehren, meiner *Rückkehr nach Reims* nicht vorgehalten, sie handle von einer längst vergangenen Realität? (Von der ihre propagandistischen Vorgänger Jahrzehnte zuvor natürlich bereits dasselbe behauptet hatten: dass soziale Klassen in ihr nicht länger existierten.) Diese Leugnung scheint unbezwingbar. Unverwüstlich taucht sie wieder auf, ohne je wirklich verschwunden zu sein. Ganz nach dem Motto: »Früher mag es so was gegeben haben, aber doch nicht heute!«

Hoggarts Kritik an dem Ideologem der verschwundenen Klassenteilung hat nichts von ihrer Relevanz verloren. In

---

1 Richard Hoggart, *An Imagined Life, 1959-1991*, in: *A Measured Life*, a. a. O., drittes Buch, S. 5 f.

England wie in Frankreich ist die These von einer Generalisierung der Mittelschicht seit den achtziger Jahren immer wieder wiederholt worden (und heute fühlen sich manche tatsächlich genötigt, von einer »Rückkehr der Klassen« zu sprechen – sie wissen gar nicht, wie lächerlich sie sich damit machen). Man muss die Realität der Nachkriegsjahre schon durch eine ganz besondere Brille betrachten, wenn man in ihnen ausschließlich die »Trente Glorieuses«, die dreißig Jahre des »Wirtschaftswunders«, sehen will, die keine Angst vor dem Morgen und keine Furcht um den eigenen Arbeitsplatz gekannt haben sollen. Die Härte der Arbeit, die Höhe der Lebenskosten, die Schwierigkeiten, das Konto auszugleichen, die Angst vor der Arbeitslosigkeit und die langen Phasen, in denen man tatsächlich ohne Arbeit war: All das gehörte damals für einen Großteil der Bevölkerung, deren Existenz die bürgerliche Soziologie heute in goldenen Farben malt, zur Normalität des Alltags.

Setzen sich diese konkreten, unmittelbaren Wahrheiten vielleicht auch deshalb nicht durch, weil es, wie Robert Roberts am Anfang von *The Classic Slum* bemerkt, kaum Soziologen und Historiker gibt, die sie aus der Innenperspektive der populären Klassen selbst erlebt haben? Dominiert deshalb in den Sozialwissenschaften eine äußerliche, verfälschende Perspektive auf die unteren Klassen?[1] Eine der katastrophalsten Folgen der unerbittlichen Reproduktionslogik in Schulen und Universitäten (und besonders

---

1 Robert Roberts, *The Classic Slum. Salford Life in the First Quarter of the Century*, London: Penguin Books 1990 [1971], S. 9. In diesem Buch findet man eine Darstellung der Lebensrealität in den populären Klassen, die derjenigen Hoggarts an Komplexität und Realismus in vielen Hinsichten überlegen ist. Ähnliches gilt für Roberts' Autobiografie *A Ragged Schooling* (Manchester: Mandolin 1997 [1976]).

dort, wo über die Besetzung der universitären Lehr- und Forschungspositionen entschieden wird) ist die Gleichförmigkeit und damit Beschränktheit des Blickes auf die soziale Welt. Unter den Produzenten unserer wissenschaftlichen Diskurse finden sich fast keine Arbeiterkinder oder Kinder aus den unteren Schichten. Perspektiven, die aus dem Arbeitermilieu selbst kommen, sind fast vollständig eliminiert. Die Folge sind zahlreiche Verzerrungen, die als solche gar nicht auffallen. Mit pseudomethodischen Argumenten wird versucht, diese Umstände zu widerlegen, im Grunde werden sie dadurch aber nur noch brutaler. Es ist gar nicht schwierig, die Autorität der Wissenschaft infrage zu stellen. Man muss dazu nur die Schwäche ihrer institutionellen Garantien kennen. Um diese Schwäche aber zu erkennen, muss man den Milieus, die von diesen angeblich so gelehrten Autoritäten beschrieben werden, selbst angehört haben. Auch deshalb sehen die falschen Diskurse guten Zeiten entgegen.

Gegen die These von der Ausweitung der Mittelklassen kann man auch heute noch den Fortbestand einer distinkten Arbeiteridentität und einer spezifischen »populären Kultur« behaupten. Gestern wie heute begründet sie sich in einem spezifischen Bezug zur Arbeit (manuelle Tätigkeiten, körperlicher Verschleiß), in einem Habitus, der von einem eigenen sozialen Erbe konstituiert wird, in einer eigenen Sprechweise usw. Der Gegensatz zwischen »uns« und »denen« bleibt für die populären Klassen konstitutiv, auch wenn der Inhalt des »Wir«, mit dem man sich identifiziert, und des »Sie«, von dem man sich absetzt, fluktuiert. Fest steht aber auch, dass man sich die Werte der populären Milieus nicht blind anzueignen braucht, um sie akkurat beschreiben zu können. Wir sollten uns nicht auf die falsche Alternative zwischen zwei Ideologien festlegen lassen, von denen eine die Existenz sozialer Klassen völlig leugnet, während die andere sie (und besonders die Existenz der Arbeiterklasse) nicht einfach nur anerkennt, sondern zugleich auch verherrlichen will, indem sie den angestammten Lebens- und Denkweisen eine fast schon heroische Widerständigkeit attestiert. Hoggart scheint das widerständige Potenzial der populären Kultur ausschließlich in den Elementen zu sehen, die auf kultureller Trägheit und habitueller Unveränderlichkeit beruhen. Die Realitäten der Fabrik, des Arbeitsalltags, des gewerkschaftlichen Engagements und der Politik sucht man in seinem Buch vergebens. Solche Einwände bekam er auch von einem marxistischen Kollegen zu hören, der damals sein Manuskript las. Hoggart erwiderte, er hätte seinen Bericht gewiss auf eine breitere Grundlage stellen können, habe sich aber darauf konzentrieren wollen, eine persönliche, im Familienleben seiner Kindheit und Jugend begründete Erfahrung wiederzugeben. Sein Buch lege den Fokus auf das häusliche Leben (und damit auch auf das Leben der Frauen, die das häusliche Leben dominieren) und erhebe dabei keinen Anspruch auf den »wissenschaftlich verifizierten Charakter einer soziologischen Studie« oder auf die »Beherrschung eines größeren Wissens«.[1] Aus der Beschaffenheit seines Buches kann man erkennen, dass Hoggart die Welt der Arbeiter am Ende seiner Adoleszenz, als er auf eine höhere Schulen und schließlich an die Universität ging, verlassen hat und dass er die Realität der Fabrikarbeit niemals kennenlernte. Es ist völlig legitim, das Augenmerk einer Analyse auf Aspekte der Existenz außerhalb des Arbeitsplatzes zu legen und sich dabei auch

---

1 Richard Hoggart, *The Uses of Literacy*, a. a. O., S. ix, und Richard Hoggart, *A Sort of Clowning*, a. a. O., S. 142.

auf die eigenen Erinnerungen zu berufen. Schwieriger zu akzeptieren ist allerdings, dass Hoggart sich zum Ziel gesetzt hat, die Unveränderlichkeit und Widerständigkeit einer Welt und einer Kultur zu verherrlichen, denen er selbst gar nicht mehr angehörte und nicht mehr angehören wollte. Steedmans Kritik ist in dieser Hinsicht völlig berechtigt. Man braucht nur die (übrigens sehr gelungenen) Passagen aus Hoggarts Autobiografie zu lesen, in denen er die Anfänge seines sozialen Aufstiegs und insbesondere jene Momente beschreibt, in denen er begreift, dass er aus seinem angestammten Milieu heraustreten will und wird, dass er zunehmend von dem Gedanken beseelt ist, »seinen Weg« gehen zu müssen, einen Weg, der ihn »völlig instinktiv« zu »neuen Lebensweisen und neuen Ansichten über das Leben« führen wird, die er allmählich entdeckt und die ihm »in gewissen, wichtigen Hinsichten« verlockender vorkommen als die, die er schon kannte.[1]

*

Hoggart ist natürlich kein Einzelfall. Raymond Williams, der insgesamt viel progressiver eingestellt und politisch engagierter ist, unterliegt ähnlichen konservativen Vorurteilen, wenn er die Arbeiterklasse und die Gefahren betrachtet, denen diese in seiner Sicht ausgesetzt ist. Besonders deutlich wird das in seinem Roman *Second Generation* von 1964.[2] Zwei Arten der Gefahr scheinen die Arbeiterklasse zu bedrohen: ökonomische Risiken, die sich

---

1 Richard Hoggart, *A Local Habitation*, a. a. O., S. 161.

2 Vgl. Raymond Williams, *Second Generation*, a. a. O., vgl. außerdem Williams' Roman *Border Country* (Cardigan: Parthian 2006 [1960]), den ich am Ende von *Rückkehr nach Reims* (a. a. O., S. 236 f.) kommentiere.

aus den Zyklen der Konjunktur und der Wahrscheinlichkeit saisonaler Arbeitslosigkeit ergeben, und moralische Risiken, die mit der »Verunreinigung« des Wertsystems der Arbeiter durch jene »freieren« Lebensweisen verbunden sind, die in intellektuellen Milieus vorherrschen. Wenn Williams die allmähliche Formierung des Arbeiterkampfs gegen die Entscheidungen der Fabrikbesitzer beschreibt – ein schwieriger, fragmentierter und vielleicht auch provisorischer, in jedem Fall aber intensiv erlebter Prozess –, dann integriert er in das Panorama der zu verteidigenden Werte auch die traditionellen Werte der Familie, die außer in solchen kritischen Momente, in denen sich authentische affektive Bindungen wie von alleine formen, von einer Modernität bedroht werden, die niemand paradigmatischer verkörpert als die Linksintellektuellen mit ihren (besonders in sexueller Hinsicht) alternativen Lebensentwürfen.

Second Generation spielt in Oxford, einer sozial und geografisch gespaltenen Stadt. Auf der einen Seite stehen die gotischen und neugotischen Gemäuer der Universität, in deren Umkreis Generationen von Professoren und Studenten gelebt haben und noch immer leben. Auf der anderen findet man die großen Fabrikanlagen der Automobilindustrie mit ihren angrenzenden Arbeitervierteln. Der Sohn einer Arbeiterfamilie steht unmittelbar vor dem Abschluss seiner Doktorarbeit in Soziologie, entschließt sich aber nach einer Reihe von Vorkommnissen, die der Roman schildert, seine Arbeit nicht zu verteidigen. Das Milieu, in das er sich erst langsam hineingearbeitet hat, wird ihm plötzlich unerträglich, das Ethos, das in ihm dominiert – die jederzeit zur Schau gestellte Gewandtheit in Fragen der Kleidung und des Verhaltens, der Akzent, der Tonfall der Aussagen usw. –, steht im krassesten Widerspruch zum Klassenethos der Familie, in die der Protagonist jeden Abend zurückkehrt. Er scheitert plötzlich an der Aufgabe, zwei dissoziierte Persönlichkeiten zu verkörpern. Die Anziehungskraft und Faszination des von Williams beschriebenen Intellektuellenmilieus kann man natürlich auch (und gerade dann) noch empfinden, wenn man sich in ihm unwohl fühlt, weil man gewissermaßen in es eingebrochen ist, ohne über die notwendigen Codes zu verfügen. Das Unbehagen kann sich zu einer tiefen Not und Verunsicherung auswachsen, die sich in Wutausbrüchen, in Abscheu und Hass gegenüber den »natürlichen« Einwohnern dieses Milieus entlädt. Welcher Klassenflüchtige hat diese Dinge nicht selbst erlebt? In der Wiedergabe solcher Gefühle liegt die Stärke des Romans. Das permanente Gefühl, ein Fremder zu sein, der die Sprache der Welt, in die er eingetreten ist, nicht beherrscht und trotz aller erbrachten und noch zu erbringenden Anstrengungen niemals wie eine Muttersprache beherrschen wird; das Gefühl, nicht zu wissen, zu welchen Haltungen, Reflexen und Bewegungen man seinen Körper erziehen soll, damit dieser den bestehenden Regeln entspricht; der fast schon physische Eindruck, für immer von dem ausgeschlossen zu sein, was man so sehr erreichen möchte und auch dann noch nicht erreicht zu haben glaubt, wenn man es eigentlich erreicht hat. Der brillante Student schlägt die akademische Karriere aus, die sich ihm eröffnet. Er heuert in einer Fabrik an und arbeitet am Fließband, um das Leben der Menschen, die er beschreiben möchte, auf ganz unmittelbare Weise zu untersuchen. Er kehrt einer akademischen Soziologie den Rücken, die sich damit begnügt, zum Nutzen der herrschenden Klassen verklausulierte Berichte voller Daten zu erstellen.

Der Vater des jungen Mannes, der auf den Erfolg seines Sohnes so stolz war, kann dessen Entscheidung nicht verstehen. Wie kann der Sohn nach achtzehn erfolgreichen

Jahren im Bildungssystem zu dem Punkt zurückkehren wollen, auf dem er selbst stehengeblieben ist? Er hält ihm vor, dass er durch den Gang in die Fabrik die einmal hergestellte Distanz keineswegs wird überbrücken können. In der Welt der Arbeit, in die er sich integrieren und die er von innen studieren möchte, muss er ein Außenseiter bleiben, er kann kein Teil dieser Welt mehr sein, denn anders als deren Einwohner hat er die Option, alles stehen und liegen zu lassen und in sein akademisches Leben zurückzukehren. Diese Freiheit begründet einen fundamentalen Unterschied.

Die Versöhnung des Klassenflüchtigen mit der Herkunftsklasse, von der er sich immer weiter entfernt hat und der er nun wieder angehören möchte, erfolgt schließlich durch die integrative Kraft einer Heirat. Der Protagonist heiratet eine junge Frau, die er seit seiner Jugend kennt und mit der er beinahe gebrochen hätte, weil er den Reizen einer idealtypischen Vertreterin des befreiten Bildungsbürgertums erlegen war. Seine Rettung liegt am Ende also darin, dass er sich in das traditionelle Wertesystem einer Arbeiterfamilie einordnet. Williams zelebriert diese Werte auf eine Weise, die nicht weniger ärgerlich ist (oder zumindest genauso konservativ und rückschrittlich) wie jene Hoggarts.

Bemerkenswert ist allerdings, wie sehr diese Schlussfolgerung von der Moral seines ersten Romans, *Border Country*, abweicht. Dieser hatte damit geendet, dass der Protagonist – ein Arbeiterkind, das es bis zur Universitätsprofessur gebracht hat – die zwischen ihm und seiner Familie entstandene Distanz konstatiert. Man könne diese Distanz ermessen, sagt er am Ende des Romans. Der Glaube, sie dadurch auch ausgelöscht zu haben, sei aber eine Illusion. Wer diese Wahrheit erkannt habe, der könne zumindest dem Gefühl des »Exils« ein Ende setzen. Umso wichtiger sei daher, dass man die Welt, aus der man fortgegangen ist – die Welt der populären Klassen –, nicht verleugne und dass man den politischen Positionen treu bleibe, die sie verteidigen. In späteren Stellungnahmen erklärt Williams, dass er sich mit seinem ersten Roman von einem in Großbritannien etablierten literarischen Genre absetzen wollte, in dem Akademiker aus den unteren Klassen ihren Lebensweg nachzeichnen und dabei vor allem die Enttäuschung hervorheben, die sie gegenüber dem Milieu empfinden, in das sie aufgestiegen sind, weswegen sie sich nun umso nostalgischer ihrer Kindheit zuwenden (Nostalgie findet man zwar auch in *Border Country*, sie ist aber melancholisch gefärbt und richtet sich eher auf das Gefühl einer unüberbrückbaren Entfernung). Wahrscheinlich hat Williams am Ende seines ersten Romans begriffen, dass man die Desillusionierung gegenüber dem Milieu, in dem man angekommen ist, nicht herunterspielen kann. In *Second Generation* wird sie deshalb zum zentralen Thema: Durch eine radikale Entscheidung glaubt der zum Sozialwissenschaftler gewordene Arbeitersohn, die längst bestehende Distanz auslöschen und wieder zum Ebenbild seiner Eltern werden zu können. Doch wie die Eltern ihm zu verstehen geben, ist es dafür zu spät. Mit dieser Feststellung endet das Buch. Der junge Mann hat das Milieu aufgegeben, in dem er sich einst etablieren wollte. Dem, das er zuvor verlassen hat, gehört er aber nicht mehr an.

In *Border Country* wird die Klassendistanz durch eine Strecke symbolisiert, die der Londoner Universitätsprofessor mit der Bahn zurücklegt, um nach der Nachricht, sein Vater sei krank und werde sterben, in das walisische Dorf seiner Eltern zurückzukehren. Der junge Soziologe aus *Second Generation* hat den Schritt zum Professor noch nicht vollzogen, er lebt noch immer in derselben Stadt und sogar unter demselben Dach wie seine Eltern. Er ist nicht weggegangen. Und doch erklären ihm seine Eltern, dass er zwischen sie und sich bereits eine ähnliche Distanz gelegt hat. Er hat sich sozial von ihnen entfernt. Und es gibt nichts, was er dagegen tun könnte.

In dem Gesprächsband *Politics and Letters*, den Williams 1979 publizierte, kommt er auf den »Oxford-Roman« *Second Generation* und die ganz bewusste Entscheidung zu sprechen, bildungsbürgerliche und Arbeiterlinke aufeinandertreffen zu lassen. Um 1960 habe er begonnen, die bürgerliche Linke als eine ernsthafte Bedrohung für die Arbeiter anzusehen. Sicherlich wollte Williams seiner Verbitterung gegenüber den Verhaltensweisen und dem Ethos gewisser Akademiker Ausdruck verleihen. In den Gesprächen wettert er gegen »diese typischen Linken«, die sich zwar intellektuell für die Labour Party engagierten, dabei jedoch jeglichen Bezug zur Arbeiterklasse vermissen ließen. »Wenig später sah man, um welche Art Linke es sich da handelte«, fügt er hinzu. Sie hätten die Arbeiter »benutzt« und »verraten«.

Williams belässt es nicht bei diesen beißenden Bemerkungen über die Linksintellektuellen und den fehlenden Bezug zu den unteren Klassen. Vielmehr will er eine Verbindung herstellen zwischen zwei für die akademische Welt angeblich charakteristischen Formen der Immoralität: zwischen der »persönlichen« und der »sozialen Korruption« (»personal and social corruption«). Mit persönlicher Korruption meint er hier nichts anderes als die sexuelle Freiheit der Intellektuellen. Auf die präzise Nachfrage seiner marxistischen Gesprächspartner von der *New Left Review*, weshalb er die »Abwesenheit von sexueller Integrität«, die viele seiner Romanfiguren ausmache, auf ihre Zugehörigkeit zum Bildungsbürgertum und damit zum Lager der »Reaktion« zurückführe, fährt Williams fort:

Ende der sechziger, Anfang der siebziger Jahre spürte ich, dass das, was der Linken und der Arbeiterklasse widerfahren war, eine viel größere Störung bedeutete als gemeinhin angenommen. Eine Rhetorik der Befreiung und des Durchbruchs dominierte die Zeit. Aber ich dachte schon damals, dass sie viel zu einfach gestrickt war. Mit bloßem Auge war zu erkennen, welche Gefahr von ihr ausging und welch hohen Preis wir dafür zahlen würden, dass eine große Zahl von Menschen unter dem Druck einer Ordnung zu leben hatte, die sie systematisch frustrierte. Mehr noch als jeder andere meiner Romane basiert *Second Generation* auf einer direkten Beobachtung. […] Durch die Wiedergabe von etwas so Essenziellem wie der innerhalb einer Stadt vorliegenden Spaltung zwischen »intellektuellem« und »manuellem« Leben wollte ich das reale Theater zeigen, in dem die große Konfusion sich abspielte.[1]

Der einzige wirklich gelungene Aspekt des Romans *Second Generation* scheint mir zu sein, dass er die geografische Klassenteilung der Stadt im Maßstab des individuellen Lebens eines Klassenflüchtigen rekonstruiert. Das im Grunde sehr missglückte Buch (das gar nicht von Interesse wäre, hätte es nicht Raymond Williams geschrieben) wirft eine Reihe von Fragen auf, die so einfach, wie es dies selbst suggeriert, gewiss nicht zu beantworten sind. Welchen Preis muss man für einen sozialen Aufstieg bezahlen? Wie wirkt sich ein Studium im Leben eines Arbeiterkindes aus? Wie bleibt man seiner Vergangenheit treu, wenn man einen Weg genommen hat, der einen von der Welt der Eltern weit entfernt? Vielleicht lautet die Frage auch ganz einfach, ob man seine Klasse oder Stadt überhaupt jemals verlassen kann. Oder ob es möglich ist, Zugang zu Bil-

---

1 Raymond Williams, *Politics and Letters. Interviews with the New Left Review*, London: NLR und Verso 1979, S. 287-289.

dung und Kultur zu finden, wenn man die Werte des Herkunftsmilieus (wie zum Beispiel die traditionelle Heirat und das traditionelle Familienleben) nicht aufgeben will. Umgekehrt stellt sich die Frage, ob man sich Bildung und Kultur überhaupt erschließen kann, ohne zugleich die individuellen und »verderblichen« Freiheiten anzunehmen, in denen Williams nur die Anzeichen einer zynischen Libertinage zu sehen scheint. Inwiefern stoßen sich die Werte, die ein Klassenflüchtiger sich bewahrt hat, mit denen der Welt, in der er ankommt?

*

Hoggarts Bücher sind in Frankreich immer wieder benutzt worden, um die kritische Soziologie und die Theorie der symbolischen Herrschaft mit ihrer These des »Legitimismus« zu bekämpfen. Legitimismus bedeutet in diesem Zusammenhang die (sobald der Nachweis einmal erbracht ist, schwer zu widerlegende) Annahme, dass es eine legitime Kultur gibt, die sich allen Subjekten, das heißt auch denen, die von ihr ausgeschlossen sind, aufdrängt. Die populäre Kultur findet sich in einem System wieder, das sie immer nur negativ und im Verhältnis zur legitimen Kultur definiert: Sie ist bestimmt von einem »Mangel« oder einer »Enteignung«, es mangelt ihr an Legitimität. Die objektive Struktur sozialer Positionen und Beziehungen wird dabei als so stark angenommen, dass sie ihre Zuweisungs- und Inferiorisierungseffekte sogar dort zeitigt, wo sie subjektiv gar nicht als solche wahrgenommen werden. Man sollte daran erinnern, dass sowohl der Autor von *The Uses of Literacy* als auch Raymond Williams jederzeit Verfechter dieser »legitimistischen« Grundannahme gewesen sind. Man könnte den Legitimismus der beiden Autoren sogar als politisch-aktivistisch bezeichnen. Dass sie die

»Kultur« der populären Klassen als einen konstanten, einheitlichen Block von Traditionen, Werten und Lebensweisen betrachten, hindert sie nämlich noch lange nicht daran, die fehlenden Bildungschancen des Nachwuchses dieser Klassen innerhalb der legitimen Kultur zu kritisieren. Diese Zustände haben sie unablässig angeklagt und sogar versucht, aktiv gegen sie anzukämpfen. Ihre ganze akademische Laufbahn ist auf dieses Ziel gerichtet. Lange Jahre engagierten sie sich in der Erwachsenenbildung, das heißt in einem Zweig des Bildungswesens, der über den »zweiten Bildungsweg« auch solchen Menschen einen Zugang zur Universität verschaffen will, die eigentlich längst ausgeschlossen waren. Viele Jahre arbeiteten Hoggart und Willams im »professoralen Außendienst«, denn sie gaben Kurse in kleinen Orten im Umkreis der großen Universitätsstädte, in denen sie lehrten: Hoggart in Hull, Williams in Oxford. Dass sie Menschen, denen dieses Privileg eigentlich verwehrt war, zur Chance auf eine höhere Bildung verhelfen konnten, erfüllte sie mit einem nicht geringen Stolz.[1]

Hoggart und Williams unterrichteten englische Literatur. Dieser Disziplin widmeten sie auch den Großteil ihrer akademischen Arbeiten. Hoggarts erstes Buch, das 1951 erschien, sechs Jahre vor *The Uses of Literacy*, handelte von W. H. Auden. Im zweiten Teil seiner Autobiografie erzählt er, wie er nach der Publikation dieses Buchs zu Radiosendungen und insbesondere von einem Lokalsender in Bristol eingeladen wurde, der damals Spezialisten darum bat, Gedichte vorzutragen und für eine gemischte Hörerschaft zu besprechen (auch eine Art »Erwachsenen-

1 Vgl. Richard Hoggart, »A wandering teacher«, in: *A Sort of Clowning*, a. a. O., S. 71-147; Raymond Williams, »Adult education«, in: *Politics and Letters*, a. a. O., S. 78-84.

bildung«). Hoggart beschreibt das Glück, das es für ihn bedeutete, ein Gedicht seines Lieblingsautors aussuchen zu dürfen.[1] Und er hebt hervor, wie wichtig es ihm war, neben englischer Literatur noch andere Themen unterrichten zu können. Es wäre, wie er sagt, »ein Jammer« gewesen, wenn seine Studenten, denen sich durch seine Kurse »ganz neue Horizonte« erschlossen, nicht auch »Dostojewski, Tschechow, Stendhal, Flaubert, Proust, Mann« hätten kennenlernen können, »wenn auch nur in Übersetzung«.[2]

Wenn Hoggart sich fragt, was das verbindende Element all seiner intellektuellen Interessen und akademischen Tätigkeiten gewesen ist, dann nennt er »das Recht auf einen besseren Zugang zur höheren Bildung« und »die Notwendigkeit eines besseren Zugangs zu den Künsten, weil sie den Raum bieten, in dem wir die schärfsten Untersuchungen über unsere eigene Persönlichkeit, über unsere Beziehungen zu den anderen und über die Natur der Gesellschaft durchführen können«. Man solle dabei auch auf die Möglichkeiten »einer bestmöglichen Nutzung der Massenkommunikation« zurückgreifen.[3]

Immer wieder kommt Hoggart auf die Mechanismen des schulischen Ausschlusses und der kulturellen Enteignung zurück, unter denen die populären Klassen zu leiden haben. Natürlich weiß er, dass der verfrühte Schulabgang nicht selten von den Familien selbst gewünscht ist, die es für einen unbezahlbaren Luxus halten, ihr Kind über das sechzehnte Lebensjahr hinaus auf eine Schule zu schi-

---

1 Richard Hoggart, *A Sort of Clowning*, a. a. O., S. 138 f.
2 Ebd., S. 134.
3 Richard Hoggart, *An Imagined Life*, a. a. O., S. 26.

cken. (Sie sind auf das Einkommen dieses weiteren Fami-
lienmitglieds angewiesen.) Zur Elimination gesellt sich die
Selbstelimination, gemeinsam setzen sie den Ausschluss
der unteren Klassen aus dem Schulsystem ins Werk. Den
begeisterten Reden von der »Demokratisierung« des
Schulsystems hält Hoggart streng entgegen, dass Faktoren wie »Familie, Wohnviertel, Geld, soziale Klasse, frühe Bildung« nach wie vor sehr stark mit intellektuellen,
schulischen und beruflichen Möglichkeiten korrelieren.
Bitter blickt er auf »all die intelligenten Menschen« zurück, »die auf der Strecke geblieben sind«. In relativ kla-
rem Widerspruch zu seinen vorherigen Analysen über
die Widerständigkeit der Arbeiterkultur gegenüber den
Transformationsprozessen der Massenkultur kommt er zu
dem Schluss, dass die in den britischen populären Klassen
noch immer vorherrschende »erdrückende Immobilität«,
die »triste Resignation« und die »fehlenden Erwartungen
und Perspektiven« aus den »Fixierungen und Verzerrungen« resultieren, die das Schulsystem »auf allen Ebenen«
erzeugt, sowie aus dem »Apparat der Massenkommunikation«, »der sich offen und manchmal sogar radikal gibt,
dabei aber nur selten die Ursachen und Prozesse kritisiert,
die alles in dem so desolaten Zustand belassen, den jeder,
der ein wenig Abstand gewinnen und sich eine Meinung
bilden möchte, sofort erkennen kann.«[1]

Man sollte an Hoggarts Ansatz deshalb noch einen weiteren Aspekt hervorheben: Bei all seinen Bemühungen,
die Situation der populären Klassen zu verstehen und
zu erklären, setzt er sich mit den Menschen, deren Welt
er in *The Uses of Literacy* und in langen Passagen seiner

1 Richard Hoggart, *A Local Habitation*, a. a. O., S. 182 f., S. 136.

Autobiografie beschreibt, doch auch kritisch auseinander (er nennt sie nicht »Autobiografie«, sondern »Life and Times«, weil er, wie er sagt, nur Elemente schildern möchte, die eine historische oder soziale Bedeutung haben). Seine oben referierte Haltung gegenüber Frauen liefert ein gutes Beispiel; er hält mit seiner Präferenz für das konformistischste Verhalten der »Familienmütter« nicht zurück. In seinen späteren Schriften ist der in Arbeitermilieus vorherrschende Konformismus dann aber genau das, was er am schärfsten kritisiert. Immer wieder erinnert er daran, dass die sogenannte Arbeiterbewegung nur eine geringe Minderheit der populären Klassen ausmacht und dass sich diese Klassen im Allgemeinen sehr wenig für politische Fragen interessieren. Die gängigste Haltung zur Politik sei von Gleichgültigkeit und Misstrauen, aber auch von einem gewissen Fatalismus gegenüber einem politischen System gekennzeichnet, von dessen Wahlen und Regierungswechseln man sich keine wirklichen Änderungen mehr erhoffe. Zwischen der Niederschrift von *The Uses of Literacy* in den Fünfzigern und dem Verfassen seiner Autobiografie etwa vierzig Jahre später haben sich Hoggarts Ansichten also durchaus verändert. An zahlreichen Stellen in seiner Autobiografie (besonders in den reflexiven Passagen, die er der Bedeutung des autobiografischen Schreibens widmet) denkt er über das geringe Interesse nach, das die meisten Menschen aus den populären Klassen einer größeren intellektuellen Einordnung ihrer Erfahrungen und Erlebnisse im sozialen Raum und in der sozialen Zeit entgegenbringen. Ihre Existenz scheint aus einer Abfolge von Ereignissen zu bestehen, die in ihrem Inneren durch nichts anderes als ihre »ungeordnete Dassheit« (»an unordered thisness«) verbunden sind. Gespräche im Familienkontext, am Arbeitsplatz, in der Kneipe und an andern Orten behalten anekdotischen Charakter oder werden rasch in ein konventionelles Meinungsmuster eingefügt, das von niemandem je hinterfragt wird. Hoggart geht sogar so weit zu sagen, dass die Fähigkeit zu Reflexion und Synthese der größte Gewinn ist, den ein Arbeiterkind aus dem Bruch mit diesem allgemeinen Konformismus ziehen kann. Sein Blick auf das Bürgertum ist ähnlich, er erinnert aber auch daran, dass man Einzelne und Familien, die all diesen Beschreibungen nicht entsprechen, in diesem Milieu doch häufiger antrifft als in den unteren Klassen. Es nutze nichts, diese Tatsachen zu verleugnen (wie es manche täten, die sich selbst für völlig »befreit« halten). Man begebe sich dadurch nur der Möglichkeiten einer ehrlichen Analyse, die zu einer Veränderung führen könnte. Und natürlich seien Bildung und Kultur die Mittel, durch die sich ein Bruch mit dem Konformismus am besten und effektivsten vollziehen lässt.[1]

Hoggarts Texte scheinen bald populistisch, bald miserabilistisch zu sein (sie glorifizieren das Volk oder betrachten es pessimistisch von oben herab). Dass diese beiden Haltungen bei ihm parallel existieren, ohne in Widerspruch zueinander zu geraten, könnte auch daran liegen, dass er keine Theorie der Herrschaft hat. Es ist frappierend, wie genau er in seinen Arbeiten die kulturelle und intellektuelle Exklusion beschreibt, unter der die Mitglieder der populären Klassen wegen ihrer raschen und nahezu automatischen Eliminierung aus dem Schulsystem zu leiden haben, ohne dabei jemals die zentrale Rolle der legitimen Kultur im Schulsystem und damit auch in der Klassenreproduktion ins Auge zu fassen (dasselbe gilt für die Arbeiten Raymond Williams', was im Grunde noch erstaunlicher ist, da dieser

1 Vgl. sein Kapitel »A shape proper to itself? On Writing a ›Life and Times‹«, in: *A Sort of Clowning*, a. a. O., S. 213-215.

sich immer wieder zustimmend auf Bourdieus Analysen des Schulsystems bezieht). Als hätten Exklusion und legitime Kultur gar nichts miteinander zu tun! Hoggart empört sich darüber, dass die populären Klassen auf dem Weg zur legitimen Kultur abgehängt werden. Er fragt sich, wie man ihnen den Zugang zu den Künsten und zur Literatur erleichtern kann. Zu keiner Zeit hinterfragt er allerdings die Mechanismen, durch die der Besitz oder Nicht-Besitz der legitimen Kultur sich schon auf die Verteilung der Bildungschancen auswirkt. Seinen Analysen fehlt ein relationaler oder struktureller Ansatz, der es ihm erlauben würde, die Funktion des kulturellen Kapitals für die Verstetigung der sozialen Strukturen zu verstehen. Im Grunde ist Hoggart sehr legitimistisch, er glaubt an den überlegenen Wert der »hohen Kultur«. Weniger naiv ist sein Ansatz deshalb aber noch nicht. Er liefert keine Analyse der Legitimität als System, das sich durch eine sich selbst setzende Hierarchie erhält. Man kommt der systematischen Eliminierung der unteren Schichten aus dem Schulsystem nicht auf den Grund, ohne die Funktion des kulturellen Kapitals innerhalb der inegalitären Reproduktionsmechanismen der sozialen Ordnung zu begreifen.

Aus alldem folgt, dass man zwei Bedeutungen des Wortes »Kultur« sorgsam unterscheiden sollte. Im ethnografischen Sinn ist es völlig richtig, von einer »populären Kultur« zu sprechen. Begreift man die soziale Struktur aber als ein System funktionaler Gegensätze, dann findet sich die populäre gegenüber der (an den Universitäten gelehrten) legitimen Kultur jederzeit in einer untergeordneten Position. In dieser hierarchischen Struktur kann es eine positiv definierte »populäre Kultur« gar nicht geben, beziehungsweise sie ist genau das, wodurch die unteren Schichten auf ihren untergeordneten Rang verwiesen werden.

Wir stehen also vor einer grundsätzlichen Frage: Vielen Protestbewegungen ist es gelungen, ihr »Stigma« (um den Begriff Erving Goffmans aufzunehmen) affirmativ zu wenden und voller Stolz die Merkmale für sich zu reklamieren, die den anderen als ein Ausweis ihrer »Minderwertigkeit« oder »Schande« gelten. Wäre es denkbar, dieses Vorgehen mit der »Arbeiterkultur« oder mit einer im weiteren Sinne »populären« Kultur der unteren Klassen zu wiederholen? Ist es möglich, die Kultur dieser Klassen nicht nur zu beschreiben, sondern sich auch affirmativ auf sie zu berufen und sie gegen die legitime Kultur in Stellung zu bringen? Die Tradition der Arbeiterkämpfe und die Geschichte der Gewerkschaften könnte dieser Idee Inhalt und Form verleihen (auch wenn die traditionelle Arbeiterbewegung die kulturelle Ordnung oft anerkannt hat, während sie die soziale und politische bekämpfte). Wahrscheinlich ist aber auch, dass die Affirmation von Arbeiterwerten die Arbeiterkinder dazu führen wird, selbst wieder zu Arbeitern zu werden.

Ein Buch von Paul Willis, das übrigens ebenfalls aus der Tradition der Cultural Studies kommt, mahnt uns zur Vorsicht. Auf so unwiderlegbare wie deprimierende Art weist es nach, dass die Anforderungen und Zwänge, die das kollektive Wertesystem der »Arbeiterkultur« (das man natürlich ethnografisch untersuchen kann) den Subjekten auferlegt, die Arbeiterkinder dazu anhält, die schulische Kultur und die Kultur des Lernens zurückzuweisen. Die demonstrative Affirmation eines Arbeiterethos (Virilität, Präferenz für manuelle Tätigkeiten, Ablehnung der körperlichen Disziplinierung und des Zeitbezugs, den »Bildung« erfordert) führt also ziemlich direkt zu einer Exklusion aus dem Schulsystem. Die im Buch beschriebenen Jungen werden aus der Schule entfernt oder entfernen sich selbst aus ihr (was dasselbe ist). Sie wenden sich manuellen

Berufen zu und ratifizieren damit die ungerechte Funktionsweise und identische Reproduktion der sozialen Welt. Der Klassenhabitus der unteren Schichten, die aus ihm resultierenden Selbstprojektionen und beruflichen Zielsetzungen greifen die bestehende Ordnung nicht an, sondern bestätigen und festigen die strikte Separierung der sozialen Klassen sowie die brutale Zuweisung der ungleichen Möglichkeiten, die sich für Herrschende und Beherrschte ergeben.[1]

Natürlich kann man jetzt Loblieder auf die »Autonomie der populären Kultur« anstimmen und den »Legitimismus« bekämpfen wollen. Wenn man all die pejorativen Konnotationen weglässt, die dieser »Ismus« mit sich führt – als sie ihn erfanden, verfolgten die akademisch-populistischen Urheber dieser Bezeichnung sowieso nur polemische und egoistische Zwecke –, besteht diese Denkströmung in nichts anderem als in der Analyse des fast unvermeidlichen Prozesses, der von einer initialen Ausgrenzung aus der legitimen Kultur zur finalen Ausgrenzung führt: vom Arbeiterberuf der Eltern zum Arbeiterberuf der Kinder. Mit diesem »Antilegitimismus« mag man sich des Beifalls derer sicher sein, die »das Volk«, seine »Autonomie«, seine »kritische Kompetenz« und andere Luftschlösser preisen, zu dem sie ihr Klassenethnozentrismus nur deshalb inspirieren kann, weil sie die zwei Bedeutungen von »Kultur« vermischen und die Konzepte der eigenen, »legitimen Kultur« auch den existenziellen Wahrnehmungen und Erfahrungen derjenigen unterschieben, die von ihr – das heißt von der bürgerlichen Kultur – ausge-

---

1 Paul Willis, *Spaß am Widerstand. Gegenkultur in der Arbeiterschule*, aus dem Englischen von Nils Thomas Lindquist, Frankfurt: Syndikat 1979 [1977], nachgedruckt als *Spaß am Widerstand. Learning to Labour*, Hamburg: Argument Verlag 2013.

schlossen bleiben. Ich fürchte, die Liebeserklärungen dieser bürgerlichen Intellektuellen an das Volk sind nur eine Art, es dort und so sitzen zu lassen, wo und wie es gerade ist. Es ist eine weitere List des konservativen Denkens – und sicher eine seiner traurigsten.

3. Genealogien

Nizans marxistischer Blick teilt die Welt in zwei Gruppen.
Auf der einen Seite steht das Bürgertum, auf der anderen
die Arbeiterklasse. Diese binäre Vorstellung der Klassen-
gesellschaft bringt ihn dazu, die Tradition und Geschichte
der Arbeiterklasse gegen die Kultur und Geschichte des
Bürgertums zu stellen. Der Geschichte und dem Gedächtnis der Unterdrücker und Ausbeuter, welche die soziale
Welt und die urbane Geografie beherrschen und die außerdem mit der literarischen und philosophischen Hochkultur im Bunde sind, will er eine Politik des proletarischen Gedächtnisses und der proletarischen Geschichte
entgegensetzen.

Nizan wusste, dass es neben der Klassenteilung noch
andere Formen von Herrschaft und Unterdrückung und
damit auch andere Weisen gibt, sich selbst in die Geschichte einzuschreiben. Die Hauptfigur seines 1938 erschienenen dritten Romans, *Die Verschwörung*, ist ein Sprössling
der jüdischen Bourgeoisie aus dem 16. Pariser Arrondisse-
ment. Auf den ersten Seiten des Romans liest man, wie es
dazu kommt, dass der junge Mann sich einer politischen
Gruppierung anschließt:

Es war für Rosenthal überhaupt ziemlich schwer, zu vergessen, daß er Jude war: Beim Gedanken an seinen Namen über-

kam ihn manchmal eine Art Scham, die er dann wieder dumm fand und derer er sich schämte, manchmal war er aber auch stolz auf ihn, und es kam vor, daß er beim Gespräch mit seinen Freunden einen Satz mit den Worten »Ich als Jude« begann, wie wenn ihm Geheimnisse vererbt worden wären, von denen sie nie etwas erfuhren, Rezepte für die Gotteserkenntnis, die Intelligenz und die Revolte, wie wenn ihm eine erregende und blutige Geschichte von Kämpfen, Pogromen, Wanderungen, Verfolgungen, eine Geschichte der Exegese, der Wissenschaft, der wahren Macht, der Schmach, der Hoffnung und Prophetie zur Verfügung stünde, die er zu seinen Gunsten ausschöpfen könnte. Er mußte jedoch nur wieder unter seinesgleichen sein, um sie zu verachten [...]. Doch was für ein Kreuz, die Probleme von zweitausend Jahren und die Dramen einer Minderheit mit sich schleppen zu müssen! Was für ein Kreuz, nicht allein zu sein!

»Allein« sein will er, weil er eine andere Zugehörigkeit für sich beanspruchen will als die durch das Milieu seiner Eltern übertragene. Zusammen mit einigen anderen jungen Intellektuellen, mit denen er eine handlungsfähige Gruppe bilden möchte, engagiert er sich für das Proletariat und die Arbeiter. Er wird zum Mitbegründer einer Zeitschrift, deren Titel ganz selbstverständlich *Der Bürgerkrieg* lautet. Anklänge an *Das Leben des Antoine B.* von 1933 sind kaum zu überhören, als ein anderer junger Bürgerlicher namens Laforgue – allerdings aus dem »französischen« Bürgertum, wie der Text präzisiert – auf den von seinem Vater immer wieder formulierten Vorwurf des »Treuebruchs« antwortet, »seinem Großvater« und seinen »bäuerlichen Vorfahren« bleibe er doch immer noch treu. »[N]ichts bedroht nachhaltiger die bürgerliche Solidität als diese wechselseitigen Treuebrüche, die sich aufheben; sie sind nichts anderes als die alltägliche Fortsetzung der berühmten Fortschritte der Demokratie«, kommentiert der Roman. Der ganze Abschnitt liest sich wie ein Plädoyer Nizans für sich selbst.

Die beiden von Nizan dargestellten jungen Leute haben beschlossen, sich in eine Geschichte einzuschreiben. Der Erste will dies tun, indem er sich weigert, die Geschichte seiner Familie bruchlos fortzusetzen; der Zweite, indem er hinter den sozialen Aufstieg seines Vaters zurückreichen und die Welt der Armen wiederfinden will, deren Dasein in keiner Geschichte aufgehoben ist: die Welt seiner Großeltern und Urahnen. Wie schon in Nizans Aufsatz über die »Familiengeheimnisse« bildet die »Revolution« den Horizont der politischen Subjektivierung. Der Roman suggeriert aber auch, dass ein junger Bürgerlicher die wirklichen Mechanismen der Unterdrückung erst dann erkannt hat, wenn er andere mögliche Wahrnehmungen, die die Wahrheit nur maskieren, ablegt, um sich ganz der Sache des Volkes zu widmen. Zwischen Rosenthal und Laforgue gibt es einen Unterschied, denn wenn

> ein junger französischer Bourgeois wie Laforgue den Drang verspürt, sich gegen das Los zu wehren, das ihm seine Klasse auferlegt, stellt ihn der Bruch vor weniger verwickelte Probleme: Die Rasse und ihre Mythologie wie auch die Verfilzung von Kirche, Klan und Mildtätigkeit verbergen ihm nicht lange die wahren Konturen der Gesellschaft.

Nizan hält nicht mit den Vorbehalten zurück, die er inzwischen gegenüber den politischen Ambitionen privilegierter Studenten hatte, die Revolution spielen wollen:

> [U]nd da sie nicht unter dem niederdrückenden Zwang standen, sofort Geld zu verdienen, dachten sie, die Welt verlange nach Veränderung. Sie wußten noch nicht, wie schwer und wie träge die Welt ist, wie wenig sie einer Mauer gleicht, die

man niederreißt, um eine viel schönere hochzuziehen, daß sie vielmehr einem Klumpen Gallerte ohne Kopf und Schwanz ähnelt, einer Art riesiger Medusa mit wohlverborgenen Organen.

Mit bitterem Sarkasmus beschreibt er die jungen Leute, die »glauben, daß der einzig mögliche Adel im Willen zur Revolution« besteht«, hinter deren Politik sich aber, da sie von dem Leben der Menschen, die sie verteidigen wollen, keine Ahnung haben, »bis jetzt nur Metaphern und Geschrei« verbergen. »Vielleicht hält es Rosenthal lediglich mit der Literatur, und vielleicht entwirft er nur aus Vorsicht politische Philosophien«, vielleicht »sind Spinoza, Hegel, der Marxismus und Lenin nur große Vorwände und dunkle Bezugspunkte.«[1]

*

Nizans Aufruf zu einem »Klassenkampf der Erinnerungen« (so die Formulierung aus »Familiengeheimnisse«) findet einen Widerhall in dem, was Sartre und Foucault Ende der sechziger und Anfang der siebziger Jahre über das »Gedächtnis der Arbeiterklasse« gesagt haben.[2] Schon die Nennung dieser Namen genügt, um uns daran zu erinnern, dass die soziale Welt auch andere, nicht weniger relevante oder legitime »Teilungen« produziert. Die Gesellschaft zerfällt nicht nur in antagonistische soziale Klassen.

1 Paul Nizan, *Die Verschwörung*, aus dem Französischen von Lothar Baier, Wien: Europa Verlag 1994 [1938], S. 12-24.

2 Bei der Gründung der Tageszeitung *Libération* bot Foucault an, eine Kolumne über das »Arbeitergedächtnis« zu schreiben, vgl. Didier Eribon, *Michel Foucault. Eine Biographie*, aus dem Französischen von Hans-Horst Henschen, Frankfurt am Main: Suhrkamp 1993 [1989], S. 338-376.

Genauso »wirklich« oder »wahr« sind Teilungen, die auf anderen politischen Kämpfen und Begriffen, auf anderen existenziellen Wurzeln und gelebten Erfahrungen beruhen. Hat Sartre nicht auch *Überlegungen zur Judenfrage*, »Schwarzer Orpheus« und *Saint Genet* geschrieben? Und lässt sich diese Liste nicht noch weiter fortsetzen? Simone de Beauvoir hat ihm zum Beispiel vorgeworfen, dass er nie etwas über Frauen geschrieben hat: »Wie kommt es, dass Sie von allen Unterdrückten gesprochen haben – von den Arbeitern, von den Schwarzen in ›Schwarzer Orpheus‹, von den Juden in *Überlegungen zur Judenfrage* –, dass sie dabei aber niemals die Frauen erwähnt haben?« Sie hätte ihre Liste noch ausweiten können: von Homosexuellen in *Saint Genet*, von Basken und damit die nationalen Minderheiten in *Der Prozess von Burgos* usw.

Natürlich kann man die soziale Welt und deren Wahrnehmung nach ganz verschiedenen Prinzipien zuschneiden. Verschiedene »Zuschnitte« der sozialen Welt können nebeneinander existieren oder die historischen Perspektiven ergänzen, die zu einem bestimmten Zeitpunkt vorgeherrscht haben. Aber hängen diese Schemata der Weltwahrnehmung auch voneinander ab? Sind sie jeweils autonom? Birgt das Bestreben, alle Kämpfe auf den einen Kampf um die ökonomischen Verhältnisse auszurichten, nicht die Gefahr, dass man die verschiedenen Arten, sich selbst als politisches Subjekt (das heißt überhaupt als Subjekt) zu begreifen, für zweitrangig oder untergeordnet erklärt, und zwar im Namen genau der Idee von Politik, welche die anderen Perspektiven auf die Unterdrückung herausgefordert haben?

Sartres und Beauvoirs Diskussion aus dem Jahr 1975 dreht sich um die Frage, wie sich der Kampf des Feminismus mit dem Klassenkampf vereinbaren lässt. Beauvoir besteht auf der »Besonderheit des weiblichen Kampfs«, der ihrer Meinung nach »einer der Kämpfe ist, die sich, wenngleich auf eine Weise mit dem Klassenkampf verbunden, außerhalb des Klassenkampfes befinden«. Sie fügt hinzu: »Man findet heute viele Kämpfe, die sich nicht mit dem Klassenkampf überschneiden: den Kampf der Bretonen zum Beispiel, den der Okzitanier usw«.[1] Sartre versucht, auf einer Verbindung zwischen all diesen Kämpfen zu bestehen, gesteht am Ende aber zu, dass der feministische Kampf seinen eigenen Gesetzen folgt.

In *Das andere Geschlecht* fragt sich auch Beauvoir, ob es überhaupt eine gemeinsame Bewegung der Frauen geben kann, wenn dafür ein Solidaritätsprinzip zwischen Individuen bemüht werden muss, die in so vielen verschiedenen Hinsichten extrem verschieden sind: »Die Proletarier sagen ›wir‹. Die Schwarzen auch. Indem sie sich als Subjekte setzen, verwandeln sie die Bürger, die Weißen in ›andere‹. Die Frauen sagen nicht ›wir‹, außer auf bestimmten Kongressen, die theoretische Kundgebungen bleiben.«[2] »Wir« zu sagen, das bedeutet, sich als ein »authentisches Subjekt« zu setzen – und sich als ein Subjekt zu setzen bedeutet, »wir« zu sagen. Dass die Frauen nicht »wir« sagen, bedeutet also einerseits, dass man von einem Beitrag der Beherrschten zu ihrer Beherrschung sprechen kann (Beauvoir spricht von einer »Selbstunterwerfung« unter einen fremden Standpunkt, den Standpunkt der Männer). Es bedeutet aber auch, dass ein »Wir« nicht einfach so gegeben ist, sondern immer erst durch eine politische

---

1 »Simone de Beauvoir interroge Jean-Paul Sartre«, in: Jean-Paul Sartre, *Situations*, X, Paris: Gallimard 1976, S. 116-132.

2 Simone de Beauvoir, *Das andere Geschlecht. Sitte und Sexus der Frau*, aus dem Französischen von Uli Aumüller und Grete Oswald, Reinbek bei Hamburg: Rowohlt 2000 [1949], S. 15.

Mobilisierung und eine theoretische Analyse (die beiden sind hier nicht zu trennen) konstruiert und herausgebildet werden muss.

Des Weiteren könnte man hervorheben, dass Foucaults Beiträge zu einer Archäologie der »unterworfenen Wissen« nie bei den Arbeiterkämpfen oder bei den Kämpfen des Volkes stehenblieben, die ihn zwischen der Mitgründung der »Informationsgruppe über die Gefängnisse« (»Groupe d'information sur les prisons«) 1971 und dem Erscheinen von *Überwachen und Strafen* 1975 so sehr interessierten. Man könnte sogar behaupten, dass er von diesen Kämpfen überhaupt nur in dieser recht kurzen Phase seines Lebens gesprochen hat. Mit *Sexualität und Wahrheit* aus dem Jahr 1976 verlagerte er seinen Blick schon wieder und kehrte zu den Gegenständen zurück, die ihn seit je interessierten. Ein »Aufstand ›der unterworfenen Wissen‹«, zu dem er in einer seiner Vorlesungen am Collège de France aufruft, kann nur entstehen, wenn er sich auf mehreren Ebenen gleichzeitig abspielt. Foucault zitiert eine Reihe von Bewegungen, die durch die Politisierung bestimmter Erfahrungshorizonte eine »Widerkehr der Wissen« ausgelöst haben.[1] Die in seinen Büchern – von *Wahnsinn und Gesellschaft* bis hin zu *Sexualität und Wahrheit* – ins Werk gesetzte genealogische Methode beruht gewissermaßen auf der Annahme, dass jede Institution, deren Geburtsdatum zu bestimmen ist – Foucault denkt hier in den Kategorien des »Ereignisses« oder eigentlich sogar der »Ankunft« –, aus der Heterogenität der historischen Zeit hervorgeht. Die aufbegeh-

---

1 Michel Foucault, *In Verteidigung der Gesellschaft. Vorlesungen am Collège de France (1975-76)*, aus dem Französischen von Michaela Ott, Frankfurt am Main: Suhrkamp 1999 [1996], S. 14 f.

rende Subjektivität und die politischen Instanzen, gegen die sie aufbegehrt, haben ihre eigene Geschichte und Zeitlichkeit. Wenn man diesen spezifischen, sektoralen, »lokalen« Charakter jedes einzelnen Kampfes und damit die Pluralität der politischen Zeitlichkeiten einmal festgestellt hat, dann steht man unvermeidlich vor der Frage, wie sich alle diese Aspekte synchronisieren, verbinden, totalisieren lassen. Im Grunde stößt Foucault auf dieselben Probleme wie Sartre und Beauvoir. Und wie bei diesen fluktuieren und variieren auch seine Antworten.

Nicht zuletzt mit Blick auf »die bemerkenswerten Untersuchungen von Michel Foucault über die Geschichte des Wahnsinns und die Entstehung des klinischen Blicks« hat Louis Althusser einen Zeitbegriff konzipiert, der solchen Heterogenitäten und Partikularitäten Rechnung tragen soll. Man müsse »Begriffe für die verschiedenen historischen Zeiten« entwickeln, schreibt Althusser, »die in der ideologischen Evidenz der zeitlichen Kontinuität« noch nicht gegeben seien, sondern erst ausgehend vom »differenziellen Wesen und von der differenziellen Artikulation ihres Objekts in der Struktur des Ganzen« konstruiert werden müssten. Er spricht von einer »absolut unerwarteten Zeitlichkeit«, die dem Konstitutions- und Entwicklungsprozess »kultureller Gebilde« wie zum Beispiel des »Wahnsinns« oder des »klinischen Blicks« eigne. Foucaults Arbeiten legten keine »Einschnitte« in eine sichtbare historische Kontinuität frei (durch die man diese »periodisieren« könnte), vielmehr erlaubten sie, »indem sie ihn identifizieren, den Gegenstand selbst und damit auch den Begriff seiner Geschichte« zu konstruieren. »Anstelle der Kategorien ›Kontinuum‹ und ›Diskontinuum‹, die das banale Geheimnis jeder Geschichte umfassen, haben wir es mit unendlich komplexeren, für jeden Geschichtstyp gesonderten Kategorien zu tun, in denen neue Formen der Logik zutage treten«.[1]

Ein solches theoretisches Unterfangen begründet sich, wie Foucault immer wieder betonte, in dem Unbehagen, das ein unterworfenes Individuum (oder eine Gruppe von unterworfenen Individuen) gegenüber der unterwerfenden Instanz empfindet. Die Rekonstruktion der Eigenlogik eines »kulturellen Gebildes« beginnt mit einer Geste des Abstandnehmens, mit der Bewegung eines Aufstandes gegen die Gewalt einer Macht, deren Zugriff und Evidenzcharakter durch eine kritische Infragestellung verschwindet. Foucault kommt zu dem Schluss, dass die genealogische Untersuchung eine »geduldige Arbeit [ist], die der Ungeduld der Freiheit Gestalt gibt«. Der »reflektierte Ungehorsam« geht aus einem existenziellen, spontanen hervor; er hat ihn in ein theoretisches und politisches Problem überführt.

✳

Die Vielheit der möglichen »Zuschnitte« der sozialen Welt und damit auch der historischen Perspektivierungen könnte man anhand des langen Briefes erläutern, den Aimé Césaire 1956 an den Generalsekretär der Kommunistischen Partei Frankreichs schickte. Césaire erklärt darin seinen Austritt aus einer Partei, die zur Demokratisierung und Entstalinisierung nicht in der Lage scheint, weil sie, wie Césaire darlegt, einer »paternalistischen« Doktrin

---

1 Louis Althusser, »Die Mängel der klassischen Ökonomie«, in: Louis Althusser/Etienne Balibar, *Das Kapital lesen*, Bd. 1, aus dem Französischen von Klaus-Dieter Thieme, Reinbek bei Hamburg: Rowohlt 1972 [1971], S. 118-157, S. 135-137.

gegenüber den kolonisierten Völkern verhaftet bleibt oder besser gesagt einer »fraternalistischen«, was in diesem Zusammenhang nicht weniger abscheulich ist, weil diese Haltung die spezifischen Fragen, die Césaire so wichtig sind, ebenfalls negiert:

> Man gestatte mir, dass ich im Besonderen an meine unglückliche Heimat denke: Martinique.
> Ich denke an sie und stelle fest, dass die Kommunistische Partei Frankreichs absolut unfähig ist, ihr irgendeine Perspektive zu bieten, die nicht utopisch ist, dass ihr auch nie daran gelegen war, ihr eine solche Perspektive zu bieten, ja dass sie uns immer nur unter den Vorzeichen einer globalen, unwägbaren Strategie betrachtet hat.
> Ich denke an meine Heimat und stelle fest, dass der Kommunismus ihr den Strick der Assimilation um den Hals gelegt hat, dass er sie innerhalb der Karibik isoliert, ja in ein insulares Ghetto verwandelt hat, dass er sie von den anderen Ländern der Antillen, deren Erfahrungen ihr so lehrreich und fruchtbar wären (*denn mit ihrer ungestümen demokratischen Entwicklung haben sie dieselben Probleme*), abgeschnitten hat, ja dass er uns auch von Schwarzafrika, dessen Entwicklung nunmehr in die entgegengesetzte Richtung verläuft, separiert. Und doch erhoffe ich mir von diesem Schwarzafrika, der Mutter unserer antillischen Kultur und Zivilisation, die Regeneration, Reanimation und Repersonalisierung der Antillen. Nicht von Europa, das unsere Entfremdung nur weiter vollenden könnte, sondern von Afrika.
> Ich weiß, man bietet uns die Solidarität des französischen Volkes, des französischen Proletariats und durch den Kommunismus sogar des weltweiten Proletariats. Ich will das alles gar nicht abstreiten. Aber ich kann es auch nicht zur Metaphysik erheben. Es gibt keine Alliierten göttlichen Rechts.[1]

---

1 Aimé Césaire, *Lettre à Maurice Thorez*, Paris: Présence africaine 1956.

Man sieht, wie problematisch es ist, wenn man die Herrschaftsanalyse auf eine einzige Dimension – die soziale Klasse – verkürzt. Andere Bewegungen und andere Autoren setzen der vorherrschenden und damit auch eine Herrschaft ausübenden Wahrnehmung der Unterdrückung ihre abweichenden Wahrnehmungen entgegen. Es kommt zum diskursiven Kampf. Andere »Stimmen« kämpfen um ihre Existenz und um ihr Recht, sich der hegemonialen Macht zu widersetzen, die sie negieren und zum Schweigen bringen will, indem sie den »wahren« Blick auf die Welt für sich beansprucht.

In Wahrheit (und vielleicht sollte man auch sagen: gemäß der Performativität von Wahrheit) stehen hinter jedem Wort und hinter jeder Theorie, die einen Phänomenzusammenhang benennt und kategorisiert, immer eine Identität, eine Geschichte und ein Gedächtnis. In *Schwarze Haut, weiße Masken* (einem Buch, man muss daran erinnern, in dessen Mittelpunkt die soziale und politische Analyse der »Scham« steht) konnte Frantz Fanon behaupten, die Bewohner Martiniques hätten sich selbst nicht als »schwarz« gedacht, bis Césaire von »négritude« sprach. Der Sprechakt der Bezeichnung stellt eine neue Selbstwahrnehmung her, die wiederum eine neue politische Realität produziert. Will man die Welt auf diese Weise repolitisieren, dann muss man sie aus neuen, neu begriffenen, neu geschaffenen geografischen, genealogischen und zeitlichen Perspektiven betrachten.

In seinem *Discours antillais* gedenkt Édouard Glissant der marginalisierten Völker und ruft zum »Streit mit der Geschichte« auf. Er formuliert einen Appell: »Bisher stand die antillische Zeit auf dem Fundament eines Nichts, einer aufgezwungenen Non-Histoire. Der Schriftsteller muss dazu beitragen, dass ihre wogende Chronologie

wiederhergestellt wird.« Hier liegt für ihn die Aufgabe
der Schrift: das Gedächtnis anrufen und dadurch gegen
die Auslöschung der besonderen Geschichte durch die
angeblich »universale« ankämpfen. Doch das Gedächtnis ist nichts einfach so Gegebenes. Man muss es suchen,
man muss ihm dabei helfen, sich zu organisieren und sich
zu artikulieren. Man muss es gewissermaßen komponie-
ren: »Weil das historische Gedächtnis viel zu oft durchge-
strichen wurde, muss der antillische Schriftsteller in ihm
›wühlen‹, indem er den latenten Spuren nachgeht, die er
im Realen finden kann.«[1]

Dass diese marginalisierte und weitgehend vergessene
Geschichte sich in der einheitlichen und verfälschenden
Erzählung, die der Begriff einer »linearen und hierarchi-
sierenden Geschichte« hervorbringt, nicht durchsetzen
kann, liegt daran, dass sie sich nur als fragmentarische af-
firmiert und dass das kollektive Gedächtnis sie kaum als
Ganzes aufzufassen vermag: »Das, was ich die Non-Histoire nenne, zeichnet sich durch seine Diskontinuität und
die Unfähigkeit des kollektiven Gedächtnisses aus, es zu
umgreifen.« Eine solche Diskontinuität eignet jenen Teilen der Bevölkerung, die sich nur in den »abrupten Schü-
ben einer unaufhörlichen Revolte« bemerkbar machen.

»Gegen die Geschichte streiten« bedeutet also, dass
man auf die unterschwellige Permanenz der unaufhörlichen Revolte achten muss, die nur in den Momenten des
Aufstandes und in der darauf folgenden Repression auf-
blitzt und die dabei den Eindruck erweckt, ganz und gar
inkohärent zu sein. Wieder muss man zu einem Gegenstand, den man in seiner Besonderheit untersuchen will,

1 Édouard Glissant, »La Querelle avec l'histoire«, in: *Le Discours antillais*, Paris: Seuil 1981, S. 130-133.

einen besonderen Begriff der historischen Zeit konstruieren.

Aus alldem folgt aber auch, dass es eine neutrale Art des Schreibens gar nicht geben kann. Und dass der Bezug zur Kultur eine ganz entscheidende Rolle spielt. Glissants Unterfangen ist eine Erfindung gegen die Erzählung der offiziellen Geschichte, aber auch gegen die verstreuten und unsicheren Erzählungen eines Gedächtnisses, das eine narrative Einheitlichkeit nicht herstellen und sich selbst deshalb auch nicht als Geschichte begreifen kann. Die Aufgabe des Dichters besteht darin, der Erfahrung der Unterdrückten eine Form und eine Bedeutung zu verleihen. Er muss dieser Erfahrung deshalb ganz genau folgen, zugleich aber eine gewisse Distanz zu ihr wahren (und sei es nur die Distanz, die vom Schreiben selbst eingesetzt wird, von der Rekonstruktion der zerstreuten Fragmente, die notwendig ist, wenn man mehr als ein Stenograf des bloß Erlebten sein möchte). Glissants literarisches und politisches Projekt der »Relation« und »Métissage« richtet sich allerdings auch gegen jenes der »Négritude«. Er will eine andere Version der Geschichte vorschlagen, ein anderes Gedächtnis, das es erst noch zu finden und zu erfinden gilt.

*

Geschichte und Gedächtnis sind durch und durch politisch. Mit Ian Hackings Begriff, der ursprünglich ganz anders intendiert war, könnte man von »Gedächtnispolitik« sprechen. Das Unternehmen der Selbstanalyse wird dadurch nur noch komplexer. Jeder Einzelne kann sich in ganz verschiedene Stränge der Geschichte und in ganz verschiedene Vergangenheiten einschreiben. Es ist nicht leicht, alle diese Stränge zu erkunden, ohne bei der Auswahl, was man ins Licht setzt oder im Dunkeln lässt, zu täuschen. Es wird immer eine Dimension geben, der man nicht gerecht wird. Außerdem verändern sich diese Geschichten und Vergangenheiten mit dem jeweils anderen Blick, den unsere Gegenwart auf die Politik produziert, und mit den Wahrnehmungskategorien der Welt und des Selbst, den dieser Blick verfügbar macht oder verschwinden lässt. Diese Kategorien verändern sich sogar im Lauf eines einzelnen Lebens. Wir haben gesehen, wie zusammen mit dem Marxismus plötzlich auch die Vorstellung von antagonistischen sozialen Klassen verschwand und wie feministische, schwule und lesbische, rassische, postkoloniale und andere Bewegungen immer weiter an Bedeutung gewannen.

Auf welche Elemente meiner Vergangenheit und meines Gedächtnisses muss ich mein Augenmerk legen, um das Projekt der soziologischen (und also auch politischen) Introspektion, von dem ich eingangs sprach, zu verwirklichen? Die Unsicherheit und soziale Zerrissenheit, die Nizan so genau beschreibt, habe ich selbst erlebt. Wahrscheinlich erleben sie alle Klassenflüchtigen, wahrscheinlich sind diese Gefühle all denen bekannt, die einmal soziale, nationale oder kulturelle Grenzen überschritten haben. Ich fühle mich aber auch wie Neil Bartlett, der durch das London der achtziger Jahre läuft und die Fassaden aus dem 19. Jahrhundert betrachtet: Er stellt sich all die Menschen vor, die vor ihm durch diese Straßen gegangen sind und von denen er so oft geträumt hat. Er erkennt, dass diese Stadt eine Geschichte hat und dass diese Geschichte auch die seine ist: Was er heute ist, das haben andere vor ihm und für ihn erfunden. Er denkt an die Leben derer, die ihm in der schwulen Historie vorangegangen sind: Oscar Wilde, der für seine Kühnheit einen hohen Preis bezahlen musste, die Transvestiten, die wegen ihrer Frauenkleider verhaftet wurden, und all die anderen, die sich der Ordnung und ihrer Macht widersetzt haben.[1] Wie Nizan trage ich die Vergangenheit und das Milieu, das ich hinter mir gelassen habe, noch immer in mir. Wie Bartlett habe ich mir ein anderes Milieu und ein anderes »Ich« erfunden, die mehr oder weniger friedlich mit denen zusammengelebt haben, die schon vor ihnen da waren – bald, indem sie ihre Vorgänger ersetzen wollten, bald, indem sie sie ins Reich der Dunkelheit verwiesen. Lässt sich das, was »ich« bin, auf mein »soziales« oder »sexuelles« Ich reduzieren? Habe ich auf diesen Seiten nicht auch von meinem »beruflichen« und von einem »relationalen« Ich (meinen Freunden) gesprochen? Jede der dadurch umrissenen Institutionen (das Berufsleben, die Freundschaften) hat ihre eigene Geschichte, die nach denen greift, die in ihr ankommen. Sie bestimmt darüber, was man tun kann und was nicht. Wie viele kollektive Geschichten machen ein einzelnes Individuum aus? Welche objektiven Bestimmungen produzieren ein partikulares Subjekt? Welche »Situationen« und »Prädestinationen« (um Sartres Begriffe zu benutzen) können von einer politischen Selbstaffirmation umgedeutet und überwunden werden?

Für all die vielen »Ichs«, die man analysieren muss, stellen sich die gleichen Fragen: Wo liegt ihr Anfang? Wie weit reichen ihre Vergangenheiten und Geschichten zurück? Wie weit muss man zurückgehen, wenn schon die Männer des 19. Jahrhunderts, als deren Erbe Bartlett sich sieht, »den Beweis ihrer eigenen Existenz« dadurch zu erbringen

---

1 Neil Bartlett, *Who Was that Man. A Present for M. Oscar Wilde*, London: Serpent's Tail 1988, S. xxi f.

suchten, dass sie »mit wissenschaftlicher Begeisterung« die Bibliotheken der klassischen Kultur oder der Renaissance durchforsteten?[1] Reicht die Erfindung des Selbst unendlich weit in die Tiefen der Zeit zurück? Zu denselben Orten gelangte auch Foucault, als er im Zuge seiner Genealogie immer weiter zurückging: Renaissance, altes Rom, Griechenland ... Am Beginn von *Sexualität und Wahrheit* sagt er, dass er die Unterwerfungsprozesse, die ihn interessieren, in »gut drei Jahrhunderten« untersuchen wird, vom 17. bis zum 20. Jahrhundert. Wenn er sich in den folgenden Bänden daranmacht, eine Kunst und Praxis der »Entunterwerfung« zu konzipieren, dann wählt er einen anderen historischen Ansatz und versucht, sich selbst durch eine Projektion in eine entlegenere Vergangenheit wiederzufinden. Die Genealogien der Freiheit und der Unterdrückung sind nicht deckungsgleich. Die »Ontologie unserer selbst« verfolgt zwei sorgsam getrennte Pfade.

*

Wer könnte diese Fragen nach der Geburt des »Ich« besser beantworten als Assia Djebar? *Fantasia*, der erste Band ihrer Autobiografie, beginnt mit einer Kriegsszene. Djebar schildert die Eroberung Algiers durch französische Truppen im Jahr 1830. Die Kolonialarmee beginnt einen langen, mörderischen Krieg, der den Widerstand des Landes brechen und die Bevölkerung der Besatzung unterwerfen soll. Nachdem sie ihre persönliche und die Geschichte der algerischen Kriege erzählt hat – vom Überfall der Franzosen in der ersten Hälfte des 19. Jahrhunderts bis zur abscheulichen Gewalt, mit der sie in der zweiten Hälfte des

---

1 Ebd., S. 226 f.

20. Jahrhunderts versuchten, den Wunsch nach Freiheit und Unabhängigkeit niederzuschlagen –, schreibt Assia Djebar auf den letzten Seiten ihres Buches:

Eine seltsame Feststellung ist notwendig: Ich wurde *achtzehnhundertzweiundvierzig* geboren, als Oberst de Saint-Arnaud die Zaouia der Beni Ménacer zerstören ließ, des Stammes meiner Vorfahren, und in Begeisterung über die zerstörten Obstgärten und Olivenhaine ausbricht, »die schönsten auf dieser afrikanischen Erde«, wie er in einem Brief an seinen Bruder erklärt.

Im Feuerschein dieses Brandes gelingt es mir ein Jahrhundert später, den Harem zu verlassen; und weil er mich noch immer in sein Licht taucht, finde ich die Kraft zu sprechen. Ehe ich meine eigene Stimme höre, höre ich das Röcheln, das Schluchzen der in den Höhlen der Dahra Erstickten und der Gefangenen von Sainte-Marguerite; sie sind die notwendige Orchestrierung. Sie rufen mich, sie unterstützen mich, damit mein einsamer Gesang beginnen kann, wenn das Zeichen gegeben wird.[1]

Ihr autobiografisches Geburtsdatum stimmt nicht mit dem Datum überein, das auf ihrer Geburtsurkunde vermerkt ist, es ergibt sich aus der Einschreibung ihrer persönlichen Geschichte und Identität in die komplexe Geschichte und Identität eines Kollektivs. Das »Ich«, das zugleich Subjekt und Objekt des Buchs ist, erkundet die Schichten seiner Beschaffenheit, indem es die Schlüssel zu seiner Einzigartigkeit in den Aufteilungen des geografischen Raums und der sozialen Welt wiederfindet, in den unpersönlichsten und kollektivsten Merkmalen, die in der historischen Tiefenzeit verankert sind.

1 Assia Djebar, *Fantasia*, a. a. O., S. 316.

Nur weil sie von der Stimme der Gemarterten getragen wird, kann Assia Djebar schreiben. 1842 kam sie im Flammenschein der Brandanschläge und im Schatten der Massaker zur Welt. Alle anderen, ja die gesamte Geschichte spricht durch sie, die gesamte Geschichte, aus der sie hervorgegangen ist. Aber ihr Text ist keine Übersetzung: Assia Djebar schreibt auf Französisch. Sie schreibt »in der Sprache der Gegner«, wie sie es in einer verstörend schönen Passage sagt. Auch ihre Geburt als Französischsprechende findet im Moment der Invasion statt. Sie schreibt in der Sprache der Kolonisatoren. Natürlich weiß sie das – und wenn ich die zitierte Passage in ihrem Kontext richtig verstehe, dann will sie uns signalisieren, dass es die Verbindung zu Frankreich, zur französischen Kultur und Literatur gewesen ist, die ihr den Willen einimpfte, sich von den Traditionen ihres Landes zu lösen: Die Selbstentdeckung in der Sprache des Gegners ist auch die Geschichte einer Selbstentdeckung in dem sehr konkreten Sinn der »Entschleierung«. Eine Erfahrung, die ihre »eingesperrten Gefährtinnen« nicht machen werden.

»Das autobiografische Exerzitium in der Sprache des Gegners von gestern« und die in der literarischen Geste empfundene und ausgehaltene »explosive Gefahr« bedeuten uns, dass jeder geschriebene Satz den alten Krieg zwischen zwei Völkern, »der im Schatten meiner Schrift seine Zeichen kreuzt«, aufs Neue entfacht. Djebar erzählt die Geschichte der Kolonisierten in der Sprache der Kolonisatoren, in der Sprache der Unterdrücker gibt sie den Unterdrückten eine Stimme. Was den ihrigen zuvor ein »Sarkophag« war, der sie »zu Schweigen oder Gefängnis« verurteilte, nutzt sie jetzt, um zu sprechen. Sie schreibt Bücher in der Sprache, die für sie den Zugang zu Kultur und Emanzipation und den Ausgang aus ihrer Namenlosigkeit bedeutet hat. Sie kann die Stimmen, die sie »belagern«, die

Stimmen des so lange gemarterten und unterworfenen algerischen Volkes nur deshalb vergegenwärtigen, weil sie »das blutbefleckte Erbe«, die »im tödlichen Nahkampf meiner Vorfahren mit den französischen Kriegern« errungene »Kriegsbeute« der Sprache in sich trägt.[1]

Was bedeutet es, in der Sprache des Feindes zu schreiben? Was heißt es, in der herrschenden Sprache oder der Sprache der Herrschenden über die Herrschaft zu schreiben? In der Sprache des Feindes schreiben, das ist eine Formulierung Genets, die Annie Ernaux gerne zitiert. Was wird durch ein solches Schreiben möglich? Welche Fehlwahrnehmungen zieht es womöglich nach sich zwischen den Schreibenden, den Beschriebenen und dem, was sie beschreiben? Und gäbe es andere Mittel? Gäbe es einen anderen Weg?

---

[1] Assia Djebar, *Ces voix qui m'assiègent*, a. a. O., S. 190, S. 69-72.

Epilog

Einspruch einlegen

Auf der Suche nach einem ganz anderen Buch stieß ich in meiner Bibliothek auf ein kleines, von Gallimard verlegtes Bändchen, das ich irgendwann in den neunziger Jahren bei meinen Vorarbeiten zu *Réflexions sur la question gay* gekauft und ungelesen ins Regal gestellt hatte: André Gides *Tagebuch der Falschmünzer*. Zwei Stunden später hatte ich es gelesen. Ich dachte, dass auch ich während meiner Arbeit an *Rückkehr nach Reims* ein Schreibtagebuch hätte führen sollen. Doch wäre das überhaupt möglich gewesen: über Monate hinweg die laufende Arbeit der Selbstanalyse zu kommentieren, das heißt, die Reflexivität des Schreibprozesses wie von außen zu betrachten, um eine Reflexivität zweiten Grades hinzuzufügen? Hätte es mir geholfen? Hätte es mir die Aufgabe erleichtert? Jedenfalls hätte es mir gestattet, den gesamten Arbeitsprozess transparent zu machen: die Lektüre von Autoren und Büchern, von denen oft nicht mehr als ein flüchtiger Verweis oder eine vage Anspielung geblieben ist, die vielen geschriebenen und dann wieder verworfenen Seiten und Fragmente, die der Selbstzensur zum Opfer fielen, die ausgeschnittenen Absätze, die beim Wiederlesen nicht mehr in den Rhythmus eines Kapitels passten, das Vorwort und das Fazit, die ich im letzten Moment wieder wegnahm, weil ich nicht wollte, dass sie meinen Text wie ein Schutzpanzer umgaben.

Gides kurzes Tagebuch zog mich gleich in seinen Bann. Sechs Jahre vergehen zwischen Anfang und Ende des Schreibens. Man kann mitverfolgen, wie schwierig es dem Schriftsteller fällt, einen Text zu gestalten, dessen grobe Linien er längst kennt und den er doch erst Seite um Seite erfinden muss, ja wie schwierig es ist, ein solches Projekt jemals zu Ende zu bringen. Ganz und gar unmöglich scheint es, ein Buch zu entwerfen, das völlig neu ist und mit allen etablierten Formen bricht, das seinen ganz eigenen Weg findet, seine ganz eigenen Kriterien und Ambitionen formuliert. Unmöglich … – bis man eines Tages herausfindet oder beschließt, dass man es trotzdem geschafft hat.

Dann wollte ich auch *Die Falschmünzer* wieder lesen. Wie viele Themen, Figuren und Handlungsstränge sich in diesem Buch begegnen und vermischen, hatte ich ganz vergessen. Ich würde nicht sagen, dass ich dieses Buch mag. Aber ich erkenne und schätze, welch riesige Mühe und Entschlossenheit es den Autor gekostet hat, es überhaupt zu schreiben. Und ich erkenne, was es sagen und zeigen will. Wenn man die Aura des Klassikers, die das Buch inzwischen umgibt, ein wenig ausblendet, dann vernimmt man recht deutlich das Echo der großen Kämpfe, die dieses Buch auf dem Feld der Literatur und der sexuellen Politik geführt hat.

Leser, die mit einem besseren Gedächtnis gesegnet sind als ich, werden sich erinnern: Der Roman beginnt mit einem Aufbruch, mit dem Weggang eines Jugendlichen aus dem Haus seiner Familie. Dreihundert Seiten später endet er damit, dass der Protagonist nach einer ganzen Reihe

von Krisen und Wendepunkten in dasselbe Haus zurückkehrt. Wie unglücklich die Eltern sind, wenn ihre Kinder
weggehen, ohne sich um die Trauer zu scheren, die dieser Weggang bei den Zurückbleibenden auslöst! Vielleicht
ist das auch der Grund, weshalb diese Flucht dem Autor
nicht mehr völlig selbstverständlich und notwendig vorkommt, obwohl man die fiebrigen Ausrufe seiner Jugend
in dem Buch noch immer vernehmen kann. Die Rückkehr
befriedet alle.

Sicher haben wir es bei Gides Buch nicht mit einer
»Odyssee der Wiederaneignung« im engeren Sinne zu tun,
obwohl der Auslöser des Weggangs die Entdeckung eines
Familiengeheimnisses ist – der junge Mann findet heraus, dass sein Vater nicht sein biologischer Vater ist – und
obwohl die Rückkehr dadurch zustande kommt, dass er
diese Situation akzeptiert und bereit ist, zu dem Vater zurückzukehren, der ihn nie anders denn als einen Sohn betrachtet hat. All dies geschieht in den Sphären des Pariser
Großbürgertums und der Aristokratie. Der Roman zeichnet das schonungslose Porträt einer sozialen Klasse und
verschiedener sozialer Milieus. Für keine der Hauptfigu-
ren stellt sich allerdings die Frage, wer sie ist und wessen
Erbe sie trägt. Das heißt natürlich nicht, dass es nicht auch
Krisen, Dramen und unglückliche Leidenschaften gibt.
All diese Dinge kommen im Roman vor. Wir verlassen dabei aber niemals die Welt der Herrschenden, die Nizan zur
gleichen Zeit mit so harten Worten geißelte. Wir bleiben in
einer Welt, in der Besitz, Privilegien und legitime Kultur
das natürliche Register ausmachen, so natürlich wie die
Luft, die man in den Stadtvierteln dieses Milieus atmet, die
natürlich die schönsten sind. In dieser Welt scheint sich
auch niemand an der sexuellen und amourösen Beziehung
zu stören, die sich zwischen dem Schriftsteller, der zugleich die künstlerische und moralische Reinheit verkör-

pert, und einem anderen jungen Mann entspinnt (ebenso wenig wie an der Beziehung, die derselbe junge Mann aus Trotz mit einem gehässigen mondänen Literaten führte, dessen Porträt ein abschreckendes Gegenbeispiel abgibt). Ich nehme an, dass Gide genau diese Evidenz der Homosexualität etablieren wollte: Sie ist etwas Selbstverständliches, das man gar nicht eigens zu benennen braucht. Umgekehrt bedeutet dies allerdings nicht, dass es nicht auch schwierig und schmerzhaft sein kann, sie anzunehmen, denn der junge Mann durchlebt die fürchterliche Prüfung eines Suizidversuchs, den er auf wundersame Weise überlebt.

Doch all diese Themen reichen noch nicht hin, um *Die Falschmünzer* zu einem packenden Roman zu machen. Eine andere Frage, die mich eigentlich am meisten interessierte, ist im Titel enthalten: Kann man schreiben, ohne zu täuschen? Ohne sich selbst und die anderen zu belügen? Was muss man beachten, damit man kein »Falschgeld« produziert? Wie schafft man es, den Prinzipien des Die-Wahrheit-Sagens oder Wahr-Sprechens die Treue zu halten, dieser *parrhesia*, durch die Foucault in seinen letzten Vorlesungen am Collège de France den Intellektuellen definiert, dessen »Mut zur Wahrheit« vor keinem Risiko zurückschrecken soll?

Im Roman sieht man dem Protagonisten Édouard (einem freien, aber auch sehr gewissenhaften Menschen, der sicherlich Gides Alter Ego sein soll) dabei zu, wie er einen Roman mit dem Titel *Die Falschmünzer* schreibt. Auch er führt Tagebuch, und zwar nach einem Prinzip, das mir hier und auch außerhalb des Romans so künstlich wie langweilig erscheint. Trotzdem habe ich mir wie so viele vor mir diesen Satz herausgeschrieben:

X. vertritt die Ansicht, ein guter Romanautor müsse, bevor er sein Buch beginnt, wissen, wie dieses Buch enden soll. Ich dagegen, der ich meines dem Geschehen überlasse, bin der Meinung, daß uns das Leben keinen Endpunkt zeigt, der nicht auch als neuer Ausgangspunkt aufgefaßt werden kann. »Ließe sich fortsetzen ...«, mit diesen Worten sollen meine *Falschmünzer* enden.[1]

Was sollte ich dieser Aussagen noch hinzufügen? Ich würde sie mir gerne zu eigen machen, mit der Einschränkung vielleicht, dass ich nicht die Absicht hatte, einen Roman zu schreiben. Und dass es nicht allein meine Aufgabe ist, die Dinge »fortzusetzen«. Aus der Schichtenkunde der »Scham«, das heißt der Erkundung der verkörperten Formen von Inferiorisierung und Unterwerfung, können neue soziale, kulturelle, politische und existenzielle Bedeutungen hervorgehen, die man mit einigem Recht emanzipatorisch, ja vielleicht sogar revolutionär nennen darf. Wenn man die Urteile hinterfragt, hat man ihnen schon ein wenig von ihrer Selbstverständlichkeit genommen. Man legt Einspruch ein gegen das Verdikt. Weil es aber keine Instanz gibt, die diesen Einspruch entgegennimmt, muss man in sich selbst und in der sozialen Welt an der Erfindung neuer Möglichkeiten arbeiten, man muss den Widerstand formen, der sich einer Schwere widersetzt, die sich in der Vergangenheit gebildet hat und die bis in die Gegenwart fortwirkt. Das wäre ein wundervolles politisches Programm: revolutionäre Bedeutungen schaffen, die nicht bloß reaktiv und negativ sind, sondern absolut positiv und erfinderisch.

Ich kann die Einwände schon hören. In einem Brief an

---

1 André Gide, *Die Falschmünzer. Tagebuch der Falschmünzer*, aus dem Französischen von Christine Steuermann, in: *Gesammelte Werke in zwölf Bänden*, a. a. O., IX, *Erzählende Werke*, Band III [1993], S. 313.

Arnold Ruge aus dem Jahr 1843 hat der junge Marx, der von der Herstellung einer demokratischen Gesellschaft träumte, ihnen entgegnet:

> Sie sehen mich lächelnd an und fragen, was ist damit gewonnen? Aus Scham macht man keine Revolution. Ich antworte: die Scham ist schon eine Revolution; [...] Scham ist eine Art Zorn, der in sich gekehrte. Und wenn eine ganze Nation sich wirklich schämte, so wäre sie ein Löwe, der sich zum Sprunge in sich zurückzieht.

Gewiss, ich habe keine Revolution von der Art im Sinn, wie Marx sie sich vorstellte, weder als Idee noch als Praxis. Die Formen der Unterwerfung sind vielfältig und komplex, ihre Wurzeln reichen weit zurück, und doch sind sie immer im Wandel. Es kann gut sein, dass die individuellen und kollektiven Auf- und Widerstände, die auf eine »Entunterwerfung« oder sogar auf die Befreiung und die Freiheit aus sind, nicht immer und nicht notwendig miteinander vereinbar sind. Die Geschichte ist kein großer Strom, in dem alle Bewegungen und Kämpfe schließlich zu einer allgemeinen Synthese zusammenfinden. Viel wahrscheinlicher ist doch, dass sich jede neue Stimme, die sich Gehör verschaffen möchte, gegen all die Stimmen behaupten muss, die zu einem gegebenen Zeitpunkt die Wahrnehmung der sozialen Welt konturieren. Die Divergenzen wollen oder werden die Konvergenzen, die man erreicht zu haben glaubt oder noch zu erreichen hofft, immer aufs Neue herausfordern. Ich glaube auch nicht, dass sich diese Aporien überwinden lassen oder dass man sich eine solche Überwindung wünschen sollte. Sicher bin ich mir nur, dass einzig eine immer wieder erneuerte theoretische Analyse der Herrschaftsmechanismen mit ihren unzähligen Funktionen, Registern und Dimensionen in Verbindung mit dem unverwüstlichen Willen, die Welt im Sinne einer größeren sozialen Gerechtigkeit zu verändern, uns in die Lage versetzt, den vielgestaltigen Kräften der Unterdrückung zu widerstehen. Nur so werden wir eine Politik schaffen können, die das Prädikat »demokratisch« tatsächlich verdient.

Didier Eribon
Rückkehr nach Reims
Aus dem Französischen von
Tobias Haberkorn
240 Seiten
€ 18,00 [D] / € 18,50 [A]
ISBN 978-3-518-07252-3
Auch als eBook erhältlich

Als sein Vater stirbt, reist Didier Eribon zum ersten Mal nach Jahrzehnten in seine Heimatstadt. Gemeinsam mit seiner Mutter sieht er sich Fotos an – das ist die Ausgangskonstellation dieses Buchs, das autobiografisches Schreiben mit soziologischer Reflexion verknüpft. Eribon realisiert, wie sehr er unter der Homophobie seines Herkunftsmilieus litt und dass es der Habitus einer armen Arbeiterfamilie war, der es ihm schwer machte, in der Pariser Gesellschaft Fuß zu fassen. Darüber hinaus liefert er eine Analyse des sozialen und intellektuellen Lebens seit den fünfziger Jahren und fragt, warum ein Teil der Arbeiterschaft zum Front National übergelaufen ist. Das Buch sorgt seit seinem Erscheinen international für Aufsehen. So widmete Édouard Louis dem Autor seinen Bestseller *Das Ende von Eddy*.

»Hellsichtig und düster, wütend und brillant.«   *Der Spiegel*

_____ **edition suhrkamp** _____

edition suhrkamp
Eine Auswahl

Giorgio Agamben. Herrschaft und Herrlichkeit. Zur theologischen Genealogie von Ökonomie und Regierung. Übersetzt von Andreas Hiepko. es 2520. 360 Seiten

Giorgio Agamben et al. Demokratie? Eine Debatte. Übersetzt von Tilman Vogt u. a. es 2611. 137 Seiten

Jakob Arnoldi. Alles Geld verdampft. Finanzkrise in der Weltrisikogesellschaft. es 2590. 92 Seiten

Wolfgang Bauer. Über das Meer. Mit Syrern auf der Flucht nach Europa. es-Sonderdruck. 133 Seiten

Zygmunt Bauman, David Lyon. Daten, Drohnen, Disziplin. Ein Gespräch über flüchtige Überwachung. Übersetzt von Frank Jakubzik. es 2667. 204 Seiten

Ingolfur Blühdorn. Simulative Demokratie. Neue Politik nach der postdemokratischen Wende. es 2634. 304 Seiten

Hauke Brunkhorst. Das doppelte Gesicht Europas. Zwischen Kapitalismus und Demokratie. es 2676. 212 Seiten

Susan Buck-Morss. Hegel und Haiti. Für eine neue Universalgeschichte. Übersetzt von Laurent Faasch-Ibrahim. es 2623. 221 Seiten

Colin Crouch
- Postdemokratie. Übersetzt von Nikolaus Gramm. es 2540. 159 Seiten

- Das befremdliche Überleben des Neoliberalismus. Postdemokratie II. Übersetzt von Frank Jakubzik. es-Sonderdruck. 247 Seiten

Matthias Dusini, Thomas Edlinger. In Anführungszeichen. Glanz und Elend der Political Correctness. es 2645. 297 Seiten

Heiner Flassbeck. Zehn Mythen der Krise. edition suhrkamp digital. 59 Seiten

Mischa Gabowitsch. Putin kaputt!? Russlands neue Protestkultur. es 2661. 438 Seiten

Mark Greif. Bluescreen. Essays. Herausgegeben und übersetzt von Kevin Vennemann. es 2629. 231 Seiten

Jürgen Habermas. Im Sog der Technokratie. Kleine politische Schriften XII. es 2671. 193 Seiten

David Harvey. Rebellische Städte. Übersetzt von Yasemin Dincer. es 2657. 283 Seiten

Wilhelm Heitmeyer (Hg.). Deutsche Zustände. Folge 10. es 2647. 335 Seiten

Claudia Honegger / Sighard Neckel / Chantal Magnin (Hg.). Strukturierte Verantwortungslosigkeit. Berichte aus der Bankenwelt. es 2607. 395 Seiten

Axel Honneth. Vivisektionen eines Zeitalters. Porträts zur Ideengeschichte des 20. Jahrhunderts. es 2678. 307 Seiten

Thomas Kapielski
- Je dickens, destojewski. Ein Volumenroman. es 2694.
455 Seiten
- Mischwald. es 2597. 347 Seiten
- Sezessionistische Heizkörperverkleidungen. es 2680.
214 Seiten

Benjamin Kunkel. Utopie oder Untergang. Ein Wegweiser
für die gegenwärtige Krise. Übersetzt von Richard Barth.
es 2687. 245 Seiten

Philipp Lepenies. Die Macht der einen Zahl. Eine politische
Geschichte des Bruttoinlandsprodukts. es 2673. 186 Seiten

Oliver Lepsius / Reinhart Meyer-Kalkus (Hg.). Inszenierung
als Beruf. Der Fall Guttenberg. es-Sonderdruck. 215 Seiten

Markus Metz / Georg Seeßlen
- Blödmaschinen. Die Fabrikation der Stupidität. es 2609.
780 Seiten
- Geld frisst Kunst – Kunst frisst Geld. Ein Pamphlet.
es 2675. 496 Seiten

Danny Michelsen / Franz Walter. Unpolitische Demokratie.
Zur Krise der Repräsentation. es 2668. 411 Seiten

Stephan Moebius / Markus Schroer (Hg.). Diven, Hacker,
Spekulanten. Sozialfiguren der Gegenwart. es 2573. 473 Seiten

Chantal Mouffe. Agonistik. Die Welt politisch denken.
Übersetzt von Richard Barth. es 2677. 214 Seiten

Franco Moretti. Kurven, Karten, Stammbäume. Abstrakte
Modelle für die Literaturgeschichte. Übersetzt von Florian
Kessler. es 2564. 138 Seiten

Sighard Neckel / Greta Wagner (Hg.). Leistung und Erschöpfung. Burnout in der Wettbewerbsgesellschaft. es 2666. 219 Seiten

Barbara Nolte, Jan Heidtmann. Die da oben. Innenansichten aus deutschen Chefetagen. es 2599. 202 Seiten

Katharina Raabe/Manfred Sapper (Hg.). Testfall Ukraine. Europa und seine Werte. es-Sonderdruck. 256 Seiten

Hanno Rauterberg. Wir sind die Stadt! Urbanes Leben in der Digitalmoderne. es 2674. 156 Seiten

Frank Schirrmacher, Thomas Strobl. Die Zukunft des Kapitalismus. es 2603. 198 Seiten

Michel Serres. Erfindet euch neu! Eine Liebeserklärung an die vernetzte Generation. Übersetzt von Stefan Lorenzer. es-Sonderdruck. 76 Seiten

Carlo Strenger. Zivilisierte Verachtung. Eine Anleitung zur Verteidigung unserer Freiheit. es-Sonderdruck. 103 Seiten

Mark Terkessidis. Interkultur. es 2589. 220 Seiten

Kevin Vennemann. Sunset Boulevard. Vom Filmen, Bauen und Sterben in Los Angeles. es 2646. 184 Seiten

Raul Zelik. Der Eindringling. Roman. es 2658. 288 Seiten

Slavoj Žižek. Auf verlorenem Posten. es 2562. 319 Seiten

Gabriel Zucman. Steueroasen. Wo der Wohlstand der Nationen versteckt wird. Übersetzt von Ulrike Bischoff. es-Sonderdruck. 118 Seiten